KB266634

역사평설

제주 바다의 슬픈 역사

(부제 : 일본의 조선식민화과정과
제주도민의 저항, 1876-1905)

역사평설

제주 바다의 슬픈 역사

1876–1905
일본의 조선 식민화 과정과 제주도민의 저항

권무일 지음

평민사

이 책을 읽는 이에게

1.

　21년 전인 2004년에 제주도에 정착한 후, 나는 줄곧 제주도의 아름다운 풍광에 매료되어 해안과 오름과 곶자왈을 밟으며 여러 장르의 글을 써왔고, 나아가 제주도 사람들이 사는 이야기, 살아온 이야기에 관심을 가지고 그들의 삶의 발자취를 더듬기 시작했다. 문득 나는 휴양지로만 알고 찾아온 제주도에 나름의 독특한 역사가 있고 사연이 있음을 깨달았다.

　제주도가 단순한 한반도의 부속 도서라는 개념을 넘어 천년왕국의 기억을 가진 나라였으며 그러기에 제주사람들의 가슴에는 말로 표현할 수 없는 역사적 분노와 열정의 거친 숨소리가 내연(內燃)하고 있음을 알고 나는 제주도의 역사를 더듬어나갔다. 고대 중세에는 바다를 아우르는 독립적인 역할을 하던 제주도가 조선 500년 동안 조선의 온갖 굴종적 착취를 당했던 역사적 앙금과 4·3의 트라우마가 아직도 그들의 가슴에 응어리져 있었다.

2.

　나는 소설의 길에 들어선 이후 역사소설에 손을 댔는데 우선 제주가 낳은 걸출한 한 여인의 삶의 궤적을 더듬어 역사소설 『의녀 김만덕』을 썼다.(2009) 당시 천민으로 여기던 기생에서 몸을 일으켜 거상이 되었고 자신의 재산을 쾌척하여 가난한 사람들을 구휼했던 그는 그 일로 인해 임금의 부름을 받아 상경하여, 사농공상의 계급사회를 타파하던 정조임금과 신진학자들과 더불어 국리민복의 사회개혁에 동참했다.

나는 제주도 산간에서 일만여 마리의 말을 키워 국난 시에 수천 마리의 전마를 나라에 바친 한 거인의 발자취를 찾아 역사소설 『말, 헌마공신 김만일과 말 이야기』를 썼다.(2012) 그가 변방의 섬 제주에서 임진왜란 등 나라가 위급할 때마다 전마를 나라에 바친 애국 호국정신은 후세에 길이 기억될 만 했다.

제주 바다에서 표류하여 대만해협까지 흘러갔고 귀국길에 중국 역사의 현장을 편답하면서 9개월 만에 돌아온 이방익에 관하여 나는 평설 『이방익 표류기』를 썼고(2017) 이어서 그의 발자취를 따라 중국을 답사하여 『제주표류인 이방익의 길을 따라가다』를 썼는데(2020) 그가 대항해시대에 급변하는 중국의 실상을 최초로 경험한 일이 조선 사회에 신선한 충격을 주었으며, 제주인, 나아가서 조선인이 세계인으로 발돋움하는 과정이 돋보였다.

내 글의 이 주인공들은 제주의 역사를 빛내고 역경 속에서도 제주의 자존심을 지켜온 사람들이었다. 이들을 닫힌 세상에서 밖으로 끌어낸 점에 대하여 나는 자부심을 갖는다.

3.

이 책을 씀에 하나의 계기가 있었다. 여러 문우들의 권유도 있고 해서 나는 해녀에 관련된 대하역사소설을 준비하고 있었다. 역사의 한 시점이 아닌 여러 대에 걸친 해녀의 궤적을 따라가면서 그들의 작업환경과 애환과 질곡의 역사를 그리고자 했다. 관련된 여러 장르의 글, 다큐멘터리, 구전과 구술 등을 섭렵했지만 이를 소설로 엮기에는 두뇌가 산만하고, 나의 지식과 탐구력에 한계가 있어 소설화 작업은 한 발짝도 나아가지 못하고 있었다.

그러다 자료 더미 속에서 하나의 논문을 발견했다. 박찬식의 「개항 이후 일본 어업의 제주도 진출, 2003」이다. 그 논문의 주석을 통해서 나는 강만생의 「한말 일본의 제주어업 침탈과 도민의 대응, 1986」을 접할 수 있었다. 이들 향토사 학자들이 쓴 논문들은 나의 호기심을 자극했다. 조선 말기 일본이 한국의 주권을 빼앗기 전, 수십 년간 우리나라 특히 제주도에 무슨 일이 일어났던 것인가?

나는 자료를 추적해 나갔다. 나는 손글씨 필기본인, 대학원생(서울대) 현계순의 석사학위 논문 「한말 한일 어채문제의 일연구, 1964」를 구할 수가 있었다. 이 방면 연구의 효시인 셈이다. 그 후 그 논문의 지도교수 한우근의 「개항 후 일본 어민의 침투, 1971」와 이원순의 「한말 제주도 통어문제 일고, 1967」 등 2편의 논문이 발표되었다.

그러나 조선이 4면의 바다를 일본에게 내주고 이로 인해 일본 어업이 조선의 사해 특히 제주 바다를 싹쓸이한 역사적 사실이 한국 사학계의 정사(正史)에서는 거의 다뤄지지 않았다. 당시 상황이 중차대한 사건의 연속임에도 이 방면의 연구자는 적었고 역사학자들도 별로 관심을 갖지 않았다. 제주도에서도 단편적인 것 이외에는 거의 기록을 찾을 수 없었다.

4.

1876년 개항 이후 1905년 을사늑약까지의 30년간의 역사는 잊혀진, 후대인들의 뇌리에서 사라진 역사였다. 아니 차라

리 잊어버리고 싶은 치욕의 역사였다. 일본이 조선을 야금야
금 잠식하면서 사람들의 정신을 빼앗고 종국에는 우리나라의
주권, 영토, 민족문화와 영혼을 말살시켜가는 시기였기 때문
이다.

변변한 역사기록도 없고, 있다 해도 왜곡되었다. 조선의 역
사에서 『조선왕조실록』은 귀중한 역사기록이다. 그러나 엄격
히 말해서 『조선왕조실록』은 태조부터 철종까지의 기록일 뿐
이다. 『고종실록』과 『순종실록』은 1935년 일제가 식민사학
의 일환으로 한국을 식민통치하기 위하여 만든 기록이다. 이
두 실록은 감춰지고 심히 왜곡되어 사료의 가치가 없다.

부모에서 자식에 이르는 약 30년을 회상하여 가족사를 기
록하거나 묘갈명을 남기는 것이 가문의 전통이거늘, 구한말
에 살았던 아버지 세대는 <잃어버린 세대(lost gene-
ration)>였다. 일제의 폭압 하에 살던 아들 세대는 의식적,
무의식적으로 지난날의 기억을 머릿속에서 지워야 했다. 아
들은 아버지 세대의 뼈아픈 과거사를 차라리 잊어버리고 싶
었고, 입도 뻥긋 못했고 감히 용기 내어 말할 자신도 없었다.
안 썼고 못 썼다. 그래서 역사서이건 향토사이건 남아있는
것이 거의 없다. 이 책에서 자주 논급한 박은식의 『한국통사
韓國痛史, 1915』는 중국에 머물며 썼는데 이는 정사라 할
수는 없고 피를 토하는 통곡사이다.

5.

나는 일본이 제주 바다가 황폐해지기까지 30여 년간(1876-
1905) 제주 바다를 침탈하고 제주도민들에게 횡포를 저지른
일을 쓰기로 하고 자료를 찾기 시작했다. 그러나 의외로 당

시 상황이 중차대한 사건의 연속임에도 불구하고 이 방면의 연구자는 적어 역사학자들도 별로 관심을 갖지 않았고 제주 사회에도 알려져 있지 않았다. 몇몇 연구의 면면을 보면 중앙의 연구자들은 조정 대신들의 행동거지에 초점을 맞췄고 제주의 연구자들은 제주도 및 도민들의 피해에 초점을 맞췄다. 어떻든 그들의 연구가 큰 업적임에 틀림이 없다.

나는 연구의 시간 범위를 <강화도조약>이 체결된 1876년부터 을사늑약으로 대한제국이 주권을 잃은 1905년까지로 한정했고 공간 범위를 제주도를 넘어 한반도로, 다시 조선해를 지나서 일본으로 확대시켰다. 나는 사료의 부족에도 불구하고 묻힌 형해(形骸)를 찾아 뼈마디를 맞추듯, 다양한 주변 자료를 탐색해 나갔다. 그리고 나는 당시 일본의 신문과 서적들을 뒤져 왜곡된 부분이 많은 사료임에도 불구하고 행간을 읽으려 했다.

6.

2018년 제주 표류인 이방익의 발자취를 따라 중국 각지를 답사하여 복건성에 이를 때 나는 복건사범대학 이두석(李斗石) 교수에게서 그가 번역한 책 『복건성전지(福建省全志, 1907-1917)』를 선물 받았다. 그 책은 일본이 1907년부터 1917년까지 중국 18개 성을 염탐하여 중국의 경제, 지리교통, 물산 그리고 인정풍속에 이르기까지 조사하여 편찬한 각 1,000쪽 가량의 조사보고서를 발간했는데 그중 복건성 편을 번역한 것이다. 책의 내용은 당시의 어떤 기록보다도 정확하다고 하는데 이방익 발자취를 따라가는 나에게도 많은 도움이 되었다. 일본은 이렇게 염탐한 자료를 근거로 1931년 만

주공략을 시작으로 중국본토를 식민지화해 나갔다.

나는 정신이 번쩍 들었다. 일본은 임진왜란 전에 그리고 을사늑약 전에 우리나라에 대하여 무슨 짓을 한 거야? 나는 중국 답사를 마친 후 2021년 80세의 나이로 제주한라대에 입학하여 일본어를 기초부터 배우는 만용을 부렸다. 2년 배워서 무슨 소용이 닿겠는가? 어떻든 이 만용이 내가 일본자료를 들쳐보는 계기가 되었고 이 책의 저술에 상승작용을 했다.

7.

이 책은 조선말기 제주도민이 바다를 빼앗기고 자존심까지 뭉개지는 슬픈 역사에 관한 기술이다. 이는 사료에 바탕을 두었으며 사료가 채워주지 못한 부분에 대하여는 행간에서 의미를 찾으려 했고 소설적인 상상력을 결합시켜 역사적 사실을 재구성했지만 픽션에 빠지지는 않았다.

그렇다고 역사서라고 우겨댈 생각은 없다. 역사에 대한 기술이되 역사의 현장을 뛰어넘어 과거가 아닌 현재에서 당시의 가치와 의의를 평가하고 설명하는 것이다. 즉 역사평설이라는 장르이다. 역사평설은 전문적이라기보다는 대중적인 호소력을 갖는다. 감히 말하자면 아마추어 역사평론가인 내가 거대한 역사의 물줄기를 재해석한 소설 같은 역사 글쓰기일 것이다.

8.

나는 이 책을 쓰면서 선입관이나 편파적인 용어(loaded term)를 가급적 지양하고 역사적 균형감각을 유지하려 했다. 역사적 균형감각은 당대의 평가만이 아닌 현재와 미래와의 관계에서 인식할 때 그 지평을 더 넓힐 수 있기 때문이다.

첫째, 나는 구한말 서구열강과 일본을 비롯한 주변국들이 우리나라를 두고 서로 각축을 벌일 때 당대의 위정자들이 국제정세와 강대국의 야욕을 알아차리지 못하고 정쟁만 일삼았던 시절, 백성들은 국가의 위기 앞에서도 민족정기를 꿋꿋이 이어온 지혜롭고 강인한 민족이기에 오늘날 혼돈의 시기에도 더욱 뚜렷한 국가관을 가질 것을 기대하면서 이 글을 썼다.

둘째, 나는 일본이 우리나라를 빼앗기 위하여 수십 년간 첩자를 보내 탐색하고, 역사를 왜곡하고 우리 민족의 전통과 풍속을 천대시했던 역사적 사실을 현시점에서 일본인들에게 알려주어 그들의 뇌리에 박힌 조선 인식을 바로잡아 주고자 이 책을 썼다.

셋째, 우리는 일본을 얼마나 알고 있는가? 일본을 연구하는 사람은 얼마나 되는가? 우리는 지난날의 불행한 역사를 되뇌면서도 일본을 알려하지 않고 친일 또는 반일의 잣대로 스스로를 얽어매고 있다. 이 글이 일본을 더 알고자 공부하는 계기가 되기를 기대한다.

넷째, 제주도가 한반도에서는 변방이라지만 동아시아 해역의 중심에 자리하고 있음에, 나는 장차 제주도가 동북아 나아가서 세계이 중심추(中心錘)로서의 역할을 담당할 것을 확신한다. 제주도민이 슬픈 역사와 아픈 과거를 극복하고 빛나는 미래를 지향해 갈 것을 믿어 의심치 않는다. 지도를 거꾸로 놓고 보라. 세계를 향하는 대한민국의 출구가 어디인가?

끝으로 이 책을 구상하고 집필함에 즈음하여, 나와 더불어 격조 높은 토론을 벌이고 비판적 견해를 아끼지 않으신 남동

우 동문님의 격려와 우정에 감사드린다. 더불어 제주역사의 주체적 정립에 심혈을 기울여 온 박찬식 제주민속박물관 관장과, 강만생 전 한라일보 사장을 잊지 않을 것이며 제주도의 역사유적을 찾는 (사)질토래비 문영택 이사장과의 우정과 추억을 오래 간직할 것이다.

평민사는 이제까지 나의 저서를 5번에 걸쳐 출판하였고 이번에도 기꺼이 출판해 주시겠다니 이 기쁨을 어찌 말로 표현할 수 있을까? 또한 이 책을 집필하고 출판함에 즈음하여 물심양면의 지원을 해주신 양길현 제주대 명예교수에게 감사한다.

2025년 3월
제주도 애월읍 구엄리 무극재(無極齋)에서
저자 권무일

박찬식(문학박사, 제주민속자연사박물관장)

제주의 근대역사, 제주의 근대는 언제 어떻게 시작되었을까? 19세기 초 출륙(出陸)금지령의 해제를 전후해 1801년 공노비 해방, 새로운 문물의 수용, 외부(육지)와 교역 개시 등 안팎으로 격변의 시간이 다가왔다. 변화는 제주민 내부의 각성을 불러왔다. 그런 속에서 1813년 '양제해란', 1862년 '강제검란', 1880~90년대 일본 어민과의 싸움, 1898년 '방성칠란', 1901년 '이재수란' 등 제주민의 저항 움직임이 끊이지 않았다.

근대 시기에 제주섬은 필연적으로 외부 세계에 문호를 개방할 수밖에 없었다. 제주민들이 나가기도 했지만, 외부의 힘 있는 세력이 물밀듯이 제주도로 들어왔다. 일본 어민이 어장을 침탈했고, 육지 상인들이 대거 제주 특산물을 사들이기 위해 들어왔다. 19세기 말에서는 천주교 등 서양 종교와 문화가 섬에 들어왔다.

고대사에서 탐라가 660년 백제의 멸망 이후 한반도·중국·일본 등 다양한 대외관계를 맺었듯이, 19세기 말 한반도의 위기 상황 속에서 제주섬은 바깥 문물, 외부 사람들과의 만남을 가질 수밖에 없었다. 허나 주체적으로 외부 세력을 상대해 나가기에는 내적 역량이 갖추어지질 못했다.

탐라 이래 바다를 삶의 무대로 삼았던 제주민들. 그들에게 바다는 곧 생계·생애·생활의 터전이었다. 이 바다를 자체적으로 관리 활용할 틈도 시간적 여유도 없이 일본 어민들이 제주도 어장을 침탈해 들어왔다. 조선 정부와 제주목 지방관아의 무대책·무소신·무기력함 속에 제주민들은 속절없이 바다 자원을 강탈당했다. 더욱이 일본 어민들은 의도적으로 제주도 연안 마을에 침투해 주민들을 살상했다. 1887년 8월 모슬포의 이만송, 1890년 5월 배령리의 양종신이 죽어갔다.

제주도민들은 눈앞에서 벌어지는 일본 어민의 횡포를 두고 보지 않았다. 1891년 3월 분쟁을 해결하기 위해 파견된 조선 정부의 순심관 이전을 배에 태우고 내쫓아버렸다. 나아가 1891년 5월에는 제주도 내 동쪽 해안마을 주민들이 연합하여 일본 어민에 직접 대항해서 싸우기에 이르렀다. 이 과정에서 1891년 5월 건입포의 임순백, 1891년 6월 김녕리의 이달겸이 일본인의 칼에 맞아 죽었다. 이어서 1892년 2월 성산포의 오동표도 일본 어민에 의해 죽어갔다.

권무일 작가의 역사평설 『제주 바다의 슬픈 역사』는 위와 같은 일련의 제주의 근대사를 파노라마처럼 그린 역사 글이다. 일본의 식민지화 과정과 제주도민의 분노와 저항을 꼼꼼하게 재구성해 놓은 역작이다. 전문 역사가를 뛰어넘는 사료 채집과 분석, 사실 간 연관성 추적, 역사적 상상력 동원, 유려한 문장력으로 제주의 근대사를 복원시켜 놓았다.

1890년 제주민란의 주역인 김지(김준현)이 4년 뒤 찰리사 이규원에게 올린 상서를 비롯해 조선정부 자료, 일본 신문기사, 조천 출신의 김희정이 쓴 『도해록』 등 다양한 원사료는 기왕의 연구자들도 미처 살펴보지 못했던 중요한 자료들이다. 아직도 민란의 원인을 조세 저항, 관폐 시정 정도였다고 파악하는 1890년 12월 '김지의 란'을 1890년 5월 양종신의 죽음 이후 들끓은 제주도 서부지역의 민심과 연결시켜 어민 항쟁으로 서술한 것은 뛰어난 착상으로 보인다. 현재까지 이 민란의 직접 원인이 일본 어민의 침탈 때문인지는 분명하지 않다. 그러나 작가의 역사적 추리는 역사가의 사료 얽어매기를 넘어선다.

작가의 이번 역사평설은 사료에 담겨있는 시대와 사건의 역사적 의미를 끄집어내어 매끄럽게 연결시키는 데 성공했다. 진정한 역사 서술은 사료의 고증과 나열에 의하기보다는 사료의 콘텍스트 재구성에 의해서 가능하다고 생각한다. 제주의 근대사는 권무일 작가에 의해서 진정한 모습으로 재탄생했다.

권무일 작가는 대학에서 철학을 수학했고, 유수의 대기업 간부를 지낸 독특한 경력의 소유자이다. 2004년부터 제주도에 정착하면서 집필활동을 시작하여 『문학과 의식』을 통하여 소설가로 데뷔했다. 장편역사소설 『의녀 김만덕』(2009), 『남이』(2011), 『평설 이방익표류기』(2017), 『제주 표류인 이방익의 길을 따라가다』(2020)를 펴낸 바 있다.

이번에 펴낸 역사평설 『제주 바다의 슬픈 역사』는 제주의 근대역사를 제주사람의 눈으로 바라본 새로운 글이다. 김지의 난과 어민들의 저항 사건들을 실증적이면서도 구체적으로 풀어나갔다. 역사가를 넘어서는 고증과 소설가 못지않은 역사적 상상력을 발휘해서 19세기 말 제주사회의 원 모습을 역동적으로 그려나갔다. 이번 역사평설에 동원된 원자료를 읽어내기 위해 일부러 제주도 내 대학 일어과에 입학해서 젊은이들과 함께 일본어 공부까지 했다고 한다.

　권무일 작가는 제주도를 역사의 고향으로 삼고 살아가는 것 같다. 김만덕, 김만일, 이방익 등 제주 인물 탐색에 그치지 않고, 탐라 해양사와 서복 전설의 실체 규명에도 오래전부터 진력해 왔다. 이번 역사평설 또한 제주 역사문화에 대한 천착과 애정의 표현 성과물에 다름없다.

　작가는 이번 평설을 통해 가련한 마음으로 제주 근대사의 슬픔을 호소하고 있다. 그러나 고난과 슬픔 속에 응집된 제주사람들의 내적 역량, 저항과 자치 의식을 찾아내려는 작가의 의도 또한 충분히 글에 반영되어 있다.

　"아아, 빼앗긴 바다! 일본인들의 계속되는 분탕질과 아비규환 같은 현실에서 제주 사람들은 마음 둘 바를 몰랐고 백성들을 배신한 조선 정부에 기댈 마음도 없었다", "제주 바다의 슬픈 역사여!!"라고 절규하는 작가의 목소리가 귓전에 쟁쟁하게 들려온다. 아 자치와 독립을 잃어버린 우리 제주의 슬픈 역사여!! 한국의 아픈 역사여!!

목차

1. 생각의 실마리

유라시아 대륙 동단에 매달려 삼면으로 바다를 두른 우리 나라는 당초에 바다를 지배하는 해양국가였다. 우리 국토는 3면에 바다를 두르고 1면만이 대륙에 접한 전형적인 반도형태다. 남북으로 뻗어 내린 홀쭉한 지형이지만 그 둘레는 수천 리에 이른다. 동·남·서 3면의 길이는 약 2만2천 리, 섬들까지를 합하면 약 4만3천 리의 해안선을 가진 연해국이다. 고대 탐라국과 가야는 한반도 서안을 따라 고구려를 거쳐 북중국을, 동지나해를 건너 남중국을, 그리고 동해를 건너 일본을 넘나들었다. 통일신라 때 장보고는 한반도를 넘어 중국과 일본을 이은 드넓은 해양을 지배했다. 후삼국 때 왕건·견훤·왕봉규·능창 등의 해상세력들이 바다를 두고 각축을 벌이더니 왕건이 그들 모두를 차례로 제압하여 고려를 세웠다.

고려의 역대 왕들은 태조 왕건이 해상세력들과 길고 지루한 전쟁을 했던 일로 인해 해상세력이 번성하면 왕조 자체를 무너뜨릴 수 있음에 배를 만드는 일을 저지시켰다. 그러나 남중국에서 발흥한 송나라가 값진 보물을 들고 문을 두드리자 고려는 스스로 밖으로 나가기보다는 앉아서 받기만 했다.

해상왕국 고려를 지켜온 마지막의 전선(戰船), 상선, 어선 등 일만여 척의 배들은, 삼별초 군단이 진도와 남해도, 그리고 제주도로 끌고 와 패멸하는 바람에 씨가 말랐다. 또한 일본을 정벌하기 위한 여몽연합군의 군선은 부안, 장흥 그리고 제주도에서 건조했는데, 그 배들이 태풍을 만나 침몰한 후 한반도에서 배의 역사는 종언을 고했다.

13세기 말 이후 한반도가 원·명·청과의 종속관계가 되면서 고려와 조선은 육로를 통하여 중국에 왕래할 뿐 바다를 향해서는 문을 닫아버렸다. 명나라 3대 황제 영락제는 정화(鄭和)로 하여금 28년간 7차례에 걸쳐 인도양과 페르시아에 이르는 남해 대장정을 단행했으나 중국 이외의 다른 나라들을 경홀히 보았는지 그 후 곧바로 해금정책으로 돌아섰다.

영락제는 원양선을 국내 수송용으로 개조하고 상인들의 외유를 금지함으로써 해양세력의 무대를 제거했다. 중국의 앞음새에 따라 세계관이 바뀐 조선으로서는 황해횡단 항로를 포기하고 만주벌판을 통해서 머나먼 길로 사신을 보내고 조공을 바쳤다. 이는 조선이 바다를 외면하고 배를 만들지 않는 단초를 제공했다.

고려 말, 조선 초에는 왜구의 침입이 잦자 배를 타고 나가서 싸우기보다는 섬사람을 불러들이는 공도(空島) 정책을 썼다. 제주도 이외의 모든 섬들이 공도의 대상이 되었지만 제주도는 조정의 관심에서 벗어난 지역으로 한때는 제주도 사람들을 육지(한반도)에 얼씬도 못하게 하였다. 조선 시대 관리들과 사대부들은 바다의 가치를 몰랐고 바다를 이용할 줄 몰랐다. 그들은 바다를 공포의 대상, 기피의 대상으로 여겼다.

우리 민족이 바다에서 멀어진 뒤에는 우물 안 개구리처럼 집안에서 칩거하며 당쟁과 같은 싸움질만 했고 바다의 자원과 해외무역의 이익을 내팽개친 채 땅의 생산물만 가지고, 지지고 볶고 하다가 백성을 가난의 질곡 속에 빠뜨렸으며,

바다를 향한 웅지와 포부를 억눌러 민족정신을 유약하게 만들었다.

세종 때에는 대마도 정벌을 위한 대규모 선단을 만들었지만 그 선단이 사라진 후 조선 시대를 통틀어 전라도와 경상도 일부의 세곡 운송을 위한 수운선만이 건조되었을 뿐, 나라를 지킬 군선(軍船)의 개발은 거의 도외시되었다. 임진왜란 때 거북선을 만들어 일본 해군과 접전을 벌여 승리를 거두었지만 그 막강했던 전함은 바다에 묻혔고 당시의 판옥선은 해전에서는 큰 성과를 거뒀지만 장거리 운행과는 거리가 멀었다.

그 외에 일반적으로 수군병영에 약간의 군선이 배치되었고 강나루에 소규모의 관선과 세곡을 나르는 조운선이 있었을 뿐 이렇다 할 상선은 없었다. 관선을 제외한 사유선(私有船)은 고깃배, 소금배, 장삿배에 그쳤다. 섬에의 출입을 원천적으로 막았기 때문에 해안을 따라 운항하거나 섬을 오가는 배는 별도로 존재하지 않았다. 혹 사람들이 섬으로 오가는 경우에도 고깃배를 이용해야 했다.

한반도는 수천 년간 중국과 교류하면서도 바다를 거들떠보지 않았다. 한때 남중국(송)과의 해양을 통한 교류가 있었지만 한반도는 바다의 진정한 가치를 몰랐다. 한반도를 둘러싼 황해·동해·남해는 백성의 배를 채우고 살찌게 할 물고기가 지천이었는데, 위정자들은 바다를 경영할 생각을 아예 하지 못했다.

영·정조 때 실학자들은 조선이 가난한 원인을 성찰하면서 국내교통의 불비로 물화가 유통되지 않고 해외로 오가는 길이 막혀 국내경제를 일으킬 수 없음을 한탄했다. 연암 박지원은 다음과 같이 일갈했다.

> 수레가 성 중에 다닐 수 없고 배가 해외에 통항하지 못하
> 는데 어찌 가난하지 않겠으며 백성이 어찌 곤고하지 않겠
> 는가?[車不行城中 舟不通海外 國安得不貧 民安得不困][1]

한반도를 두른 삼면의 바다는 각종 해산물의 보고다. 한반
도를 중심에 두고 동쪽의 동해는 일본열도가 방파제 역할을
하고 서쪽에는 중국대륙과의 사이에 황해가 드리워져 있고
남쪽엔 제주해협 건너 제주도가 해양을 향한 교두보 역할을
할 뿐만 아니라, 그 남쪽으로 난세이제도[南西諸島]가 태평양
과의 사이에 금을 긋고 있고 타이완섬이 밑에서 받쳐주고 있
다. 마치 유럽의 남단과 아프리카 북단 사이의 바다인 지중
해 같은 형국이라 학자들은 동아지중해라 부르기도 한다.

한반도를 둘러싼 이들 바다를 돌고 돌아 섞이고 밀어내며
해류가 흐른다. 태평양에서 생성된 쿠로시오 난류는 대만과
난세이제도 사이로 올라오다가 일본열도와 부딪쳐 쓰시마 난
류로 바뀌고 동해안을 향해 흐르다가 동해의 북쪽 오호츠크
해에서 내려오는 리만한류와 부딪쳐 돌고 돌다 섞이고 순환
한다. 또한 이 한류는 제주해협을 빠져나가 황해난류가 되어
황해를 휘돈다. 물고기 떼가 해류를 따라 요동치고 황해와
남해 연안 일대의 조류에 따라 한반도의 연안에 다다른다.

황해와 남해는 수심이 평균 60m이고 섬이 많으며 해안은
들쭉날쭉하다. 특히 제주해협은 바닥이 울퉁불퉁 천봉만학(千
峯萬壑)을 이루고 있어 물고기가 서식하고 활동하기 좋다. 해

---

1) 정진술 외 3인, 『다시 보는 한국해양사』, 신서원, 2008

안 가까이에는 수초가 무성하고 수초를 찾아 작은 물고기와 조개들이 서식하고 더 크고 다종다양한 물고기들이 찾아든다. 그러나 안타깝게도 한반도의 해안가에 사는 사람들에게는 도구와 배가 없었고 도구와 배의 발달이 없어 고기를 놓쳤다.

조선의 위정자들은 바다를 모르고 도외시했기에 바다 건너 다른 나라의 사정도 몰랐다. 일본이 조선을 넘보고 군사를 양성하고 전함을 만들고 있는데 조선의 관리들은 이를 까맣게 모르고 있었다. 임진왜란이 발발하기 9년 전 율곡은 부국강병을 외치며 10만 양병을 주장했지만 대신들이 벌떼처럼 일어나 그를 탄핵했고 임진왜란으로 조선이 혹독한 참화를 맞아 강토가 분탕질 당했음에도 조선의 왕과 대신들은 싸움질만 하고 있었다.

일본은 조선을 먹고자 군침을 흘리지 않은 적이 없었는데, 조선의 관리들은 썩을 대로 썩어 백성을 도탄에 빠뜨렸다. 메이지유신 이후 일본 정계에서는 정한론(征韓論)으로 시끌시끌했음에도 조선의 아무도 이를 눈치채지 못했다. 결국에는 터질 것이 터지고 말았다.

한반도에서 멀지도 않은 90-100km 밖의 제주도는 조선에서, 한반도에서 어떤 의미인가? 제주 바다는 조선의 바다에서 해외(海外, 바다 밖)인가, 해내(海內, 바다로 둘러싸인 육지)인가? 『조선왕조실록』에는 제주를 해외, 제주인을 해외인으로 일컬은 기사가 많이 보인다.

예컨대 세종 때 제주도 말목장 제도를 건의한 고득종과 세조 때의 이조참판 고태필을 해외인이라 칭했고, 선조는 김만

일이 500필의 준마를 바칠 때 해외인으로서 가상하다고 했다. 역사적으로 육지인(한반도에 사는 사람)들은 제주를 해내가 아닌 해외로 인식한 것 같다. 해내로 보았다면 전라도와 제주도 사이의 바다는 남해라 할 수 없고 오히려 제주도 남쪽의 광활한 바다가 남해이어야 한다. 제주도를 해외로 보는 인식은 육지인이나 제주인에게 격절감(隔絶感)을 갖게 하여 서로에게 낯설다. 드넓은 만주를 포기하고 비좁은 영토에 머물러 왔으면서도 100km 남쪽 바다 안을 수용하지 못한, 좁은 안목에 사로잡혔던 조선의 역사가 아쉽다.

▲ 제주 바다(ⓒ제주대박물관)

지리적으로 보면 제주도는 대한민국의 부속 도서로서 한반도 남쪽 바다에 위치한 1,800㎢의 작은 섬으로 완도가 90km, 부산이 300km, 일본 후쿠오카가 350km, 중국 상해가 530km 떨어져 있다. 제주도는 한반도의 변방이라 하지만 바다의 관점에서 보면 중국·일본·한반도가 제주도의 변방 아닌가? 고대 및 중세에 일본과 중국을 오가는 배, 한반도에서 남중국과 동남아를 오가는 배가 제주도를 거치곤 하여 제주도는 다양한 항로의 중간에 위치한 해양국가 및 해양센터의 역할을 수행해 왔다.

제주도는 탐라국 시대, 고려 전기의 역사에서 제 역할을 충실히 해왔지만 반대로 해양문화가 위축되고 해양교류가 활성화되지 못한 고려 중기 이후, 그리고 조선 시대에는 자기 본연의 역할을 상실하고 역사에서 소외당했으며 착취의 대상이 되어버렸다. 근세에도 일본과 구미 열강들이 제주도에 군침을 흘려 왔다. 육지(한반도)가 바다를 지배하던 시대에는 제주도가 바다를 향한 교두보가 되었으나 바다가 육지를 지배하는 대항해시대에는 제주도가 바다에서 육지로 들어오는 징검다리 역할을 할 수 있음을 근세의 조선은 모르고 있었다.

임진왜란이 지난 지 5년이 넘도록 왜병들은 철수하지 않고 경상도에 머물면서 갖은 노략질을 일삼고 있었다. 권율(權慄) 도원수가 추풍령에 진을 치고 으름장을 놓아도, 경상우도 병마절도사 김응서(金應瑞)가 속오군(비정규군)을 모아 기습공격을 감행해도, 곽재우(郭再祐)가 의병을 일으켜 그들의 진지를 쓸어버려도 조정은 아랑곳하지 않았다. 기껏해야 200명도 안 되는 관군을 거느린 권율이 2,000명의 군사를 준다면 왜군들을 싹 쓸어버리겠다고 해도 조정에서는 그가 말머리를 돌려올지도 모른다며 응원하지 않으니 조선과 왜규의 대치는 지리멸렬할 수밖에 없었다.

그때 왜국에 통신사로 간 황신(黃愼)이 다음과 같은 첩보를 전해 왔다.

> 도요토미 히데요시가 말하기를 탐라에 좋은 말이 있다는 것을 오래 전부터 듣고 있었는데, 이제야말로 우선 전라도를 치고 다음에 탐라를 취할 때다.2)

조정에서는 황신의 첩보를 믿을 수 없다며 깔아뭉갰지만 혹시나 하여 군사 100명을 제주에 파견했다. 그러나 이듬해인 정유년 6월 김응서 장군으로부터 그리고 권율 장군으로부터 선조에게 급보가 올라왔다. 왜군 16만 명이 전라도를 향하여 밀고 들어오기 50여 일 전이다.

> 관백(關伯, 도요토미)이 제장을 모아놓고 지시하기를 너희는 8월 1일에 곧바로 전라도 등지로 들어가 곡식을 베어 군량을 삼고 산성을 격파할 것이며 전라도와 충청도에 유둔하면서 이어 제주도를 치라.3)

장계를 접한 선조는 다음과 같이 탄식했다.

> 도요토미의 욕심을 알 만하다. 제주는 지형상으로 우리나라뿐만 아니라 세계정세에 관련된 매우 중요한 곳이다. 우리가 제주를 지키지 못하여 적의 소굴이 된다면 장차 우리의 힘으로는 되찾기란 어려울 것이고 우리나라는 정녕 하루도 편할 날이 없을 것이다. 제주를 빼앗기게 된다면 우리나라가 망하게 되는 때이니 이 점 매우 걱정스럽다.4)

영의정 유성룡(柳成龍)은 이렇게 탄식했다.

> 전라도로 쳐들어오는 적은 우리 군민이 총궐기하여 막으면 비록 지루한 싸움일지라도 서울까지 치고 올라오지는

---

2) 『선조실록』 83권(선조 29, 1596)
3) 『선조실록』 89권(선조 30, 1597)
4) 『선조실록』 89권(선조 30, 1597)

못할 것이다. 더욱이 이순신이 해상을 장악하고 있으니 안심이 된다. 그러나 제주는 다르다. 우리에게는 제주로 보낼 군사도 배도 없다. 제주는 섬이라 사방에서 물밀 듯이 밀려오는 적을 막기란 쉬운 일이 아니다. 해안을 내주고 산악전을 벌일 수도 없다. 산악지대에는 물이 없고 농작물도 자라지 못한다. 원병이나 무기를 보낼 처지도 못 된다.
– (『선조실록』)

　제주로서는 일촉즉발의 위기였다. 조선이 육지의 왜적을 몰아낸다 해도 제주가 무너지면 제주는 일본의 영토가 되는 것이다. 한반도가 여태껏 해외로 보았던 제주도가 나라의 국경선이요 해외인이라 한 제주인은 나라의 주인임을 이때에 비로소 깨달은 셈이다. 제주에는 병력상황도 열악하고 절해고도라 중앙군의 도움을 받을 수도 없다. 제주의 장정들은 나라를 구하자며 삼삼오오 육지로 떠났고 무기는 녹슬고 성벽도 무너져 내린 채 방치되고 있었다. 이경록(李慶錄) 목사의 발등에 불이 떨어졌다. 이경록은 임진년(1592) 8월에 제주 목사로 부임했는데 그는 나주 목사로 있던 중 임진왜란이 발발하자 김천일과 더불어 최초로 의병을 모집해 수원으로 달려가던 중 제주 목사로 발령받았다.
　이경록은 우선 제주성과 명월진성을 수리하고 우도·비양도·죽도(차귀도)에 진지를 쌓고 환해장성을 수리하는 한편 한라산 산록에 산성을 쌓았다. 남녀노소 특히 여인들도 자진해서 병역에 참여했다. 제주 사람들의 고생은 참혹했다. 원래 자체 생산된 농산물만 가지고는 자급자족할 수 없는 처지라 초근목피로 연명하면서 군사훈련과 노역에 자발적으로 참여했다. 그들에게는 오직 나라를 지키겠다는 일념뿐이었다.

이경록 목사는 제주 방어를 위하여 불철주야 제주 전역을 돌아다니며 온 힘을 쏟던 중 과로로 쓰러져 제주에서 생을 마감했다. 무려 7년간의 사투였다. 이듬해 8월 도요토미가 죽자 왜적이 퇴각하기 시작했고 제주 공략도 실행에 옮겨지지 않았다. 도요토미의 죽음은 제주로서는 참으로 다행한 일이었다.

한반도의 남쪽, 바다 저 건너에 오롯이 자리한 큰 섬, 제주도는 천년 탐라국 시대에는 평화로운 독립국으로 존립해 왔고 고·양·부 3을라들이 협치하여 나라를 다스렸고, 고려 그리고 몽고의 통치하에서도 임금에 해당하는 성주 자리를 내준 적이 없이 탐라 고유의 정체성을 지켜오고 있었다. 그 원천은 중앙에 높이 솟은 한라산과 섬을 둘러싼 바다에 있음이다. 한라산을 중심으로 사방에 하늘과 맞닿아 어디까지가 바다인지 구별이 되지 않는 무변대해(無邊大海)가 펼쳐있고 제주섬에서 올려다 보이는 하늘은 땅과 바다가 아울러 받치고 있어 과연 크고 넓다.

제주 바다! 고요할 때는 파도가 해안을 향해 잔잔하게 주름지고 갈매기들이 사뿐히 날갯짓하지만, 성이 나면 산처럼 곤두서고 우레처럼 소리 지르고 울렁거리며 한라산을 집어삼킬 듯 달려오는 파도! 아침이면 시뻘건 태양이 솟아올랐다가 저녁이면 황금색 비단을 펼쳐놓은 듯 조용히 일렁이며 섬을 온통 붉게 물들이는 바다!

한라산 산록에는 수천 마리의 마소가 뛰어놀고 제주 바다에는 가까이는 전복·해삼·멸치·해초들이 지천이고 수평선으로 나아가면 방어·고등어·도미 등 어류가 무진장이고, 그들 어군을 따라 상어·고래가 출몰한다.

가까운 바다에서는 여인들이 전복 등의 조개를 잡으려고, 또는 해초를 뜯으려고 바다에 뛰어든다. 그녀들은 열길 바다 속을 파도를 가르며 자맥질하여 맛있고 영양 많은 전복을 잡아 올린다. 해녀(잠녀)들이 잡은 전복은 혹은 찌고 말려서(명복, 明鰒), 혹은 두드려 말려서(추복, 搥鰒), 혹은 가늘게 썰어서(조복, 條鰒) 혹은 납작하게 펴서(인복, 引鰒) 나라에 진상한다. 전복은 임금의 수라상에, 고관대작의 진짓상에, 조정 대신들의 연회상에 올려진다. 더러는 제주에 부임한 관리들과 토호들의 착취의 대상이 되기도 한다. 할당량을 채우느라 해녀들의 허리가 휘고 뼛골이 빠진다. 그럼에도 해녀들에게는 여분이 남는다. 할당량 이상으로 추가로 잡은 여분의 것들, 작은 것들, 비상품들은 상인에게 넘기기도 하여 생계를 유지해 왔다.

제주도 사람들은 제주 바다는 저 수평선까지 조상 대대로 이어온 자신들의 바다로 알고 있었고 거기에 서식하는 생물들은 침범당하지 않는 자기네의 것이라고 여기며 살았다. 그들은 제주 바다에 사는 생물들을 잡아다 양식으로 하고 니라에 바치고 팔아서 식량을 사 먹는 물건으로 알아 왔다. 내가 못 가지면 이웃이 갖고 내가 못 잡으면 이웃이 잡고 오늘 캐지 못하면 내일 그리고 훗날 캐먹으면 되는 줄로 알았다. 제주라는 섬은 세세만년 한민족의 양보할 수 없는 보물섬이며 제주 바다는 아무나 넘볼 수 없는 제주도 사람들의 황금어장이기 때문이었다.

그러나 19세기 말부터는 사정이 달라지기 시작했다. 조선 정부가 1876년 개항 이후 일본과 맺은 조약 가운데 조선의 바다에서 일본인이 고기를 잡아도 좋다는 조항이 들어있었기 때문이다. 이 조약을 빌미로 일본 어민들은 조선의 바다로 고기잡이에 나섰는데, 그들은 특히 제주 바다의 전복·해삼과 해조류를 주목했다. 그들은 소위 머구리배라는 잠수기어선을 사용해 전복을 채취했는데, 그들 잠수부들은 깊은 곳까지 들어가 장시간 채취함으로써 제주 해녀들의 수확량보다 10배 이상을 잡아 올렸다. 수백 대의 일본 어선이 몰려와 마구잡이로 물고기를 잡아가는 바람에 제주 바다가 황폐해지고 있었고 제주 해녀들은 조상 대대로 내려온 어장을 잃는 신세로 전락하고 말았다.

그렇다면 당시 조선 정부는 왜 우리의 바다를 내줬으며 일본은 왜 조선의 바다를 탐냈는가? 그것은 일본이 우리나라를 식민지화하려는 큰 계략(소위 심모원려(深謀遠慮))에서 비롯된다. 1876년 〈강화도조약〉에 의한 개항 이후 일본은 어린아이를 데리고 놀 듯 조선 정부를 기만하는 조약들을 강요하면서 차츰 조여왔다. 조선의 관리들은 협박을 받아, 무식하고 무성의해서 그리고 사리사욕에 눈이 어두워 바다와 땅을 조금씩 내주며 그들의 계략에 말려들고 있었고 결국은 나라를 송두리째 갖다 바쳤다. 일본은 제주 바다가 황폐하여지기까지 30여 년간(1876-1905) 제주 바다를 침탈하고 제주도민들에게 횡포를 저질렀다. 제주 바다의 슬픈 역사가 시작되고 있었다.

2. 강화도조약

　강화도 해협의 초입 언덕에 위치한 초지진은 한반도를 둘러싼 온갖 바다에서 한강을 거쳐 서울로 들어오는 길목을 지키는 초소이다. 조선이 개국되어 한양에 도읍을 정한 후부터 강화도 해협은 서울, 나아가서 조선의 입구이다. 전라도에서 세곡을 실어오는 배들도, 제주도에서 희귀한 진상품을 실은 배들도 강화도 해협을 지나 한강 어귀에 이르고 거기서 마포나루로 향한다. 더러는 중국 배들도 지나가고 서양배들도 기웃거린다. 초지진은 언덕에 우뚝 서 있어 이 모든 배들을 감시한다. 그뿐이 아니다. 혹 나타날지 모르는 황당선(荒唐船)을 감시하기도 한다. 황당선이란 우리나라 연해에 출몰하는 국적 미상의 배를 통틀어 부르는 말로 이양선(異樣船)이라고도 한다.

　1866년 프랑스가 조선의 천주교도 박해와 프랑스 신부 9명의 처형에 항의하고자 7척의 전함과 1,500여 명의 군대로 강화도를 공격했을 때 처음에는 그들이 강화도에 깊숙이 들어와 강화행궁을 짓밟고 외규장각의 도서를 훔쳐 갔지만 곧바로 양헌수 대장이 이끄는 아군은 그들을 단번에 쫓아냈다. 조선군의 사상자도 별로 없었다. 이를 병인양요라 한다.

　1871년에 미국 군함 5척이 위용을 뽐내며 나타났을 때는 미국 군함에서 대포 85문이 퍼붓는 포탄에 비록 53명의 아군을 잃었지만 초지진은 외적을 쫓아낸 장거를 기록했다. 이 난리를 신미양요라고 한다. 당시 정권을 손아귀에 넣고 있던 대원군 이하응은 자신만만하여 쇄국정책을 더욱 강화했다.

그런데 대원군이 권좌에서 물러난 이태 후인 1875년 9월 20일 강화도 해협에 황당선 1척이 나타났다. 초지진에서는 이 배가 일본 군함임을 알아차렸다. 배는 해협 중간지점에 정박하더니 보트를 내려 5인이 타고 초지진 쪽으로 접근해 왔다. 10년 전 7척의 프랑스 군함과 4년 전의 미국 군함과 달리 단 한 척에 불과하고 덩치도 작은 배라 간단히 엄포를 놓으면 꽁무니를 뺄 줄 알고 초지진에서는 두 발의 위협 포격을 했다.

그러나 일본 군함에는 못 미쳤다. 보트는 서둘러 모선으로 돌아갔다. 그러더니 모선에서 무수한 포탄이 사정없이 날아 들었다. 초지진이 박살나고 아군 35명이 전사했다.

그 배는 운요호(雲揚號)라는 일본 군함으로 전장 37m, 폭

▲ 운요호(ⓒ日本海軍の戰艦)

7.5m, 무게 245톤, 106마력의 동력선이며 대포 2문(160mm 및 140mm)을 장착하고 있었다. 65명의 승조원이 타고 있었다. 운요호가 강화도 해역에 접근한 것은 다분히 의도적이었다. 그 직후 청나라의 리홍장(李鴻章)과 북경주재 일본 공사 모리 아리노리[森有礼]의 대화로 짐작건대 운요호는 강화도 해역을 측량하고 있었고 조선의 반발을 유도하기 위하여 보트를 띄워 해안에 접근한 것으로 보인다. 운요호는 초지진은 박살냈지만 강화도에는 상륙하지 않고 배를 돌려 영흥도에 밀고 들어가 분탕질을 하고 돌아갔다. 거기서도 인명피해가 있었다. 그러나 조선에는 그들을 쫓아갈 전선(戰船)도 없고 해군이라는 존재도 아예 없었다.

이듬해 2월 일본은 구로다 기요타가[黑田淸隆] 장군을 파견해 강화도 사건에 대하여 조선 정부에 배상을 요구했다. 자기네 배는 다만 마실 물을 구하려 했는데 〈만국공법〉에 의한 응급구조는커녕 선제공격을 했다는 것이다. 그들은 인명 손상이나 기물파손도 없었지만 오히려 조선측은 큰 피해를 입었는데 그들의 함포사격은 정당방위에 따른 대응사격이라는 것이다. 적반하장이며 도둑이 도리어 매를 드는 격이다. 구로다는 중무장한 군함 3척, 경무장한 기선 3척에 도합 800여 명을 대동하고 부산항에서 시위한 다음 강화도에 나타난 것이다. 1876년 1월 30일이다.

구로다가 상륙하여 강화읍 관아에 나타날 때는 중무장한 400명의 군사가 호위했다. 조선 정부에서는 황급히 판중추부사 신헌(申櫶)을 전권대관으로, 예조판서 윤자승(尹滋承)을 부대관으로 임명하여 강화도로 보냈다. 일본 측에서는 육군중장 겸 참의 구로다를 전권대신으로, 원로원 의관 이노우에 카오루[井上馨]를 부대신으로 임명하였고 양측은 강화부 연무당에서 마주앉았다. 일본 측 관리들 뒤에는 400명의 무장한 일본 병사들이 '받들어 총' 하고 기립해 있었다.

얼떨결에 회담장에 앉은 조선의 관리들은 일본의 무력시위 앞에 기가 죽을 수밖에 없었다. 구로다는 조약을 맺자고 했다. 그러나 조선의 관리들로서는 조약이란 말을 들어보지도 못했다며 조선과 일본은 조약 없이도 300년간 잘 지내왔는데 이제 뜬금없이 무슨 조약이냐며 손사래를 쳤다. 그러자 구로다는 휴대한 책자 『만국공법』을 보이면서 이는 국제간에 항구를 개방하고 무역을 하기 위한 약정이라고 했다. 경험과 지식이 없는 조선의 관리들로서는 그렇다면 그런 것으로 믿을 수밖에 없었다. 만국공법은 한 미국 학자(헨리 휘튼)의 주장이지 국제법은 아니었다. 그러나 서방 열강들은 만공공법을 흔들어 보이면서 아시아 여러 국가들의 문을 열려고 했다. 그러나 중국은 만국공법의 내용을 전부 인정하지는 않은 터였다.

구로다는 미리 준비한 조약안을 제시했고 신헌은 급거 서울로 달려와 이를 조정의 공론에 붙였다. 찬반이 엇갈렸다. 영의정 이유원(李裕元) 등 원로대신들은 국력의 한계를 느끼며 찬성 쪽에 섰다. 평안감사 시절 대동강으로 거슬러 올라오던 미국의 제네럴 셔먼호를 침몰시켰던 경력이 있는 우의정 박규수(朴珪壽)는, '나라가 부강하고 군사를 강하게 키웠다면 섬나라가 어찌 감히 서울을 얕보고 이 지경으로 행패를 부리는가? 진실로 통분을 금할 수 없다'면서도 찬성 쪽에 설 수밖에 없었다.

그러나 강직한 선비 최익현(崔益鉉)은 '왜인과 화친하면 나라

▲ 채용신 필 최익현 초상 | 소장품
검색: ⓒ 국립중앙박물관

가 망한다'며 도끼를 들고 대궐문 앞에서 시위하였다. 그는 유생들 50명을 이끌고 궁궐 앞에 엎드려 상소문을 올렸다. 이 상소문이 유명한 〈지부복궐척화의소(持斧伏闕斥和議疏)〉이다. 상소를 받아들이지 않으려거든 도끼로 자신의 목을 쳐 달라는 의미이다. 조선 정부는 일본의 무력을 두려워하여 조약체결에 응하고 최익현을 흑산도로 유배 보냈다. 고종의 최종승인으로 결국 일본의 무력시위 하에 12개 조항의 〈조일수호조약〉이 성립되었는바 이 조약은 〈병자수호조약〉 또는 〈강화도조약〉으로 일컬어지는, 일본의 협박에 의한 불평등조약이었다.

일본은 왜 군함을 앞세워 치밀고 들어와 문을 열리고 협박하는가? 여기에는 무서운 음모와 원계(遠計)가 있었다. 개혁군주 정조가 승하하고 순조가 들어선 이후 조선은 안동 김씨 및 풍양 조씨 등 외척의 물불 안 가린 세도정치로 인한 삼정(三政: 전정·군정·환곡)의 문란, 매관매직 그리고 민란들로 인해 국력은 쇠하고 국고는 바닥이 난 무자산(無資産)의 나라가 되어가는데 더욱이 대원군의 경복궁 개축과 쇄국으로 국가는 기력이 빠진 허깨비와 진 배 없었다.

이러한 사실을 일본이 훤히 알고 있었다. 일본 정가에서는 조선을 치자는 주장(정한론)이 대두해 많은 토론이 이어졌고 누가 정권을 잡느냐에 따라서 조선에 대한 정책도 왔다 갔다 했다. 가령 이런 조선을 무간섭으로 방치한다면 러시아가 집어삼킬 것이고 군함과 대포와 현대화된 군사로 당장 조선을 쳐서 복속시키기는 어렵지 않으나 당시로서는 이빨 빠진 호랑이 중국이 버티고 있고 구미열강들도 호시탐탐 기회를 엿보고 있는 처지임을 일본은 너무나 잘 알고 있었다. 조선을 그 나라들에게서 떼어내어 서서히 좀먹어 들어가는 전략에 일본의 위정자들은 입을 모은 것 같다.

박은식(朴殷植)은 『한국통사(韓國痛史)』에서 다음과 같이 개탄했다.

> 이때 우리들이 크게 각성하여 안으로는 정치를 개선하고, 밖으로는 외국들과 친교를 체결하며, 무력함에 빠져들지 말고 무비(武備, 군사력을 갖춤)에 힘써 내외에 있어 방비를 충실히 했던들 어찌 류큐[오키나와]의 뒤를 따랐으리오마는, 완고하고 식견이 얕으며 사사로운 힘이나 기르고 당쟁에 몰두하여 국가의 장래를 생각하지 않고 지당한 충고를 듣지 않음으로 해서 망국에까지 이르게 되었으니 참으로 통탄스럽기 그지없는 일이다.[1]

중국에서 국제관계를 도맡아하던 북양대신 리홍장은 북경 주재 일본 공사 모리 아리노리와 만나서 일본의 강화도 포격에 대하여 유감을 표했다.

---

1) 박은식 지음(1913), 김승일 옮김, 『한국통사』, 범우사, 1999

모리 : 일본 군함이 조선 해변에 이르러 담수를 취하고자 했는데 조선이 대포를 발사해 우리 군함을 손상시켰다.

리홍장 : 일본의 군함이 조선의 해구에서 수심을 측량했다고 하는데 만국공법에 의하면 해안 10리 이내는 본국의 영토에 속한다고 한다. 일본이 조선과 통상하지 않은 현상황에서 조선의 가까운 해역에서 측량해서는 안 된다. 조선이 대포를 쏜 것은 그럴 만한 이유가 있다.

모리 : 중국과 일본은 서양국가와 마찬가지로 만국공법을 인용할 수 있다. 그러나 조선과 일본은 화약을 맺은 바 없으니 만국공법을 인용할 수 없다.

리홍장 : 비록 그렇다 해도 일본이 조선에 가까이 가서 측량을 해서는 안 된다. 이는 일본의 잘못이다. 조선이 갑자기 대포를 쏜 것은 작은 잘못이 없다 할 수 없지만 일본이 상륙해 조선의 포대를 파괴하고 조선 사람을 살상했으니 또 일본의 잘못이다.[2]

그럼에도 불구하고 조선이 일본과 불평등조약을 맺은 사실을 듣고 리홍장은 당시 주청사(奏請使)로 북경에 머물던 이유원(李裕元, 후에 영의정을 지냈다)에게 다음과 같이 충고했다.

본래 일본인은 성정이 포악하고 교활하며 담욕스러워 장차 자신들의 야욕을 채우려 할 것이다. 이에 대한 귀국의 대응이 쉽지 않을 것이다. 최근 일본의 행동이 괴상하기 그지없는바 귀국은 이를 방어할 계책을 마련하지 않으면 안 될 것이다. 올봄(1879)에 일본이 수백 년을 이어온 류큐(오키나와)에 군함을 보내 그 왕을 폐하고 그들의 강토를 삼킨 것을 보더라도 귀국의 장래를 보장하기 어렵다는 사실을

---

2) 김세민, 『한국 근대사와 만국공법』, 경인문화사, 2002

주시해야 한다. 이미 부득불 일본과 조약을 맺고 항구를 개항하였으나 이 시점에서 필요한 것은 서구 열강과도 조약을 맺어 일본을 견제하는 것이 차선책일 것이다. 일본이 두려워하는 것은 서양이다. 조선의 힘으로 일본을 제압하는 것은 그 부족함이 염려되지만, 서양과의 통상과 외교로써 일본을 제압하는 것은 가능하다고 본다.3)

우리나라는 조선 말기 내내 일본의 꾐에 말려들어가고 끌려 다녔다. 리홍장이 충고한 서방국가와의 조약은 미적거리다가 일본이 조선에 발판을 굳힌 후에 이루어졌다.

일반적으로 〈강화도조약〉 또는 〈병자수호조약〉이라고 일컬어지는 조약은 1876년 2월 26일(음2월 2일)에 체결된 〈조일수호조규〉와 같은 해 8월 24일(음7월 6일)에 체결된 〈조일수호조규부록〉과 〈조일무역규칙〉을 통칭하는 것이다. 이 조약들은 너무나도 일방적인 불평등조약으로 조선의 계약체결 당사자들은 협박에 못 이겨 알고도 당하고 모르고도 당했다.

〈강화도조약〉 본문은 다음과 같다.

제1관　　조선국은 자주국이며 일본국과 더불어 평등한 권리를 보유한다. 사후 양국이 화친의 실(實)을 표하고자 하면 모름지기 피차 평등한 예의로 상대하며 추호도 침범하여 넘거나 시기하여 싫어함이 있을 수 없다. 마땅히 먼저 종전부터 사귄 정의를 막은 우환이었던 여러 관례와 규칙을 일체 없애고 넉넉하고 널리 통하는 법규를 넓히기에 힘써 서로 영원히 평안하기를 기약한다.

---

3) 박은식, 앞의 책.

제2관 일본국 정부는 지금부터 15개월 후 수시로 사신을 파견하여 조선국 경성에 이르게 해 예조판서를 친히 접해 교제하는 사무를 상의할 수 있다. 그 사신이 머물면서 오래 있을지 잠시 있을지는 모두 그때의 사정에 맡긴다. 또한 조선국 정부는 수시로 사신을 파견해 일본국 동경에 이르게 해 외무경을 친히 접하여 교제하는 사무를 상의할 수 있다. 그 사신이 머물면서 오래 있을지 잠시 있을지는 또한 그때의 사정에 맡긴다.

제3관 이후 양국이 왕래하는 공문으로 일본은 일본어를 사용하되 앞으로 10년간은 별도로 한문으로 된 문서를 갖추며 조선은 한문을 사용한다.

제4관 조선국 부산 초량항은 일본 공관이 세워져 오랫동안 이미 양국 인민이 통상하는 구역이 되었지만 이제는 당연히 종전의 관례나 세견선 등의 일을 없애고 새로 세운 조관에 의거해 무역사무를 처리한다. 또 모름지기 조선국 정부는 제5관에서 별도로 기재한 2곳의 항구를 개방해 일본국 인민이 왕래하면서 통상하게 하고, 해당 지역에서 땅을 빌리거나 집을 짓거나 혹은 이미 사람들이 살고 있는 집을 빌려 임시로 살고자 한다면 각각 그 편의를 따라 들어주도록 한다.

제5관 경기·충청·전라·경상·함경 5도 가운데 연해에서 통상이 편리한 항구 두 곳을 선택하여 지명을 지정한다. 항구를 여는 기한은 일본력 메이지 9년 2월, 조선력 병자년 2월부터 기산하여 모두 20개월로 한다.

제6관 이후 일본국 선박이 조선국 연해에서 혹 태풍을 만나거나 혹 장작과 식량이 떨어져서 지정한 항구에 도달할 수 없으면 즉시 어느 연안이든지 항구에 들어가 위험을 피하

고 부족한 것을 보충하고 배를 수리하고 장작과 숯을 사서
구할 수 있다. 그 지방에서 공급한 비용은 반드시 선주가 배
상하여야 한다. 무릇 이러한 일들은 지방의 관민이 모름지기
특별히 인휼히 여기고 구원하려는 뜻을 더하여 보급에 전혀
인색해서는 안 된다. 만약 양국 선박이 바다에서 파괴되어
배에 탔던 사람이 표류하면 지방 인민은 즉시 구휼하여 온전
히 보호해주고 지방관에게 알려야 한다. 해당 지방관은 본국
으로 호송하여 돌려보내거나 혹은 그 근방에 주재하고 있는
본국 관원에게 넘겨준다.

제7관　조선국 연해의 섬과 암초는 종전에 자세히 조사한
적이 없어 지극히 위험하므로 일본국의 항해자가 수시로 연
해를 측량하여 그 위치와 깊이를 재고 지도를 만들어 양국
항해자로 하여금 위험을 피하고 편안할 수 있도록 한다.

제8관　이후 일본정부는 조선국에서 지정한 각 항구에 수
시로 일본 상민을 관리하는 관원을 둔다. 만약 양국이 교섭
할 안건이 생기면 해당 관원이 그 지역의 지방관과 만나서
상의하여 처리하도록 한다.

제9관　양국이 이미 우호를 통했으니 피차 인민은 각자의
뜻에 따라 무역을 하며 양국 관리는 추호도 간섭할 수 없다.
또한 무역의 제한을 설정하거나 금지할 수는 없다. 만약 양
국 상민이 속여서 팔거나 빌려서 갚지 않는 일이 생기면 양
국 관리가 도망간 상인을 엄중히 붙잡아 빚이나 모자란 것을
추궁해 갚도록 한다. 단 양국 정부가 이것을 대신 갚을 수는
없다.

제10관　일본국 인민이 조선국에서 지정한 각 항구에 체
류하면서 만약 죄를 범해 조선국 인민과 교섭해야 하는 경우

모두 일본 관원에게 귀속시켜 심의하고 처단한다. 만약 조선국 인민이 죄를 범해 일본국 인민과 교섭해야 하는 경우 모두 조선 관원에게 귀속시켜 조사 처리한다. 각자 국법에 의거하여 신문하고 처단할 것이며 추호도 두둔하거나 편드는 일이 없이 공평하고 사리에 맞음을 보여주도록 힘써야 한다.

제11관   양국이 이미 우호를 통했으니 모름지기 따로 통상장정을 만들어 양국 상인을 편안하게 하여야 한다. 또 아울러 현재 논의해 만든 각 조관 가운데 다시 마땅히 세목을 보완하거나 첨가해 조건에 따라 준수하는 것을 편하게 한다. 지금으로부터 6개월을 넘기지 않고 양국은 따로 위원을 파견해 조선국 경성 혹은 강화부에서 만나 상의하여 정하도록 한다.

제12관   위의 11개 관은 논의해 정한 조약이니 이 날을 양국이 믿어 지키고 준행하는 처음으로 삼는다. 양국 정부는 이를 다시 바꿀 수 없으며 영원히 믿고 준수하여 화호를 돈독히 해야 할 것이다. 이를 위해 조약서 2통을 작성해 양국 위임대신이 조인하고 상호 교부하여 믿고 의지할 것을 밝힌다.

대조선국 개국 485년 병자년 2월 2일
대관 판중추부사 신헌(申櫶)
부관 두총부부총관 윤자승(尹滋承)

대일본 기원 2536년 메이지 9년 2월 26일
대일본국 특명전권변리대신 육군중장 겸 참의 개척 장관
구로다 기요다카[黑田淸隆]
대일본국 특명부전권변리대신 의관
이노우에 가오루[井上馨]

위 조약은 조선이 역사시대 이래 대부분의 기간 오로지 중국과만 관계를 유지하던 그늘을 벗어나 여러 외국에 닫혔던 문을 개방한 계기이기도 하지만, 허약한 다리를 가진 선수들이 기울어진 운동장에서 발버둥치는 형국을 이 나라에 초래했다. 너무나 불평등한 조약이었고 일본에게 나라를 내어주는 단초를 제공한 계약이었다.

일본의 조약안을 접한 국왕이나 원로대신들의 무지하고 무책임한 사고방식과 태도는 후세에 비난을 받을 만하다. 일본이 대포를 쏘고 군함을 몰고 와 협박해도 국정을 책임진 사람들은 목숨을 걸고 막았어야 했다. 후속으로 체결된 세칙과 속약은 점입가경이다. 이에 조약상 무엇이 문제인지를 살펴볼 필요가 있다. 특히 문제 되는 조항만을 대충 추려서 분석하고자 한다.

첫째, 제1관에서 조선은 (청국의 속국이 아닌) 자유국으로 일본과 평등한 권리를 가지고 조약에 임하는 것으로 규정함으로써 조선에 대한 중국의 종주권 및 영향력을 배제하고, 또 다른 패권국가 즉 무섭게 커가고 있는 일본에 관심과 시선을 돌려 결과적으로 일본의 조선 진출을 용이하게 하려는 계략에서 나온 것이다.

둘째, 제4관에 의거하여 일본인은 조선의 개항지 내에서 임의로 토지를 빌릴 수 있고 빌린 땅 위에 집을 짓거나 조선인 소유의 집을 빌려서 거주하거나 상업활동을 할 수 있는 근거를 마련했다. 이로 인하여 일본인들은 항구의 편리한 곳에 조계지라는 명목으로 집단거류지를 마련하여 '나라 속의 나라'인 일본인 마을을 만들었고 목 좋은 곳에 점포를 줄지어 열어 상권을 확보할 수 있었다.

셋째, 제5관에서 조선을 국제질서에 편입시키기 위한 명분으로 3개 항구를 개항하기로 했는데 조선은 기왕의 부산항 이외에 원산항을 1880년에, 인천항을 1883년에 개항했다. 일본은 러시아의 접근에 앞서서 동해에 접한 원산의 개항을 서둘렀고 다음으로 청국과 대등한 관계를 유지하기 위하여 인천의 개항을 요구했던 것이다. 그 후에도 조선 측의 약점을 잡아 양화진(당시 서울의 교통 및 군사요충지로 지금의 합정동), 대동강, 목포, 군산 등의 항구를 개항할 것을 끈질기게 요구했다.

넷째, 제6관에서 일본 선박이 조선국 연해에서 혹 태풍을 만나거나 혹 땔감과 식량이 떨어지면 지정된 항구 이외의 어느 연안이든지 들어가 위험을 피하고 부족한 것을 보충하고 배를 수리하고 장작과 숯을 구입할 수 있다고 규정함으로써 일본 선박이 개항장 이외에도 구실을 붙여 어떤 해안이나 출입할 수 있는 여지를 만들었다. 이로 인하여 여러 지역의 해안에서 충돌이 발생하곤 했는데 그들의 무분별한 상륙에 조선의 주민들이 항의하여 분쟁이 생기면 일본은 오히려 조선이 규정을 위반하여 일어난 사건이라고 강변하곤 했다.

다섯째, 제7관에서 조선의 해안과 도서를 일본이 측량하고 지도를 발행할 수 있게 허용했는데 이는 일본의 흑심과 야욕, 일본으로 보면 조선 식민화의 원계가 담겨있는 것이다.

신헌은 형조판서·병조판서·공조판서를 두루 지낸 무관 출신으로 지도의 중요성을 누구보다도 잘 아는 사람일 텐데 이 조문에 이의를 달지 않은 것은 이해할 수 없다. 일본은 조선 연안의 측량을 위하여 군함을 파견했는데 대포를 장착한 해군의 출입은 조선 관민에게 위협적인 존재였다. 그들은 측량을 핑계로 어디든 상륙했고 그렇게 작성된 지도와 각종 자료는 조선을 옥죌 수 있는 해양침투에 활용할 자료가 되었다.

일본은 자기네 선박이 드나드는 편의 때문이라면서 항구와 항만의 크기와 깊이를 측량했는데 조약상 약속한 개항지 항구뿐만 아니라 크고 작은 항구와 연안까지도 측량했고 측량을 핑계로 조선의 해안지대에 들락거렸다. 특히 연해의 깊이, 해안선의 길이와 굴곡, 조수 그리고 섬과 암초 등 각종 자료를 조사하여 지도를 그렸다. 이렇게 작성된 각종 탐사지도는 일본인들의 상업활동과 어업에 활용될 뿐만 아니라 동학군을 추적하는데 길라잡이가 되었으며 나중에 청일전쟁 및 러일전쟁에 크게 기여할 수 있었다.

제주도의 경우에도 측량을 핑계로 일본군함 류조[龍驤]호가 연해에 장기간 머물렀는데 그들은 제주 해안의 포구와 암초를 조사했고 우도·가파도·비양도를 샅샅이 조사하여 나중에 어업의 전진기지로 삼았다. 류죠함은 전장이 65m, 대포 12문을 장착하고 승조원 275명을 태울 수 있는 거함이었다. 제주 사람들은 생전 보지도 못했던 성채만 한 군함이 제주 바다를 휘젓는 광경에 경악을 금할 수 없었을 것이다. 그들이 제주도 연안을 얼마나 샅샅이 조사했는지는 후에 일본 군함 초가이[鳥海]호가 제주도에 파견될 때 편승했던 김희정(金羲正)과 일본인들과의 대화 속에서 확인할 수 있다.

김희정이 말하기를 "제주도를 두른 해안이 400리인데, 모두 암초가 많아 배가 다니기 어려운 돌여울[石灘]이어서 다른 나라 배가 자주 파손되니 야간운행을 삼가야 한다." 일본인들은 "우리는 이미 알고 있다"고 말하였다. 때는 1891년의 일인데, 이는 일본이 우리나라 전역, 제주도까지도 연안을 정확히 측량해 왔음을 말해주는 것이다.

실상 일본은 운요호사건 이전부터 간첩대를 파견하여 조선 전역을 측량해 왔는데, <강화도조약> 이후 드러내놓고 측량의 범위와 인원을 넓혀갔다. <강화도조약>의 세칙을 작성하기 위하여 마주 앉은 조선측 담당자는 아무 생각 없이 일본측 담당자에게 김정

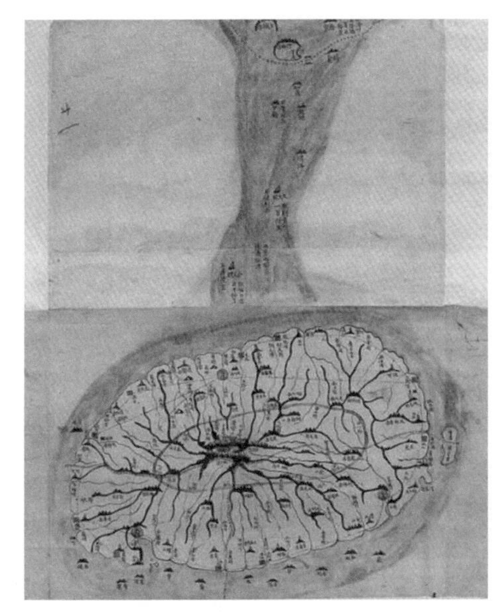

▲ 대동여지도-제주도편(ⓒ국립제주박물관)

호가 작성한 <대동여지도>를 비롯한 각종 지도를 필사하도록 내주기도 하였다. 김정호가 각고 끝에 작성한 조선 전국을 망라한 그 지도가 일본이 조선을 침략하기 위한 기초자료가 되었다니 얼마나 아이러니한 일인가? 그 지도들은 즉시 내지측량을 맡은 일본 육군의 첩보장교에게 넘겨졌다.

그들의 측량사업은 비밀리에 이루어졌기 때문에 조정은 물론 지방관리들도 일본인의 측량행위를 간파하지 못한 경우가 많았다. 측량사업은 부산에서 서울, 서울에서 원산, 서울에서 의주에 이르는 경로의 길 그리고 하천과 주변의 지형지물에 집중되어 행해졌는바, 이는 장차 조선이 일본과 중국, 일본과

러시아의 각축장이 될 것을 내다본 처사였다.

조선의 반응은 어떠했는가? 중앙정부에서는 측량 침략의 의미와 중요성을 모르고 있었다. 그러기에 어떤 지방의 관리들은 일본 측량사들을 융숭히 대접하기도 하였다. 관리들은 자의 반 타의 반으로 측량사업에 협조하거나 측량사실을 모르는 경우도 많았다. 공식적으로 항변하거나 측량 침략에 대한 당시 조선의 기록도 없다.

지리학자 남영우가 최근에 일본측 자료를 통하여 밝힌 바에 의하면 일본에서 간행된 『외방측량연혁사(1895)』에는 조선인들이 일본측량대에 맹렬히 저항한 내용이 실려있다. 일본 측량대원들은 조선인으로 변장을 하곤 했는데 그들은 김정호의 <대동여지도>를 보고 한반도 각 지역의 지세를 파악한 후 약장수로 위장하여 목측과 보측으로 은밀하게 측량하곤 하였는데 비록 무지한 백성들이지만 그 은밀한 측량행위를 간파하고 저항하면서 그들을 쫓아내곤 하였다.

여섯째, 제10관에서 일본국 인민이 개항지에서 범죄를 저질렀을 경우 범인에 대한 조사와 처벌은 자국의 관리가 이를 담당해 공평하고 타당한 재판을 한다고 규정했다. 당시 조선인은 일본으로 건너가서 상업에 종사할 형편이 아니었기 때문에 이 조항은 일본에 일방적이었다.

이 조항으로 인해 조선은 개항지에서 활동하는 일본인의 활동을 규제하거나 통제할 법적 근거를 상실했으며 나아가 일본인이 범죄를 저질렀을 경우에도 체포하거나 조사 또는 처벌할 수 없게 되었다. 즉 일본인들이 조선 땅에 들어와서 주민들에게 저지른 횡포와 살육을 조선의 정부와 관리들은 속수무책으로 바라만 볼 수밖에 없었다. 이 조항에 의거 조

선에 건너온 일본인들은 자유로이 활동할 수 있어 그들은 조
선의 법질서 바깥에 존재하였던 것이다. 이는 조선에서 일본
인의 범죄행위는 일본의 관헌이 조사·판결을 하는 치외법권
의 인정 등을 포함하고 있었다. 후술하겠지만 제주도에서 일
본 어부들이 해안에 상륙하여 제주도민을 죽이거나 상해를
입힌 사건이 빈번했는데 제주도의 관리들은 손을 못 대고 피
의자를 풀어주어야 했다.

일곱째, 제9관에서 양국의 인민은 각자의 뜻에 따라 무역을
하며, 양국의 관리는 추호도 간섭할 수 없고 무역의 제한을
설정하거나 금지할 수 없다고 규정함으로써 조선의 상거래와
경제는 파탄에 이르게 된다. 일본 상인들은 각종 장신구, 노
리개, 약품(소위 만병통치약 등) 및 도자기류를 들여와 상점이
나 거리에서 팔았고 신기한 물건을 본 시민들은 거리로 몰려
들었다. 이는 조선 경제를 좀먹고 풍속을 해치는 결과를 낳
았다.

여덟째, 당해 8월에 <강화도조약>의 후속조치로 11개 조항
의 <조일무역규칙>이 체결되었는데 제6칙에서는 조선의 항
구에서 일본인이 양미 및 잡곡을 수출입할 수 있도록 정했
다. 이로 인해 일본 상인들은 조선의 방방곡곡을 돌아다니며
쌀과 콩을 사들였는데 처음에는 탐관오리나 지주들이 곳간에
쌓아둔 잉여농산물이 이에 해당되었지만 나중에는 일본 돈에
매료된 일반 농민까지도 쌀가마니와 콩 자루를 들고 나갔다.
일본 상인들은 조선의 곡식을 무진장 사서 창고에 쌓아두었
다가 일본으로 실어갔다. 일본에 흉년이 든 해에는 값 고하
간에 곡물을 휩쓸어감으로써 조선의 농민은 영양실조로 허덕
였고 굶주림에 죽어갔다. 또한 일본인들이 곡물을 무단방출

함에 따라 지방 및 국가재정이 파탄 지경에 이르렀다.

급기야 지방관들이 방곡령(防穀令)을 선포하여 곡식의 매매를 금지시켰다. 방곡령은 각 지방이 곡물의 소비와 물가를 안정시키기 위하여 지방관들이 쓰는 고유권한이었다. 1889년 함경감사 조병식(趙秉式)이 처음으로 방곡령을 선포하여 곡물의 방출을 막고자 할 때 일본 외무성은 조선의 통리아문(외교통상업무를 관장하는 기관)에 조약 위반이라며 거칠게 항의했고 조선 정부는 조병식에게 방곡령을 철회하도록 하교하는 한편 일본 상인이 본 손해에 대하여 조병식 자신이 변상토록 조치하고 그를 좌천시켰다. 그러나 방곡령은 여러 지방으로 요원의 불길처럼 퍼져 나가 방곡령을 실시한 군현이 100여 개소를 능가했고 결국 동학란의 불씨가 되었다.

아홉째, 일본측이 제시한 위 〈조일무역규칙〉 중 제7칙에서는 일본 선박에 대하여 선박의 크기에 따라 소정의 항세를 부과하도록 했는데, 말미에 '일본국 정부에 속한 선박은 항세를 납부하지 않는다.'는 조항이 포함되어 있었다. 본규칙의 협상을 위하여 형조판서 조인희(趙寅熙)가 강수관(講修官)으로 임명되어 일본의 미야모토 코이치[宮本小一]와 마주 앉았다.

그가 이 규칙의 다른 조항에 대하여는 꼼꼼히 챙겼는지 모르지만 위의 제6칙과 7칙에 관해서는 심의를 제대로 하지 않은 채 일본측 주장을 가감 없이 받아들였다. 더욱이 조인희는 미야모토의 조회에 대한 회답공문에서 '화물의 출입에도 특별히 수년간 면세를 허용한다'고 해 일본은 선박의 항세뿐만 아니라 상품의 수출입세까지도 면세를 허락받았던 것이다. 사실 미야모토는 일본 정부로부터 관세 5%까지는 양보해도 좋다는 훈령을 받은 바 있었다. 이로써 일본 선박은

항세 및 화물의 출입에 면세를 허용함으로써 일본은 무관세를 관철시키는데 성공하였다. 제6칙 및 제7칙에서 보듯이 조인희라는 한 고관의 무지하고 무책임한 처신은 이 나라의 수많은 백성에게 피눈물을 안겨주고 나라에 큰 손해를 입힌 것이다. 이 사실을 나중에 안 고종은 개탄을 금하지 못하고 이의 시정을 도모하고자 했다.

3. 관세주권의 회복을 시도했지만

1878년 9월초, 경상좌도 암행어사로 파견되었던 이만식(李萬軾)이 임금(고종)을 독대했다. 그는 일본에서 부산항으로 들어오는 면포가 많고 다양한데 이를 조선의 객주(물상객주)들이 도맡아 팔고 있으며 그 대가로 주로 지급되는 쌀과 콩이 일본으로 실려 나간다는 보고를 했다.

고종은 이에 격앙을 금치 못하면서 부산항으로 들어오는 모든 상품의 거래에 세금을 징수하라는 교지를 동래부에 내렸다. 그때까지 조선 정부는 수입하는 물자에 세금을 매긴다는 국제적 관례와, 조선의 엄청난 곡물이 일본으로 빠져나가는 심각성을 몰랐던

▲ 부산 두모진 해관(출처: 인천세관 블로그)

것 같다. 동래부사 윤치화(尹致和)는 임금의 명에 따라 부산의

두모진(지금의 수정동 만호진)에 해관을 설립하고 일본에서 들여오는 면포 등에 수입가의 10-20%의 세금을 거두었는데, 납부자는 일본 선박도 아니고 일본 상인도 아닌, 일제물건을 그들에게서 사서 조선인에게 파는 조선의 객주들이었다. 1876년 8월에 맺은 〈조일무역규칙〉으로 인해 일본인에게는 감히 세금을 내라 할 처지가 못 되었기 때문에 우리 상인에게만 내려진 조치였다. 그러자 물품가격이 급등하고 거래가 끊겼다.

▲ 히에이호(((ⓒ日本海軍の戰艦)

이 조치에 낭황한, 부산항에 머물러 있던 일본 상인 135명이 동래부 관아로 몰려와 사무실 집기를 때려 부수며 난장판을 만들었고 이를 말리는 조선인 관리들에게 폭행을 가했다. 당시 인천에 머물고 있던 하나부사 요시모토[花房義質] 일본 대리공사는 조선 정부와 한 마디 의논도 없이 인천 앞바다에 정박 중이던 군함 히에이[比叡]호를 이끌고 부산항에 나타났다. 히에이함은 20구경 170mm 대포 3문과 150mm 중포 6

문을 장착한 2,000마력의 거함이었다. 군함은 여러 발의 함 포사격을 가하면서 부산항에 다가왔다. 군함에서 내린 하나부사는 완전무장한 2개 소대병력(약 80명)의 호위를 받으면서 동래부 관아로 쳐들어갔다.

동래부 관원들은 황급히 관아를 빠져나가 도망쳤고 주민들은 부랴부랴 산으로 피난했다. 하나부사의 거칠고 위협적인 항의에도 윤치화 동래부사는 조선 정부가 조선의 백성에게 세금을 부과시키는데 무엇이 잘못되었느냐며 버텼다. 다행히 인명피해는 없었지만 이는 이 땅에 대한 무경우한 침략행위였고 조선 측에서 총부리를 마주하면 전쟁으로 화할 터였다. 보고를 받은 임금은 일단 병혁지화(兵革之禍, 전쟁으로 인한 재난)를 피하자며 그해 12월 두모진 해관을 철거했다.

고종은 〈강화도조약〉이 일본의 협박으로 겁에 질려 도장을 찍은 불평등조약임을 알면서도 그 조약이 일본의 위계에 의한 것이고 장차 조선의 명운을 좌우하는 것임을 깊이 깨닫지 못했다. 조선 조야의 지식인들도 그 폐해를 알지 못하고 있었다. 일본의 측량사업에 대한 염려는 백성들이 더 피부로 느끼고 있었지만 호소할 길이 없었다. 백성의 식량인 곡물이 유출되는데도 그들이 돈 주고 사가는 데 무슨 문제냐고 방치했다. 실제로 탐관오리들은 그들이 착취하여 곳간에 쌓아두어 썩어가는 잉여농산물을 처리할 수 있다며 좋아했다.

관세는 수출, 수입 물품에 대해서 부과되는 세금으로 수출세·수입세·통과세 등으로 분류된다. 관세는 국내 산업의 보호, 재정 수입의 확보, 소비 억제, 국제 수지 개선 및 수출 촉진 등 다양한 순기능이 있다. 고종은 국가가 개항하여 외

국 선박이 드나들고 외국상품이 들어오는 과정에서 세금, 즉
관세를 거둘 수 있음을 두모진 사건에서 비로소 알아차렸다.
백성들 간의 거래에서 세금을 거두듯이 국가 간의 거래에도
세금을 부과해야 함을 깨달은 것이다.

〈강화도조약〉 제11관에서, '양국이 이미 우호를 통했으니
모름지기 따로 통상장정을 만들어 양국 상민을 편안하게 하
여야 한다'는 규정이 있으니 얼른 개정을 서둘러야 한다고
고종은 생각했다. 고종은 조정의 관리들은 너나없이 국제정
세에 어두운 터라 젊은 지식인들을 활용할 생각을 하기에 이
르렀다.

고종은 〈강화도조약〉 체결 직후인 1876년 4월부터 1882
년까지 4차에 걸쳐 일본에 수신사[1]를 파견했는데 그들은 천
황을 만나는 등 극진한 대접을 받았고 일본의 날로 변모하는
모습을 직접 목격했으나 다른 한편 〈강화도조약〉이 조선 관
리의 무지함으로 매우 일방적인 것임을 깊이 깨닫게 되었다.
수신사들은 연이어 임금과 중앙정부에 이 사실을 보고하고
조약의 개정을 추진하고자 했다. 그들이 주목한 것은 개항한
항구에 일본 선박이 어떤 제재를 받지 않고 출입하고 그 배
들이 싣고 들여오는 일본의 일반상품과 사치품들에 관세를
물지 않는 것이었다.

1차 수신사로 일본을 방문한 김기수(金綺秀)는 다분히 의례
적인 방문이라 논외로 하지만 고종은 2차 수신사로 김홍집
(金弘集)을 파견하면서 당시 일본이 자국에 물밀 듯 밀려오는
외세(미·영·독·불 등)에 대하여 어떻게 대응하는지 살펴보

---

1) 1차 김기수 등 76명, 2차 김홍집 등 58명, 3차 조병호 등 14명,
　4차 박영효, 홍영식, 서광범, 김옥균 등.

고 조·일간의 무역에도 그 예를 적용할 수 있는지 알아보도록 하였다.

고종의 특명을 받은 김홍집은 통상장정의 개정을 위하여 일본 외무성과 접촉을 시도했으나 일본 측에서는 정보제공과 협상을 거절했다. 허기야 김홍집은 통상이나 국제관계에 대한 기초지식을 갖춘 인물도 아니었다. 그러나 다행히 김홍집은 재일 청국공사 허루장[何如璋]을 만나 관세자주권이 국제관계에서 자국의 이익을 추구하기 위한 통상정책임을 알게 되었다. 허루장은 다음과 같이 말했다.

> 서양의 경우 통상은 오로지 자국의 이익만을 추구하는 것이다. 따라서 수출입을 막론하고 양국 간의 거래규칙도 모두 본국에서 스스로 정한다. 무릇 수입규칙은 백분율로 비율을 삼되 상품의 수입을 원하지 않을 때는 보호규칙이라 해서 높은 세율을 정해 이를 저지한다. 반면에 수출품의 경우 많이 수출하기를 바란다면 면세혜택을 주어 자국 상인을 이롭게 하는 것도 가능하다. 그러므로 어느 나라와 통상을 한다 해도 이익은 있으나 손해는 없다. 그럼에도 불구하고 자국이 규칙을 스스로 정하지 못하고 상대국에서 갖게 되면 손해만 보고 이익은 없다.[2]

김홍집은 비록 일본과의 조약개정 시도는 실패로 끝났지만 통상조약에 대한 지식을 다소나마 가질 수 있었다. 또한 그는 근래에 일본이 서구열강과 맺은 조약에 관세조항이 명기되어 있고 게다가 관세율 특히 고급품의 관세율을 수입국인

---

2) 최덕수 외 4인, 『조약으로 본 한국근대사』, 열린책들, 2019

일본이 마음대로 정할 수 있도록 한 사실을 알게 되었다. 즉 수입국은 자국의 이익을 추구하기 위하여 기본적으로 관세자주권을 갖는 것이다. 김홍집은 일본 외무성에 이 문제를 거론했지만 일본 외무성은 김홍집이 임금의 전권 위임을 받은 사실이 없다며 콧방귀도 뀌지 않았다.

고종은 3차 수신사로 조병호(趙秉鎬)를 파견하면서 별도로 민종묵(閔種默)과 이헌영(李憲榮)을 파견하여 일본의 외무성과 관세국을 시찰하여 조사하도록 하였다. 조병호는 그 두 사람의 자문을 받아 통상장정의 개정안을 일본 외무성에 제출했다. 그 내용을 요약하면 다음과 같다.

> 수입관세율: 선박용 5%, 일반상품 10%, 사치품 25%,
>   유류 35%
> 수출관세율: 5%
> 면세품: 금은화폐, 신발
> 수입금지품목: 아편, 서양 종교서적
> 수출금지품목: 곡물류, 홍삼
> 세칙의 변경: 조선 정부가 독자적으로 정해서 일본에 통
>   보한다.(자주적 관세)

즉 조병호는 조선이 일본에 대하여 자주적으로 관세율을 결정할 것을 주장하면서 〈강화도조약〉 및 〈조일무역규칙〉의 개정안인 〈통상장정안〉을 일본에 제시했던 것이다. 당시는 일본과 서구열강들이 조약개정을 위하여 밀고 당기고 있을 때였고 조선도 서구열강과 조약을 체결하지 않은 시기였다.

수입관세율을 세목별로 제시한 외에도 조병호의 개정안은

매우 유의미한 것이었다. 첫째 우선 곡물류(홍삼 포함)를 수출 금지 품목으로 넣음으로서 곡물류의 일본 방출을 막고자 함이었다. 둘째 관세율 세칙은 조선 정부가 독자적으로 정해서 일본에 통보하는 소위 관세자주권을 삽입한 것이다. 이 또한 일본은 거들떠보지도 않았다.

보고를 받은 고종은 몹시 화가 나 있었다. 고종은 <강화도조약>에서 합의한 인천항 개항을 틀어쥐었다. 원산항은 1880년에 이미 개항한 바 있었다. 인천항의 개항을 위해서 그동안 공을 들여온, 그래서 다급해진 일본은 1882년 7월, 하나부사를 공사로 임명하여 조선에 급히 파견하였다. 하나부사가 조선에 도착하면서 조약개정의 협상이 시작되었다. 직전에 조선은 미국·영국·독일과 수호조약을 맺은 직후여서 그 나라들과의 조약에 근거해서 일본과 새로운 통상장정을 체결하고자 했다. 우선 조선 측에서 조병호의 조약 개정안을 제시했지만 합의점을 찾지 못한 채 세월만 잡아먹고 있었다. 급기야 1882년 임오군란이 터졌고 이로 인하여 그 개정작업은 수면 아래로 가라앉아 버렸다.

<<임오군란>>

고종은 수신사로 일본에 다녀온 김홍집의 조언에 따라, 일본의 도움을 받아서 기존의 훈련도감과는 별도로 별기군을 창설하고 일본 무관 호리모도 레이조[掘本禮造]를 초치하여 신식훈련을 시키고 있었다. 구식군대는 차별대우를 받을 수밖에 없었다. 구식군대는 찬밥신세로 전락한 데 불만이 쌓인 터에 1882년 봄, 13개월이나 밀린 봉급에 대해 겨우 1개월분의 식량만 지급했는데, 썩은 쌀에다가 겨와 모래가 섞여 있었다. 이에 화가 난 구식군대의 장졸들은 무기고를 부수고 어영대장 민겸호(閔謙鎬) 등을 습격해 죽였다. 이들은 호리모도를 죽이고 서대문 밖 천연동의 일본공관을 습격해 일본인 7명을 살해하였다. 하나부사 공사는 공관에 불을 지르고 일본으로 탈출했다.

1882년 8월, 일본으로 도망갔던 하나부사 공사는 부산 동래부를 포격했던 군함 히에이[比叡]호를 비롯하여 4척의 군함에 일개부대 병력 약 600명을 이끌고 인천 앞바다에 나타났다. 또한 육군소장 다카지마[高內丙之助] 등은 병사 1,500명을 수송선에 태워 인천에 도착했다. 일본측은 주동자 처벌 및 배상을 요구하며 협박해 왔다. 조선에서는 이유원이 전권대신으로, 김홍집이 부관으로 참여하여 양국은 인천의 일본군 임시군영(지금의 인천시 중앙동)에서 〈제물포조약〉을 맺었다. 그 시간 회담장 코앞 바다에는 군함과 수송선에 무수한 병사들이 도열해 시위했고 회담이 성사되자 일본 군함에서는 축포가 터지고 병사들의 함성이 바다를 뒤흔들었다. 말하자면 이 조약은 협박에 의한 불평등조약이었다.

일본은 엄청난 액수인 10만 엔의 배상, 군란과 관련 없는 양화진(지금의 합정동 일원) 개항과 조선에 약간 명의 군대 파견, 일본 관리들의 조선 내에의 자유여행 등을 주장해 관철시켰는데, 양화진은 서울의 관문이며 군사요충지였다.

파견군인의 숫자를 명기하지 않고 약간 명이라고 한 것은 고무줄 속임수에 불과한 것이다. 이제 일본은 가장하거나 염탐하지 않아도 조선 땅 어디에도 나타날 수 있고 기웃거릴 수 있게 되었다. 배상액 10만 엔은 나중에 그것을 수차례에 걸쳐 지급하긴 했지만 가난한 나라에서 백성들은 가렴주구(苛斂誅求)에 시

달려야 했다. 〈제물포조약〉에 의거 서울에 급파된 200명의 일
본군에 맞서 하도감(훈련원의 병영)에 진주한 청나라 군대
2,000명으로 인하여 서울은 살얼음 같은 평화가 유지되고 있었
다.

1883년 7월 17일 임오군란으로 1년 가까이 미뤄져 왔던
〈조일통상장정〉 체결의 협상이 재개되었다. 조선의 민영목
(閔泳穆)과 일본의 다케조에 신이치로[竹添進一郎]가 각각 자국
의 전권대신으로 마주 앉았다. 민영목은 민씨 척족으로 민태
호(閔台鎬)・민영익(閔泳翊)・민응식(閔應植)과 더불어 사민(四
閔) 즉 민씨 사인방으로 무소불위의 권세를 지니고 있었다.
다케조에 앞에는 일본 측에서 만든 초안이 놓여있고 민영
목은 조병호와 묄렌도르프로 하여금 각각 자신들이 작성한
초안을 들고 배석하도록 하였다. 묄렌도르프(한국명, 목인덕(穆
麟德))는 독일 태생으로 자국에서 대학을 마치고 청나라에 들
어와서 외교활동을 하던 사람인데 리홍장의 추천으로 조선에
들어와 고종의 외교 고문(통리아문 내외문무협판)으로 활동했
다. 그는 조선의 조야가 국제관계나 국제조약에 무지한 터라
고종의 총애와 신임을 듬뿍 받아 조선과 타국 간의 조약에
늘 깊이 관여했는데, 그가 더 넓은 안목과 지식을 가졌으면
하는 아쉬움이 있다.
양측의 협상테이블에 놓인 〈통상장정안〉은 〈강화도조약〉
의 후속 내지 개정판이라 할 수 있는데, 고종이 그동안 일본
에 4차례 수신사를 보내기까지 하면서 공을 들인 것이다. 수
신사들은 일본에 머무는 동안 나름대로 국제적 질서와 통상
관행을 익혀왔다. 너무나 일본에 편파적이고 강압적인 〈제물

포조약>으로 인하여 서울 장안에 반일감정이 팽배해 있을 때 일본에서 먼저 손을 내민 조약안이었다. 그럼에도 불구하고 여기에 큰 함정이 도사리고 있었다.

양측은 총 42조로 된 초안을 놓고 축조심의를 해나갔다. 일본인 입항자에 대한 인적사항과 예우, 수입화물에 대한 하역 및 통관절차, 수출품에 대한 규정 등은 거의 이의 없이 통과되었다. 그러나 수입관세 조항에 대하여는 의견이 갈렸다. 조병호는 관세율은 수입대상국인 조선 측에서 정하되 3개월 전에 통보하사는 것이었고 묄렌도르프는 그 기간을 4개월로 제안함으로써 두 견해는 크게 차이가 없었다. 그러나 일본은 관세율을 정함에 있어 그때그때 양국 정부가 협정해서 정할 것을 주장했고 외교고문인 묄렌도르프가 태도를 바꿔 일본측의 손을 들어주었다. 소위 협정관세로서 조선이 관세자율권을 포기함을 의미한다. 일본 측의 주장대로 다음과 같이 세칙을 확정했다.

식료품·일용잡화·가구: 5%
면제품: 8%
일반상품: 10%
양주·시계·장식품·보석류: 면세

고종이 간절히 원했고 그의 위임을 받아 김홍집과 조병호가 줄기차게 관철시키려고 했던 관세자주권은 수포로 돌아갔지만 민영목은 이러한 일본 측 주장이 <조일수호조규> 세칙에서 무관세로 정했던 것에 비하여 훨씬 진전된 것이라고 만족스러워했다. 수입국의 수급조절, 가격안정, 사치품 규제, 국민

건강에 해를 끼칠 수 있는 물품의 수입 규제상, 또한 조선과 국교를 맺는 여러 나라와의 형평성을 유지하기 위해서도 관세자주권은 조선의 국격과 관련하여 매우 중요한 것이었지만 민영목은 개항 이후 부과하지 못한 관세를 부과하도록 한 것만 가지고 큰 성과라고 여겼던 같다.

한편 조병호는 기존의 〈조일무역규칙〉 제6칙의 '조선국 항구에 주류하는 일본 인민은 양미 및 잡곡울 수출입할 수 있다'는 규정을 넘어 아예 곡물류의 수출을 금지하는 조항을 넣고자 했다. 그는 조선의 곡물류가 일본에 팔려나가면서 조선 백성들의 고충과 재정의 악화를 현실적으로 목도하고 있었기 때문에 제안한 것이었다. 일본은 강력히 반발했다. 이때 절충안이라며 묄렌도르프가 끼어들었다. 1개월 유예를 두자는 것이다. 조선 정부가 식량부족이 발생할 것을 예상하는 경우 1개월 전에 일본 영사관에 통지하여 수출을 제한하자는 것이다. 제37관은 '만약 조선국이 가뭄, 홍수, 전쟁 등의 일로 국내에 식량이 결핍되는 것을 염려해 잠시 미곡 수출을 금지하고자 하면 먼저 1개월을 기약해 지방관이 일본 영사관에 알리도록' 규정했는데 이는 허울 좋은 핑계에 불과했다. 일본이 동의하지 않으면 방법이 없는 것이다. 실제로 그렇게 된 적은 없었고 이 조항으로 인하여 방곡령을 선포했던 지방관들이 난처한 처지에 놓인 적이 한두 번이 아니었다.

게다가 일본측은 자국이 식량부족을 겪을 경우에는 무관세 수출을 허용하자는 규정을 넣자는 것이었고 조선에서도 식량부족 사태가 발생하면 마찬가지로 적용하자고 했다. 일본의 주장이 관철되어 조문에 넣어졌다. 이 조항에 의거, 이후 몇 해 동안 흉년을 겪은 일본은 무제한 조선의 곡물을 실어갔

다. 그렇지만 조선이 흉년으로 인하여 식량부족을 겪을 때
실현된 적은 한 번도 없었다.

　일본의 상인들은 〈강화도조약〉 이후 조선의 각지에서 곡
물을 매집했는데 그때만 해도 일본인의 체류와 행동반경이
제한되었기 때문에 조선의 상인들을 앞세웠다. 그러나 1883
년의 본 장정 체결 이후 일본인의 조선 내 출입이 허용되자
일본 상인들이 직접 현지에 출동하여 쌀, 콩, 팥을 휘더듬어
사들였다. 쌀은 물론이고 콩과 팥은 일본인이 선호하는 곡식
이었다.
　지방정부의 수령들은 당해 지역의 곡물 부족과 치솟는 가
격상승을 보다 못하여 자체적으로 일본인의 매입을 금지하는
방곡령(防穀令)을 실시하려 했다. 100여 지방들이 들고 일어
났다. 그러자 일본 상인들이 벌떼처럼 몰려들어 일본 영사관
에 호소하자 영사관의 보고를 받은 일본 공사관은 방곡령을
실시할 사정도 아니고 예고도 없이 벌어진 일인 바 조약 위
반이라며 조선의 통리기무아문에 항의했다.
　중앙정부는 이는 간단한 문제가 아니라며 방곡령을 거둬들
이라고 지방관들에게 압력을 가했다. 실상 1개월 전에 매입
및 수출을 금지한다는 조항은 코에 걸면 코걸이 귀에 걸면
귀걸이 식으로 논쟁의 여지가 많은 조항이다. 더욱이 일본이
1884년 이후 계속되는 흉작으로 인하여 조선의 곡식에 눈독
을 들이는 터라 일본 상인들의 매집행위는 맹렬했다.
　이에 부산, 황해도, 함경도의 수장들은 중앙정부의 만류에
도 불구하고 단독적으로 방곡령을 발표하고 곡물 출하를 금
지했다. 일본공사는 조선의 통리아문에 거칠게 항의했고 일

본에서 군함을 불러들이겠다고 항의했다. 일본은 배상을 요구했다. 협상이 늦어지자 이자까지 징구하자는 것이었다.

결국 협상이 타결되면서 조선은 상상 이상의 거금을 배상했고 이에 대하여 각 지방정부에 구상권을 발동했다. 그 부담은 주민들에게 돌아갔다. 주민들은 가렴주구로 가산을 탕진하여 유리걸식할 처지에 이르렀고 국가적으로는 국부의 손실이 막대하였다. 이는 농민봉기와 동학란의 원인(原因)이 되었다.

4. 일본에 바다를 내주다
-<조일통상장정> 제41관

이 장정에서 조선이 관세자율권을 포기하고 곡물류 수출을 허용한 조항은 조선이 독립국가임을 포기하고 일본의 농간에 이끌려가는 치욕적이고 불평등한 계약이었다. 그러나 그 정도 당하는 것은 다음의 제41관에 비하면 약과이다. 일본측이 슬쩍 집어넣고 조선 측에서 대수롭지 않게 생각하고 넘긴 이 장정 제41관은 일본이 발톱을 숨긴 악랄한 조항이었다.

이 조항은 멀쩡한, 수만 년 수천 년 지켜오던 바다, 조선의 만백성에게 영양을 공급해오던 바다를 일본에게 송두리째 내준 어리석고 어이없는 조항이었다. 이 조항이 조선에는 어떤 문제인가? 일본의 속셈과 꿍꿍이수작은 무엇인가? 이 장정이, 일본이 조선을 식민화하는 첫 단추로서 이 장정에 숨겨진 음모를 파헤치고 장정 체결 후 일본과의 논쟁, 특히 제주도 사람들이 딩하는 생존권 위협, 고통과 치욕 그리고 저항에 대하여는 이 장부터 전개해 나갈 것이다.

조일통상장정 제41관을 옮기면 다음과 같다.

제41관 일본국 어선이 조선국의 전라·경상·강원·함경 4도 해빈(海濱)에서, 조선국 어선이 일본국의 히젠[肥前]·지쿠젠[筑]·이와미[石見]·나가도[長門, 조선 해안과 면한 곳]·이즈모[出雲]·쓰시마[對馬] 해빈에 왕래하면서 포어 (捕魚, 고기를 잡는 것)함을 승인한다. 단 사사로이 화물을 무역해 위반하는 것은 승인하지 않고 본 화물은 관청에서 몰수한다. 그러나 잡은 고기를 매매하는 것은 이 규례에 적용되지 않는다. 피차 마땅히 바칠 어세 및 기타 세목은 2년간 준수해 행하기를 기다린 후에 그 정황을 조사해 다시 타협, 의논해 정한다.

이 <통상장정>은 <강화도조약>의 세칙인 <조일무역규칙> 제11칙 (양국에서 정한 규칙은 이후 양국 상민이 무역하는 형편에 따라 각 위원이 수시로 사정을 헤아려 상의하고 개정할 수 있다)에 근거해서 조선 측이 개정을 끈질기게 요청함에 따라 이루어진 것인데 여기 제41관은 개정의 취지와 상관없는 조항으로 일본 측이 슬쩍 집어넣은 것이다. 그러나 조선의 조약 담당자는 사정도 모르고 검토도 하지 않고 두루뭉술 넘어간 것 같다. 서로가 밀고 당긴 흔적도 없고 협박받은 일도 없었다. 그러나 <통상장정> 제41관에는 심각한 문제점이 숨겨져 있다.

첫째, 이 장정의 체결로 인하여 조선은 배타적인 영토주권을 포기한 셈이 되었다. 영토는 당해 국가가 차지하고 있는 육지뿐만 아니라 주변의 섬과 바다, 그리고 육지와 바다가 이고 있는 하늘까지를 포함한다. 물론 그때까지 국제간에 합의한 국제법이 확립되지 않아서 어디까지 자국의 바다인지는 확실하게 정립되지는 않았다.

현재의 <국제해양법>은 영해의 개념을 12해리 내로 규정하고 있지만 19세기 『만국공법』을 펴낸 헨리 휘튼(Henry Wheaton)은 대포의 포탄이 닿는 거리라고 막연하게 주장했을 뿐 당시에는 영해의 개념이 분명하지 않았다. 미국은 일본의 개항 초기 일본에 대하여 3리(해리)를 주장한 바 있고 일본은 후에 조선과 맺은 <조일통어장정>에서 3리로 규정하고 있지만 청나라는 서방국가에서 주장하는 3리안을 거부하고 10리를 견지하고 있었다. 영해를 3리 이내로 주장하는 것은 구미 열강이 아시아국가를 식민화하는 상투적인 계략이었다.

그런데 장정에서는 아예 영해의 개념은 언급도 없이 일본인이 조선의 4도(道)에 인접된 바다에 자유자재로 항해하면서 고기를 잡고 이를 매매할 수 있도록 허용한 것이다. 어디까지가 조선의 바다라고 규정하지는 않았지만 해빈이라 하여 육지가 끝나고 바다가 시작되는 땅의 끝머리부터 시작되는 바다를 일본인에게 내준 것이다. 이는 마치 가장이 평소 으르렁거리는 사이인 이웃에게 자기 집 집안과 가솔들이 짓는 텃밭을 내주면서 맘대로 휘젓고 맘대로 농사짓고 수확해도 좋다고 한 것과 같은 형국이다.

둘째, 이 장정에서 일본이, 조선이 함경·강원·경상·전라 등 4개 해역을 내주면서 그 대상(代償)으로 일본의 히젠·지쿠젠·이와미·나가도·이즈모·쓰시마 해빈에 조선 어선이 출어할 수 있도록 규정한 것은 형식상으로는 어로권의 호혜적 약정인 듯하지만, 사실상으로는 일본 어민의 조선 바다로의 침투를 일방적으로 가능케 한 조약이 아닐 수 없다. 그 지역은 이미 우리의 연해에 비교가 되지 않을 정도로 해안선이 짧고 연해는 오랫동안의 남획으로 인하여 어족자원이 고갈되어 있었다. 당시 조선의 해역에는 어족자원이 풍부했을 뿐만 아니라 우리 어민은 멀리 출어할 만큼 큰 배를 갖추지 않았으며 더욱이 조선은 종래로 원양 출어가 금지되어온 터라 이 조항은 속임수에 불과하다.

셋째, 조선의 조약 당사자인 민영목은 바다를 내줌으로써 조선 국민 전체의 먹거리를 몽땅 일본 인민에게 내어준 꼴이 되었으니 조선은 굶주리고 일본은 살찌는 결과를 초래하게 되었다. 물론 당시 조선으로서는 멀리 나가거나 대형어류를 포획할 도구와 기술, 배가 없었다. 특히 상어나 고래를 잡는다는 것은 꿈도 꾸지 못했다. 그렇다고 일본이 마음대로 가져가고, 잡아가서는 안 되는 것이다. 오늘 안 잡아도 다음에 잡으면 되는 것이기 때문이다.

넷째, 어민과 섬사람을 무시하고 천민시하였다. 어민들이 잡아오는 생선과 해조류는 받아먹거나 빼앗아 먹으면서 정작 이를 잡거나 채취하는 사람들을 사람 취급하지 않았고 그들의 목소리에 귀 기울이지 않았다. 백성들 특히 어민들은 '생각 없는 백성'이라고 취급했다. 일본은 바다에서 자라는 동식물들이 나라의 식량자원임을 일찍이 깨달았는데 조선은 좁고 메마른 땅(육지)만을 파고 또 파고 거기서 나온 식량을 거두어 양반들은 포식하고 생산자들은 허기 속에서 살았다.

다섯째, 백번 양보해서 민영목은 우리의 영세어민이 물고기를 잡을 해역은 유보했어야 했다. 해안에서 몇 리, 또는 수평선까지는 일본 어민이 접근하지 못하도록 하였어야 한다. 조선 땅의 턱밑까지 일본 어민에게 어로를 허용한 결과는 조선의 어민 특히 바다에 의지해야만 살아갈 수 있는 제주도 사람들에게는 치명적인 타격이었다.

이 조항은 조선이 멀쩡한, 수만 년 수천 년 지켜오던 바다,

조선의 백성에게 영양을 공급해오던 바다를 일본에게 내준 어리석고 어이없는 조항인 것이다. 조약의 조선 측 전권대사인 민영목(閔泳穆, 1826~1884)은 누구인가?

그는 민비의 척족으로 45세의 늦은 나이에 알선문과에 급제했고 이듬해(1874)에 박규수를 따라 서장관으로 청국에 다녀왔다. 다른 민씨 척족들과 마찬가지로 그는 대원군 집정시에는 기죽은 듯이 있다가 대원군 실각 후 등용되어 이조참판을 거쳐 공조·예조·형조·이조의 판서를 잇달이 지냈고 외직으로는 한성판윤, 평안도관찰사를 역임하는 등 숨가쁘게 고관대작의 길을 걸어왔다. 그는 민태호, 민영익, 민응식 등과 더불어 민씨 4인방인 사민체제를 이루어 무소불위의 권력을 휘두르고 있었다. 국제관계의 경험으로는 청나라에 서장관으로 다녀온 것뿐이다.

그는 이 장정의 조인에 앞서 독일 및 영국과 맺은 조약에도 조인했는데도 불구하고 일본과 맺은 이 <통상장정>은 미국과 맺은 조약에 비하여 기울어진 운동장과 같이 조선 측에 너무나 불리한 내용을 담고 있다. 그는 허울 좋은 대관직에 앉아 마구 도장을 찍어댔지만 전문지식이라고는 눈곱만큼도 없는 작자였다. 생각 없이 저지른 날인으로 조선 백성을 울리고 장차 나라를 일본에 바치는 길을 터놓은 그는 다음 해 일어난 갑신정변에서 김옥균, 서광필, 박영효, 서재필 무리에 의하여 총살당했다.

일본 전권대신 다케조에 신이치로[竹添進一郎]는 이토 히로부미[伊藤博文]의 최측근으로 중국 텐진 주재 영사, 주청 일본 영사관의 서기관을 거쳐 하나부사의 후임으로 주조선 일본공사가 되어 이 회담에 참여하였다.

다음에 제42관을 살펴본다.

제42관   본 장정은 조인한 날로부터 100일 이내에 마땅
히 조선, 일본 양국 정부의 승인을 거쳐 100일 이후에 시
행한다. 즉 종전의 무역 규칙 및 기타 각 조약 중에 본 장
정에 장애를 주는 각 조관은 폐지한다. 단 현재, 만약 장래
에 조선 정부가 어떤 권리와 특전 및 혜택을 다른 나라 관
민에게 베풀면 일본국 관민 또한 즉시 일체 균점한다. 본
장정은 시행한 날로부터 5년을 기한으로 하여 다시 개정한
다. 이에 반드시 기한이 차기 전에 양국 정부는 타협, 의논
하여 새로운 장정을 설립한다. 만약 상의가 기한을 넘겨 결
과가 없으면 곧 그 사이에 마땅히 추가할 안건이 있으면 피
차 수시로 타협 의논하여 증보할 수 있다. 이를 위하여 양
국 전권대신은 서명·날인하여 증거로 삼는다.

조선 정부는 곧이곧대로 100여 일이 지나 공표했지만 일
본에서는 조인 즉시 외무성의 훈령으로 지방정부에 알렸다.
일본의 나가사키현 등 규슈지방의 지방정부에서는 이 사실을
어민들에게 알려 배를 짓고 그물을 짜고 조선 연안을 탐사하
는 등 그해 겨우내 어로준비를 하고 있었다. 또한 물상객주
들이 어업회사에 전도금을 빌려주고 어업회사들은 어부를 모
집해 훈련을 시키고 있었다. 제주도에 이 장정이 알려진 것
은 해를 넘겨서였다. 제주 목사는 일본 사람들이 잠수기를
끌고 떼로 몰려올 때까지도 이 사실을 몰랐고 일본 어민에게
듣고서야 알았다.
더욱이 이 조관에 단서를 붙여서 일본 어민이 자기가 잡은
고기를 파는 것은 무방하며 피차 납부해야 할 어세 기타 세

목은 수행 2년 후에 그 정황을 살펴서 다시 타결 약정하기로
되었다. 이로써 일본 어민은 조선 4도의 해빈에 임의로 출몰
하여 세금도 내지 않으면서 어로 작업에 종사하고 또 잡은
어류는 그 지역에서 매매할 수 있게 되었다.

또 조선 정부가 어떤 권리와 특전 및 혜택을 다른 나라 관
민에게 베풀면 일본국 관민 또한 즉시 일체 균점한다고 규정
함으로써 직전에 조선이 중국·미국·영국·독일과 맺은 조
약에 유리한 규정만 균점할 권리를 확보하는 최혜국대우를
삽입한 것이다. 이에 따라 우선 전년(1882년) 8월에 체결한
중국과의 〈중조상민수륙무역장정〉에서 중국에 부여한 특권
즉 5% 수입관세율을 적용받고, 중국인이 조선의 내륙이나
항구에서 자유롭게 상업활동을 할 수 있는 권리가 일본에도
주어졌다. 따라서 일본인들은 조선의 어디에나 활보하면서
장사를 할 수 있었다. 이로 인해 다른 나라들이 들고 일어났
다. 그들은 자기네 나라도 일본에 주어진 특권을 균점할 것
을 주장해 국제 문제가 되었다.

〈통상장정〉이 체결된 당일에 맺어진 전문 6조의 〈조선국
해안어채범죄조규〉에서 '일본인이 조선 해안에서 밀매하든가
위법힐 때 조선 관리는 그 범죄자를 일본 영사관에 압송하여
일본의 재판에 일임'하도록 영사재판권을 규정함으로써 후에
많은 범죄사건에 있어 조선 측은 손도 대지 못하였고 손해배
상조차 청구하지 못하는 결과를 낳았다. 즉 일본은 조선의
바다에 들이닥칠 일본 어민이 조선의 관민과 충돌할 때 자기
네 어민을 엄호(掩護)할 수 있는 조규를 조선 정부와 약정하
는 것을 잊지 않았던 것이다.

조선 정부는 조선 해안에 있어서의 일본 어민의 범죄행위에 대해서도 그 사법권을 행사하지 못하고, 그 범죄자는 고작 일본 영사관에 압송하여 일본영사재판에 일임하는 수밖에 없게 되었다. 이에 강만생은 「한말 일본의 제주어업 침탈과 도민의 대응, 1986」에서 종래부터 강구해 왔던 조선에 대한 경제적 수탈의 강화를 1882년 임오군란을 계기로 한꺼번에 실현시킨 것이라고 지적했다.

조선 정부는 제41관의 일본인에 대한 어채 허용에 관련하여 제주도민이 항변하기까지는 심각한 문제가 있다는 것을 알지 못했던 것 같다. 하지만 국정을 책임지는 최고권력자가 바다를 이렇듯 손쉽게 내주어 백성을 못살게 하고 결과적으로는 나라를 송두리째 내주다니. 조선의 전권대신이라는 민영목은 바다를 내주었으니 하늘을 내준 셈이고 백성의 양식과 생명을 일본의 아가리에 고스란히 갖다 바친 것이다. 장차 이 나라의 운명이 어찌 될 것인가? 임금은 국가의 명운이 달린 중차대한 일을 일개 무식하고 무책임한 신하에게 맡긴 꼴이 되었다.

<강화도조약>과 <제물포조약>은 일본 군함의 시위와 총검을 든 군사들에 둘러싸여 일본 측의 말을 안 들으면 당장 나라가 박살 날 위기감에서 도장을 찍었다지만 이번의 <조일통상장정>은 그렇지도 않았는데, 민영목은 무식해서, 세상물정을 몰라서, 국제정세를 몰라서 이 천인공노할 일을 저지른 것이다. 일본사람들이 총칼을 번득이며 협박을 해도, 목에 칼이 들어와도 임금의 전권을 위임받은 전권대신으로서는 버티고 거부하여 도장을 찍지 말았어야 했다. 제주도는 탐라국 시대부터 비록 나라는 빼앗겨도 바다는 빼앗기지 않았는데

바야흐로 제주도 사람들의 삶의 터전이 사라져갈 터였다.

<통상장정> 중에서 이 조관을 슬쩍 집어넣은 일본측의 의
도는 무엇이었을까?

첫째, 조선 측은 제41관에 대하여 깊이 검토함이 없이 일본
측 제안을 받아들인 것인데 일본은 이미 많은 연구와 바다에
대한 조사와 전략을 강구하고 있었다. <강화도조약> 이래로
일본 규슈지방의 어선들은 부산 코앞까지 들이닥쳐 밀어(密
漁)를 하여 부산에 거류하는 일본인들의 생선 수요를 주로
충당해 왔는데 일본은 그러한 행태가 불법적임을 알고 있었
기 때문에 통상장정 체결에 즈음하여 이 문제를 다루려 하였
다. 즉 이 장정이 체결되기 6개월 전인 1883년 2월 28일 다
케조에[竹添] 공사가 이노우에[井上] 외무경에게 보낸 <일조
무역규칙 입안 상의 취지에 관하여>라는 보고에서 다음과 같
이 건의했다.

> 새우부터 고래까지 대량의 어군이 대마도로부터 대부분
> 조선 근해로 이동함에 일본의 어업자들은 이를 포획하러
> 조선 근해에 들어가지 않을 수 없는바 앞으로 더욱 어선 왕
> 래의 수가 증가할 것은 필연적인 것이다. 따라서 금번 조선
> 과의 통상장정을 맺는 김에 빨리 조선과 어렵(漁獵)에 관한
> 조관을 설정하여 차후의 분쟁을 예방하여야 할 것은 불가
> 결한 급선무이니 일본인의 어채 허용 문제를 다뤄 주시
> 오.1)

---

1) 현계순, 「한말 한일 어채문제의 일연구」, 서울대학교대학원 석사학위논
   문, 1964

당시 조선의 바다에는 물고기가 지천이고 더욱이 바다로 조금만 나가도 대량의 어군과 상어, 돌고래, 고래 등의 대어가 해류와 조류를 따라 이동하는데 조선 어부의 실력으로는 감당할 수 없어 조선인이 알고도, 보고도 접근하지 못하는 실정이었다. 그러나 일본은 이미 서구의 기술을 도입하여 그물용 면사와 낚싯줄을 공장에서 생산했고 어선을 발동선으로 개조하고 잠수기를 제작하여 가까운 바다에 투입하고 있었으며, 대형의 운반선을 보유하고 있어 선진적인 어로기술을 보유했을 뿐만 아니라 생선의 염장 및 건조기술을 갖추고 있었다.

둘째, 일본인들은 식량으로 생선 특히 담백한 생선을 선호하여 생선 수요가 날로 늘어났고 군용 및 부산 주재 일본인들을 위한 생선의 조달이 중요했던 터에 일본 본토에는 생선을 주로 공급하던 혼슈지방의 바다가 남획으로 인하여 황폐화되어갔고 어민들의 실업도 늘어가고 있어 어장의 확장이 절실하였다.

셋째, 일본은 장기적인 관점에서 조선을 식민화하는 과정에서 우선 어업적 식민에 착안을 했고 일본 어민을 식민지화의 첨병으로 활용할 구상을 했음을 다음의 일본 마이니치신문의 논설에서 읽을 수 있다.

러시아가 주변국을 경략한 무기는 말[馬]에 있고 영국인은 배에 있다. 배를 잘 조종하는 사람은 바다를 두려워하지 않아 천 리를 이웃으로 여겨 최강의 팽창력으로 최대의 영토를 가진다. 일본의 식민적 특성은 선천적으로 바다를 사랑하고 배를 잘 조종하는 어민에 있다. 미개한 조선을 노릴

때 어업적 식민은 일본인만이 할 수 있다.(每日 1903. 3.6)

넷째, 일본인에게 어로행위를 허용함에는 부수적으로 운반선, 화물선, 상선 그리고 병선의 자유왕래를 용인함과 마찬가지라서 일본은 조선의 연안에 대한 측량에 도움을 주고, 장차 전개될 해전(청일전쟁 및 러일전쟁)에 대비한 해양지리정보를 축적할 수 있고 어부들을 해군으로 채용하여 활용할 수 있게 하였다. 즉 일본의 어부를 조선 침략의 전위로 삼아 적극적으로 진출시키고 효율적으로 관리하는 데 목적이 있었던 것이다.

김옥경은 「개항 후 어업에 관한 일 연구, 1986」에서 다음과 같이 꼬집고 있다.

> 일본의 조선에서의 어업권 침투는 그것이 조선 침략 정책의 한 부분이라는 테두리 속에서 이해되어야 할 것이다. 즉 그것은 어업권 침투가 산업적인 측면에서뿐만 아니라 제국주의적 침략을 위한 군사적 견지에서도 중요시되었음을 뜻한다. 다시 말하면 조선 연해를 드나드는 일본 어민은 조선 연해 조류의 완급, 해저의 심천(深淺), 암초의 유무 등을 잘 알고 있는 살아있는 '헤도(海圖)'라고도 할 수 있기 때문이다.

세키자와 아케키오[關澤明淸]는 『朝鮮通漁事情, 1893』에서 유사시에는 일본 어민들을 해군으로 채용하여 유용하게 활용할 수도 있다고 고백하고 있다.

마이니치신문은 다음과 같이 조선의 바다에 출어한 일본

어민의 공을 추켜세웠다.

　그들은 일찍이 우리 해군의 안내자가 되고 방조자가 되어 조선해 연안의 측량에 무명의 훈공을 세웠다. 일청전쟁시 신선한 물고기를 조달해 함대 장병들을 고무했으며 혹은 포연과 풍랑 속에 쪽배를 띄워 적함 정찰의 임무를 담당한 자는 저 소안도, 장직로(완도) 근변에서 고기떼를 쫓고 있던 무명의 영웅이 아니었던가.(1903.3.9.)

5. 일본 배가 몰려온다

삼면이 바다인 한반도는 동·남·서의 바다와 제주도를 비롯한 많은 도서 어느 곳을 막론하고 '물 반 고기 반'이라 할 만큼 풍부한 어장을 가지고 있었다. 해안가 사람들은 간단한 낚시도구나 뜰채로도 한 끼 거리는 잡아 올리는 것이 문제가 아니었다. 그러나 잡는 도구가 열악하고 어법이 원시적인 데다 고기 떼를 쫓아갈 배가 없었고 잡은 고기라도 생선의 속성상 먼 거리의 유통이 어렵고 소금의 공급이 제한적이어서 문제였다.

조선 초기만 해도 바다에는 주인이 없었다. 그러나 성종 때 이후 이씨 왕가와 권문세가, 지방 아문이 목 좋은 해안과 포구를 금을 긋듯 사유화하고 대규모 염벗[鹽盆]을 독차지하자 백성들은 지척의 바다에도 얼씬을 하지 못했다. 영조 26년(1750)에 균역법이 실시되면서부터는 영세어민에게 어업권이 돌아갔지만 물주가 사라진 어장의 어민들은 자본이 없고 영세하기 때문에 고기잡이배를 만들어 바다로 나가거나 어로 장비를 갖출 수 없었고 기껏해야 소규모 어전[1](漁箭) 등 원시적이고 전통적인 어법을 사용했다.

이렇듯 조선 시대 어법은 어전 어업이 대표적이었지만 그 밖에 물고기의 주광성(走光性)을 이용하여 밤에 그물이나 낚

---

1) 어살, 물속에 나무를 둘러 꽂아 물고기를 들게 하는 울.

시로 고기를 잡는 경우도 흔했다. 특히 남해와 제주도 등지에서 멸치잡이를 할 때는 여럿이 관솔불을 들고 멸치를 몰아 후렸는데 이를 분기초망2)(焚寄抄網)어업이라 한다. 또 화광을 이용한 어업은 고등어잡이에도 많이 활용되어 왔다. 해조류 채취방법 중 특이한 것은 수중을 투시하기 위하여 어고(魚膏)를 수면에 뿌려 물속을 잘 보이게 하여 채취하는 것이다.

우리나라에서 행해오던 전통적인 어구 및 어법으로는 손그물, 뜰채, 외줄낚시, 가래3), 죽방렴(남해의 멸치잡이), 원담(제주도) 등을 들 수 있다. 망사로는 짚, 마 등이 사용되었고 더러는 명주실이 사용되기도 하였다. 공장제 면사를 사용한 것은 개항 이후 수년이 지난 때부터였다.

개항기(1876년) 이전 조선의 어선은 극히 소규모의 것이며 일반 조선공들이 자를 사용하지 않고 눈짐작으로 만들었고 철정(鐵釘)을 사용하지 않아 틈새가 제대로 이어져 있지 않으므로 물이 배 안으로 새 들어왔다고 한다. 삼국시대를 거쳐, 그리고 고려, 조선 초기에 이르기까지 우리나라의 조선기술은 상당한 수준에 이르렀고 세종 시대에도 이미 철정을 사용하여 선박을 만들었음에도 불구하고 어선의 제조에는 이 기술이 미치지 못했다.

조선은 초기부터 어업, 염업을 천업(賤業) 고역으로 보아왔다. 국가재정을 충당하기 위해 천민, 군역기피자, 범죄자들을 어염의 역에 동원했다. 또한 선인(船人), 어부, 염부는 의탁할 곳 없는 부랑자로 그들의 노동력을 어선, 어장, 염전 등지에

---

2) 남해, 제주도 등에서 멸치 잡는 그물.
3) 대나무나 싸리나무로 만든 작은 울타리 형태의 어구.

제공함으로써 일반 농민의 지위와 같지 않았고 백정과 같이 천민시되어 평민과도 상대할 수 없었다.

　제주도의 경우 어민이나 선인을 천민 취급하지는 않았지만 관리들은 그들을 착취의 대상으로 삼아 그 어획량을 수시로 점검하여 못 미치면 처벌하기도 하였다. 제주도에서는 고기잡이배로 대개 테우[筏船]4)를 사용했는데 형태는 다르지만 남해안의 도서 사이에서도 많이 사용하였다.

▲ 테우(ⓒ제주민속박물관)

　제주도의 경우 구상나무 또는 삼나무를 엮어 선판을 만들고 그 위에 평상을 얹는데 선체가 불완전하기 때문에 해상이 평온할 때가 아니면 조업하기 어려웠다. 조선 말기에 이르기까지 이러한 불완전한 배로는 멀리 출어하기가 쉽지 않았기 때문에 고급어종이나 대어를 기대하기는 어려웠다. 제주도에서 오랜 전통을 가진 잠녀(해녀)의 나잠어업(물질)은 세계에서 그 유래를 찾아보기 어려울 정도로 독특했다. 1870년대 이후 제주해역

---

4) 여러 개의 통나무를 엮어서 만든 뗏목배라는 의미로 '떼배', '터위', '테위', '테' 등으로도 불리는 테우는 육지와 가까운 바다에서 이용하던 연안용 어선이었다. [출처] 한국학중앙연구원-향토문화전자대전

▲ 해녀복_물소중이(ⓒ제주민속박물관)

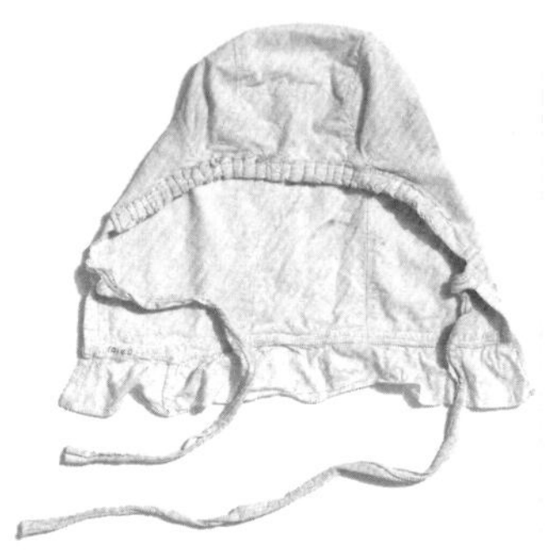

▲ 해녀복_까부리(ⓒ제주민속박물관)

을 기웃거리던 일본 어부들은 잠
녀들의 곡예에 가까운
물질에 혀를 내둘렀다
고 한다.

역사적으로 볼 때, 고
려 때와 조선 중기에
는 일본인들이 우리의
해역에 떼 지어 출몰

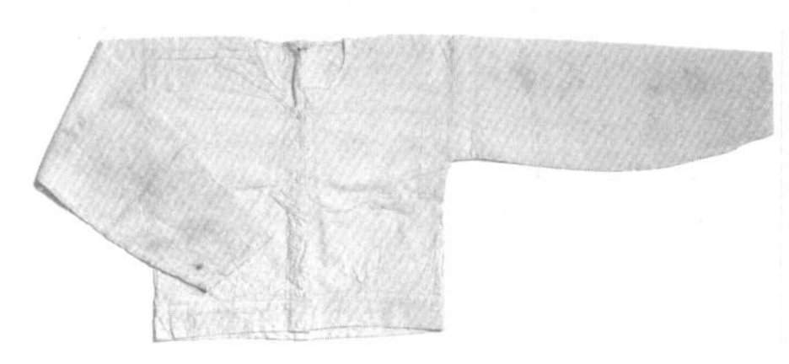

▲ 해녀복_물적삼(ⓒ제주민속박물관)

하면서 노략질과 해적 행위를 일삼았지만 어로 행위는 거의
하지 않았다. 다만 세종 때에 삼포를 개항하면서 대마도인에
게 거주와 상행위뿐만 아니라 어로행위도 허락하여 일본 어
민들이 남해 일부 수역에서 어업권을 인정받고 출어한 경우
는 있었다.

임진왜란 이후 조선 정부나 도쿠가와[德川막부, 에도막부]가
공히 쇄국정책을 펴왔기 때문에 조선과 일본의 왕래는 거의
없었다. 그러나 왜구의 침입은 좀도둑에 불과한 것이고 국가

적 차원의 사건은 아니었다. 그때도 일본 어민의 조선해역에 대한 밀어(密漁)는 알게 모르게 자행되었다. 일본사람들은 담백한 맛의 생선을 좋아하는데 일본 근해는 긴 세월을 두고 자행된 남획으로 인하여 어장이 황폐화되고 수산자원이 고갈되고 있었다.

그런데 1868년 도쿠가와 막부가 무너지고 메이지유신이 시작되어 일본의 문호가 개방되고 바다로의 길이 활짝 열리자 일본의 어민들은 조선의 바다를 기웃거리기 시작했다. 1876년의 〈강화도조약〉에는 일본 어부의 조선 진출에 대한 조항이 없지만 이 시기를 전후하여 그들은 조선의 바다를 제 집 드나들 듯하여 조선해역에서 불법적으로 어장을 조사하거나 어업 행위를 자행했다.

요시다 케이이치[吉田敬市]는 그의 저서 『조선수산개발사, 1954』에서 다음과 같이 예를 들고 있다.

① 1870년 사가[佐賀]현의 나카야 타로기치[中家太郎吉] 등이 상어를 잡으려고 고도[五島]와 쓰시마를 거쳐 제주도 근해로 출어한 것이 기록상으로는 처음 있는 일이다.

② 1875년에 대마도의 오오이케 쥬스케[大池忠助]라는 사람은 소선으로 건너와 바닷말을 사 가지고 일본으로 돌아가 상당한 이익을 보았고 그는 1880년에 배 여러 척을 끌고 와 부산과 다대포 사이에서 대구와 청어를 잡았다. 그는 내처 조선에서 제염업에 손을 댔고 1889년에는 부산수산회사를 설립하여 많은 일본어선에 정보를 제공하는 등 조선의 수산개발에 선구자 역할을 했다.

③ 갑자기 조선으로의 출어가 증가했던 것은 1876년 〈조일수교

조규〉(〈강화도조약〉)가 체결된 결과로 보아야 할 것이다. 일본은 항만측량의 부수적인 효과로 또는 핑계로 어족자원을 조사할 수 있었는데 1877년 히로시마현의 히라카와 긴사부로[平川甚三郎] 등 4인은 부산 인근의 어장을 본격적으로 조사하기도 하였다.

④ 1879년 3월 나카히가시 타케에몬[中東丈衛門] 등 4인이 도미와 상어를 잡기 위해 부산으로 건너갔고, 다시 어장을 조사할 목적으로 통역을 데리고 인천까지 갔다가 8월에 돌아왔는데, 그때부터 일본인들의 밀어가 급격히 증가했다.

⑤ 야마구치현의 닛타 스케쿠로우[新田助九郎] 등 3명이 도미 연승5)(주낙)으로 부산에서 거제도까지 출어했다.

⑥ 같은 현 하라칸 지로우[原勘次郎]도 1879년 3월 부산에서 성과를 냈다.

⑦ 1879년 3월 가고시마현 이마무라 타헤이지[今村太平次] 등 9명은 일본 연안 어장이 쇠퇴한 데 따른 만회책으로 고등어어장을 찾기 위해 대마도에서 부산 근해로 출어했는데 그는 조선에서 고등어어업의 개조(開祖)로 일컬어지기도 한다.

⑧ 1880년 가가와현의 가야노 구마키치[萱野熊吉] 등 2인이 도미 주낙으로 부산 근해에 출어하자 같은 현 어민들이 떼 지어 출어에 나섰다.

⑨ 1881년 지가마츠[近松]는 에히메현 어부 16명을 이끌고 울릉도로 가서 전복을 채취했는데 2년간 상당한 어획고를 올렸고 이 소문이 에히메현에 알려지자 입어자가 계속 증가했다.

⑩ 1883년, 같은 현 마츠오카 사키치[松岡佐吉] 등 2명이 삼치

---

5) 낚싯줄에 여러 개의 낚싯바늘을 달아 물고기를 낚는 어법.

유망으로, 1885년에는 박망(縛網)으로 부산 근해에 출어했다.

이처럼 많지 않은 사료로도 엿볼 수 있듯이 1860년대 후반부터 일본 서남부의 적지 않은 어민들이 조선 연안을 들락거리며 어종과 어군을 소개함으로써 밀어 열풍을 부추겼다. 일본은 1870년대 들어 비밀리에 조선 어장을 탐색하고 심지어는 항만과 해안을 측량하면서 연안의 깊이, 굴곡, 암초를 조사하였다. 그러나 조선에서는 이를 눈치 채거나 제어한 사례가 거의 없다.

특히 당시 서구로부터 수입했거나 제조기술을 도입한 잠수기는 이미 일본의 서남부 어업자 간에 상당히 보급되었던 터라 그들은 소안도, 추자도, 거문도 등 전라도 해역과 거제도 등 경상도 해역으로 접근해 왔고 나아가서 잠수기 어업의 적지인 제주도 근해로 몰려들게 되었다. 제주도에 잠수기 어업자가 출몰하기 시작한 것은 1879년의 일인데 가파도와 비양도 인근에서 전복 채취를 시도했던 요시무라 요사부로[吉村與三郎]가 그 창시자였다고 한다.

가파도 출신 향토사학자 김태능은 가파도 노인들의 말을 빌어 다음과 같이 증언하고 있다.

일본 나가사키현의 요시무라는 남해에서 모두리(상어의 일종)잡이를 했는데 상어 떼를 쫓아 제주도 최남단 마라도까지 이르렀다. 저녁때 그는 가파도의 항구에 닻을 내리고 정박했다가 다음날 닻을 올리고 보니 전복 몇 개가 붙어 올라왔다. 이 희한한 광경을 본 어부들이 수경으로 해저를 들여다보니 전복과 해삼과 구제기(소라)가 부지기수로 보였다. 그는 즉시 나가사키항에 귀항하여 잠수기어선을 이끌고 다시 돌아왔다. 이 어선이 가파도에 기항하려 하자 가파도 주민들의 맹렬한 반대에 부딪혔다. 어쩔 수 없이 그 어선은 무인도인 형제섬에 기착하였으나 그 섬에는 물이 없었고 더군다나 쥐가 들끓어 도저히 머무를 수 없었다. 일본인들은 이 섬을 쥐섬이라고 불렀다. 할 수 없이 그들은 비양도 주민과 어획물의 일부를 나누어주는 조건으로 타협하여 비양도에 선착장을 마련했다. 요시무라를 따라 대마도의 다케우치[竹內熊吉] 형제가 각각 7척의 잠수기선을 끌고 나타났고 이에 따라 요시무라는 근거지를 다시 가파도로 옮겼다.6)

위에서 기술한 것은 작은 예에 지나지 않지만 이로써 셀수 없이 많은 일본의 어민과 어선들이 군단을 이루어 우리나라 연안을 어떤 제재도 받지 않고 횡행하였다는 것을 알 수있다. 이는 메이지 유신 초기로부터 행해졌고 1876년 〈강화도조약〉 이후에 보란 듯이 자행되고 있었는데 당시 메이지 정부에서는 그들에 대하여 아무런 제재나 금지조치를 취하지 않고 오히려 방관 내지 장려해 왔다. 더욱이 우리 정부는 말릴 생각도 없이 바라만 보고 있었다.

1883년 7월 25일(음6월 22일) 조선과 일본과의 〈통상장정〉 체결로 사도(四道: 전라, 경상, 강원, 함경) 연해에서 어렵(漁獵)할 수 있는 권리를 합법적으로 인정받은 일본 어민들은 기다렸다는 듯 1884년 봄부터 부산 앞바다를 지나 전라도

---

6) 김태능, 「일본어민의 제주침투와 그 영향」, 『제주도』 35집, 1968

연안과 제주도 일대로 몰려왔다. 일본 연안 어장은 남획으로 인하여 이미 황폐상태에 있었던 반면 조선 연해는 어족이 풍부하고 연중 조업이 가능하며 생선의 품질이 아주 좋았다. 더욱이 일본 어부들은 그들이 사용하는 어선, 어구 그리고 어로 기술이 조선, 특히 제주도 어부들의 그것보다 한층 발달했기 때문이다.

부산과 남해 해역은 규슈지방에서 비교적 거리가 가깝고 기후가 온난하며 해안에 굴곡이 많고 섬이 많고 어족이 다양하고 풍부하며 조업이 안전한 해역이었다. 일본 어부들은 거의 30년간 부산과 서남해지역을 중심으로 어렵을 했을 뿐 동해지역으로는 감히 나서지는 못했다.

부산 근해 북쪽, 특히 울산 북쪽 해역은 해안의 굴곡이 없고 해저가 밋밋하고 섬이 드물 뿐만 아니라 기온이 차고 한류가 남하하기 때문에 어로 행위가 쉽지 않았다. 그래서 강원도와 함경도 해역에의 일본인 출어는 거의 없었다. 일본 수산업계에서 동해에 눈을 돌린 것은 선박과 어법이 발달하여 명태잡이와 고래잡이에 나서기 시작한 1900년대부터였다.

일본의 어선은 고등어, 삼치, 도미 등의 어군을 쫓아 대마도에서 부산해역으로, 다시 남해로 몰려들었다. 그중에 도미를 낚는 배와 상어잡이 배 그리고 고래를 쫓는 배들은 소안군도와 추자군도를 지나 제주도의 비양도, 가파도 해역으로 선단을 이루어 달려왔다. 그 배들이 제주도 해안에서 바라보면 수평선까지 꽉 메울 정도였다. 특히 전복과 해삼을 채취하는 배들은 제주도 연안의 해안 턱밑까지 다가왔다.

제주도로 진출한 일본 어민이 잡는 것은 주로 전복, 해삼, 상어, 도미, 바다거북, 돌고래 그리고 각종의 고래 등이었다.

이러한 어류들은 일본인이 매우 좋아하는 고급어종으로 언제
든지 판로가 있었다. 특히 전복, 해삼 그리고 상어 지느러미
는 다와라모노[표물(俵物)]라 하여 중국에 수출함에 있어 고가
의 화폐처럼 이용될 정도였다. 상어는 동해, 남해에 광범위하
게 분포했는데 특히 제주도의 가파도·비양도·추자도와 전
라도의 소안도가 어획의 근거지였다. 상어는 선상에서 지느
러미만 절제하여 청국으로 수출하고 몸체는 바다에 버렸으나
나중에는 이를 조선인에게 팔았다.

일본 어민이 제주도민에게 큰 타격을 준 어로 방법은 근대
적인 잠수기를 사용하여 전복과 해삼 등을 채취하는 잠수기
어업이었다. 제주 연안은 황금어장임에도 불구하고 빈약한
어선, 어구로 제주도민의 어로 방법이 영세하고 원시적인 데
반하여 잠수기 어업의 출현은 결정적 타격을 주었다.

＜통상장정＞이 체결된 이듬해 봄부터 일본의 잠수기 선단
이 떼 지어 몰려왔는데 4월에는 대마도의 잠수기 선단이 서
귀포 인근 바다에 선발대로 도착하였다. 이에 제주도 지방관
과 도민들이 일본인 어업의 부당성을 내세워 강력히 거부하
면서 돌려보냈다. 그런데도 5월에는 대마도인 후루야 이쇼
[古屋利燮]가 잠수기선 3척을 이끌고 서귀포에서 조업하려고
하였다. 이에 도민들이 크게 반발하자 제주 목사가 조업을
저지하고 귀환하도록 조치하였다. 그렇지만 일본 어민들은
계속해서 제주 어렵의 합법성을 주장하면서 막무가내로 제주
도 연해에 침투하였다. 나가사키의 요시무라 요사부로[吉村與
三郎], 다케우치[竹內熊吉, 竹內宅造] 형제, 미야케 미치지로우
[三宅道次郎] 등이 운영하는 선단들도 제주도에 입어하여 전
복과 해삼을 채취했는데, 제주 바다에서 어렵하는 잠수기선

은 해마다 늘어 1890년에는 120척을 능가했다.

그들은 전복과 해삼 채취를 위해 서너 척 내지 십여 척의 잠수기선과 보조선, 운반선으로 선단을 꾸려 제주 연안에 몰려들어서는 제주도 해녀들이 생업으로 삼아 전복과 해조류를 채취하는 어장까지 휘젓고 다녔다. 그들은 어선들이 일시적으로 정박하는 주변의 섬들, 즉 비양도·가파도·우도 등과 서귀포·방두포(섭지코지)·당포(표선)·건입포 등지를 근거지로 삼아 활동하였다.

잠수기 어업은 잠수복을 입은 젊은 남자들이 바다로 뛰어들어 바다 밑에서 걸어 다니면서 패류를 채취하는데 잠수복 속으로 호스를 연결하여 배 위에서 펌프로 공기를 불어 넣음으로써 깊은 바다에서도 장시간 잠수하는 방식이다. 제주 해녀들은 1-2분 정도 잠수하는 데 비하여 그들은 1시간 이상 잠수할 수 있고 해녀들은 상군 해녀라야 수심 10m까지 잠수할 수 있으나 그들은

▲ 제주도 해녀들(ⓒ제주대박물관)

40m까지 잠수할 수 있으며 악천후에도 잠수가 가능했다.

깊은 바다에는 품질이 좋고 기럭지가 20-30cm 되는 전복이 수두룩했다. 잠수기 어업에 종사한 어느 일본 어부의 말

▲ 어린 해녀들(((ⓒ제주대박물관)

에 의하면 어른 손바닥만 한 큰 전복이 자갈처럼 지천으로 깔려 있었다고 한다. 그들의 어획량은 제주도 해녀들의 것보다 10배나 더했다. 잠수기선은 깊은 곳에서만 어획하는 것이 아니라 깊고 얕음과 상관없이 종횡무진 휩쓸고 다니기 때문에 해녀들이 물질하는 얕은 바다까지 휘저었다. 검은 옷을 입은 장정들이 바닷속에서 해녀들에게 가까이 다가올 때 해녀들은 귀신을 본 듯 혼비백산하여 불턱으로 나 살리라며 달려 나왔다. 일본의 어부들은 금남의 장소인 불턱에까지 성큼성큼 올라왔다.

일본 잠수기선의 제주어업 침투는 도민들에게 실로 막대한 타격을 가하는 것이었다. 박찬식에 의하면[7], 이들은 대거 잠수기선을 몰고 와서 제주 바다의 밑바닥까지 훑어서 전복, 해삼, 해초 등을 모조리 긁어가 버렸다. 주로 전복과 해삼만

---

7) 「개항 이후(1876-1910) 일본어업의 제주도 진출」, 『해녀 연구총서』 3, 2014

을 잡았는데 전복은 8-12월, 해삼은 1-3월에 채취하였다. 배 1척당 전복이 고기 800근, 껍질 900근, 해삼은 600근이 평균치였다. 1800년대 말까지 껍질 크기가 8촌-1척이나 되는 큰 전복도 많았으나 10년이 지난 후부터는 평균 6촌으로 작아지고 말았다. 이는 무분별한 잠수기선이 깊은 바다 밑바닥을 전부 훑어버렸기 때문이었다.

  제주도민의 일본 어업자에 대한 반발의 원인을 두고 일본의 학자들은 고래(古來)로 조선인은 나체를 혐기하는 습관이 있으니 일본인이 나체로 또는 옷을 걷어 올리고 해녀 어업 지역에 근접하기 때문이라고 주장하였으나 이는 너무나 피상적인 단론이다. 그것은 생활습관의 차이에서가 아니라 생업에 위협을 느껴 그들의 마구잡이를 거부하는 것이며 생존하기 위한 투쟁이었다.
  더욱이 일본 어민의 생활습관은 엽기적이었고 제주 사람들에게 혐오감을 줄 만하였다. 일본 어부들은 배운 게 없는 사람들이라 남의 나라 제주도에 와서도 꼴사나운 짓을 서슴지 않았다. 빌레(너럭바위)로 겅중겅중 걸어 올라와 금남의 장소인 불턱에 함부로 발을 들여놓고 해녀들을 희롱하기도 하고, 이마에는 하치마키(일본인들이 머리에 묶는 길고 가느다란 천)를 두르고 거의 벌거벗은 채 훈도시(일본인들의 전통속옷)만 입고 거리를 활보하는가 하면 시끄럽게 떠들며 이 집 저 집 기웃거리며 부녀들을 희롱하기도 하였다.
  일본인들은 물을 구하러 용천수 샘터에 나타나서는, 물을 긷거나 빨래하는 제주 여인들을 희롱했다. 심지어는 자기 나라에서 막돼먹은 여자를 데려와서 아무데서나 음탕한 행동을 함으로써 사람들을 놀라게 하기도 하였다. 따라서 조선인들은 일본 어민의 상륙을 싫어하였고 이들에게 강한 멸시감을 나타냈다. 일본영사관 또한 이를 심각하게 여기고 있었던 것 같다.

우리 출가 어민의 다수는 본래 천하여 예의를 알지 못하고 나체 그대로 상륙하고, 혹은 부인을 희롱하고, 혹은 조선인 어업을 방해하는 등의 일을 저지른다. 이런 짓은 도처의 조선인이 싫어하고 경멸하는 것으로 우리 국민의 치욕이다. 따라서 적당한 법을 만들어 이들을 감독할 수 있게 하는 것이 진실로 지금의 급선무이다.[8]

▲ 용천수 샘터에서 빨래하는 아낙들(ⓒ제주대박물관)

이러한 사태를 당하여 제주도민은 당장 목전에서 어로자원이 탈취당하는 것을 방지하기 위하여야 함은 물론 미구에 닥

---

8) 김수희, 『근대 일본 어민의 한국진출과 어업경영』, 경인문화사, 2010

쳐올 어장의 황폐를 예방하기 위하여도 좌시만 할 수 없는 궁지에 몰렸다. 문제의 초점은 일본인의 제주 침투로 인한 생업의 심각한 위협에 있었다. 제주 사람들, 특히 해녀들은 몸부림쳤고 일본인에게 대들었다. 일본사람들이 껄껄 웃으면서 여기 우리 땅에 들어왔다는 사실에, 게다가 자기 것인 양 우리의 보물을 캐간다는 사실에 제주도 사람들은 심장이 터질 것만 같았다. 감히 저들이 우리의 바다를 마음대로 휘젓고 다녀! 자기들이 대체 뭐라고?

더구나 저 불학무도한 자들이 평온한 제주 마을에 들어온 걸 보고 제주도 사람들은 안에서 불덩이가 끓어올랐다. 왜 저들이 여기 있는 거야. 우리 바다에 손대지 마. 이건 우리 바다라고! 네놈 바다는 네놈 나라에 있잖아. 네놈들이 우리의 물고기를 다 잡아가면 여기 황량한 바다에다 우리 해녀들은 헛발질만 하겠군.

그러나 당하거나 쫓기기만 하는 제주 해녀는 아니었다. 그들은 온

▲ 제주도 해녀들(ⓒ제주대박물관)

갖 바람과 풍랑, 거친 바다와 싸워온 불퇴전의 여인들이었다. 해녀들은 불턱에 가까이 오는 일본 어부들을 향하여 돌을 던져 맞섰는데 눈겨냥으로 던져 마구 달려오는 놈들의 이마빡을 명중시켜 그들이 혼쭐나서 뒷걸음질 치기도 하였다.

해녀들은 여럿이 떼 지어 잠수기선으로 헤엄쳐가서는 그들

잠수부들이 잡아 올린 어획물들을 바다로 쏟아부으며 맞서기도 하였는데 그들이 알아듣건 아니건 상관없이 삿대질하면서 큰 소리로 쉼 없이 소리치고 나면 그들도 이쪽에서 알아듣건 말건 살살거리며 한참이나 씨부렁거렸다. 그러나 달라진 것은 하나도 없고 해결되거나 나아진 것도 없었다. 잠수기선의 숫자는 날로 늘어갔고 일본 잠수부들은 제주 해녀들에게 약을 올리듯 더욱더 실하고 많은 전복을 휘더듬어 갔다. 해녀들은 관가에 몰려가 다음과 같이 하소연했다.

> 일본 남자 어민들이 우리 지방에 들어와서 어채에 종사하면 우리는 같은 해역에서 그들과 섞여서 작업할 수 없을 뿐만 아니라 그들은 기계를 사용하여 전복과 해삼을 모조리 잡아가니 그대로 방임하면 우리는 결국 실업하게 되겠으므로 차라리 어업을 포기하고 다른 지방으로 유리이산 할 수밖에 없습니다.(『승정원일기』)

그러나 관리들도 속수무책이었다. 왜냐하면 관리들 또는 병사들이 느려터진 배를 타고 변변찮은 무기를 들고 일본 배에 다다르면 그들은 장칼과 총을 한 편에 걸어놓고 대꾸도 안 하는 것이었다. 제주도의 관리들은 일본인들이 소지한 무기들을 본 적도 없고 그에 맞설 무기를 가진 적도 없는 형편이니 뒤통수만 긁으며 돌아설 수밖에 없었다.

이는 해녀들만의 문제도 아니고 바당밭이라는 그들의 생활터전만의 문제도 아니었다. 이는 제주도 사람들의 자존심이며 태곳적부터 이어왔고 앞으로 세세만년 자손들에게 물려줄 유산을 송두리째 빼앗기는 문제였다. 해녀들에게만 맡겨둘 일도 아니고 무능한 관리들에게 기대할 수도 없는 노릇이었다.

강만생은 주장하기를, <통상장정>의 체결은 일본 어민의 제주 어렵을 급격히 증가시켰다. 제주 연해 2-3리마다 일본 어민의 근거지가 생길 정도라고 할 만큼 일본어업의 제주침탈이 성행하기 시작했다. 특히 일본 잠수기선의 제주어업 침투는 도민들에게 실로 막대한 타격을 가하는 것이었다. 나가사키현 어민들이 제주도에 도항하여 막대한 수익을 올린다는 사실이 알려지자 일본의 제주도 잠수어업은 가속화되었다.

이들에 의한 어획은 거의 자원 말살적이어서 해녀들이 살 길을 찾아 강원, 함경도 연해로 근거지를 옮겨야 한다는 소리가 머지않아 나올 정도였다. 본래 제주도 연해의 자연환경은 천해(淺海) 정착성이라 수산동식물이 서식하기에 적합하여 전복, 해삼 및 해조류가 풍부하고 질도 뛰어났다. 이에 도민들은 일찍부터 이를 주요 생계수단으로 삼았지만 비능률적 나잠업에 의존했기 때문에 자원보존이 잘 되어있었다.

제주목사 심현택(沈賢澤)이 전라감사 김성근을 거쳐 임금에게 다음과 같이 장계를 올렸다.

일본 선박 여러 척이 어업을 하기 위해 제주도 포구에 당도하였습니다. 본도는 망망한 바다에 외따로 있어 십만의 백성들이 전적으로 고기잡이와 수산물 채취에 의지하고 있는 형편인데, 전복·미역 등의 채취는 모두 여자들이 하는 일인 만큼 일본인들과 무리 지어 뒤섞이려 하지 않습니다. 따라서 일본인들이 이처럼 제주의 해역에 몰려들면 제주 여인들은 형세상 모두 흩어져 생업을 포기하게 될 것입니다.(『승정원일기』)

　이윽고 제주의 지식인들과 열혈지사들이 들고 일어났다. 진사·참봉·처사·훈장 등의 호족 토관들과 젊은 유생들이었다. 이와 같은 사태는 제주 사람들이 나서서 실력행사를 하거나 달래서 내보낼 수 있는 일이 아니라, 중앙정부에서 어민들의 사정은 아랑곳하지 않고 저지른 일이며 중앙에서, 국가 차원에서 해결할 일이니 임금 이하 중앙정부에 따지자고 의견을 모았다. 과거를 보거나 유람 삼아 서울에 다녀온 사람들, 학식이 있는 사람들 등 15명을 선발하여 서울로 파견하기로 결론을 냈다. 1884년 6월 제주의 항의단 15명이 제주항을 출발했다.

6. 후루야[古屋] 배상문제

　1884년(고종 21) 5월 16일, 서귀포 앞바다에 일본 배 5척이 나타났다. 그중 3척은 잠수기 어선이고 나머지 어선은 작업선과 동력운반선이었다. 그 선단의 주인은 대마도의 번사(藩士, 사무라이의 두목)인 후루야 이쇼[古屋利燮]로 그는 <조일통상장정>이 공포된 이후 어업회사인 수잠사(水潛社)를 설립하고 대마도와 히젠[肥前]에서 100여 명의 어부를 모집하여 몇 달 동안 실전경험을 쌓게 한 후 부산 영사관을 찾아 조선해의 어업허가를 받았다. 그는 곧장 전복 채취를 위하여 제주 바다로 달려온 것이다.

　제주 목사 심현택은 느닷없이 일본 배가 서귀포 앞바다에 나타나 제주 관아에 말 한 마디 없이 전복을 채취한다는 소식을 듣고 그들을 취체[1]하기 위하여 수십 명의 군사를 대동하여 달려나갔다. 사무라이 복장의 후루야가 버티고 서 있었다. 심 목사가 말했디.

"당신들은 조선의, 제주도의 바다에서 물고기를 잡을 수 없소. 당장 장비를 챙겨서 물러가시오."

　후루야가 의기양양한 꼬락서니를 하고 대꾸했다.

"조선과 일본은 작년에 <통상장정>을 체결하여 일본인이 조선의 사해 즉 전라·경상·강원·함경도의 바다에서 고기

---

1) 규칙이나 명령 법령 따위를 지키도록 통제하는 것.

잡이하는 것을 조선이 승인했음을 모르시오? 나는 이 장정에 의거 부산주재 일본영사관으로부터 허가를 받고 왔소. 이 허가증을 보시오."

"본관은 조정으로부터 당신들, 일본사람들이 우리 제주 바다에서 고기를 잡는 일을 허가한 사실을 통보받은 바 없소. 어쩌거나 당신들은 조선사람이 아닌데 어찌 조선의 해역에서 물고기를 잡을 수 있단 말이오. 당신들 모두를 체포하고 배와 잡은 물고기를 압수하기 전에 물러들 가시오."

후루야가 야릇한 웃음을 띠며 대꾸했다.

"그렇다면 허가를 내준 당국에 보고하여야 하니 추방 명령을 문서로 작성하고 목사가 서명 날인하여 주시오. 선선히 물러가리다."

후루야 선단을 쫓아버린 심현택 목사는 즉시 조정에 다음과 같은 장계를 올려 선처를 요구했다.

> 일본 선박 3척이 정의현 서귀포 포구에 당도하여 불법으로 고기잡이를 하고 있습니다. 제주는 망망한 바다의 외딴 섬으로서 백성들이 오직 고기잡이와 수산물 채취에 의하여 살아가고 있는데, 이제 제주 백성들이 생업을 잃게 된다면 뿔뿔이 흩어질 것은 당연한 일입니다. 통리기무아문으로 하여금 잘 처리하여 백성들이 불편함이 없이 편안하게 살아가게 하소서.(『승정원일기』)

심 목사의 추방 명령서를 받아든 후루야는 군말 없이 작업선과 잠수기선을 대마도로 돌려보내고 자신은 한 척의 통통배를 타고 유유히 인천으로 향했다. 그는 고바야시[小林端一]

인천 영사를 만나 자초지종을 아뢰고 대마도로 돌아왔다. 인천 영사에게 무슨 지령을 받았는지 후루야는 당해 8월 더 많은 장비, 8척의 잠수기선, 8척의 작업선 그리고 운반선으로 선단을 꾸려 다시 제주 바다로 돌아왔다. 그 선단은 제주 관아에서 뻔히 보이는 건입포 앞바다에서 보란 듯이 작업을 시도했다. 심현택 목사가 더 많은 군사를 이끌고 취체에 나서자 후루야는 추방 명령서를 받아낸 후 선단은 대마도로 퇴각시키고 자신은 다시 인천 영사에게로 향했다.

1884년 9월 25일 인천에 도착한 후루야는 고바야시 영사에게 손해배상액으로 4,294엔 20전을 제시했는데 그 이유로 〈통상장정〉의 제41관에 의거 배와 각종 장비를 준비하고 어부를 고용하여 출어하였다가 저지당했으므로 그 경비에 대한 배상이라는 것이다.

고바야시 영사는 후루야 건을 조선주재 일본공사에게 이첩했는데 이시무라[島村] 일본서리공사는 후루야의 배상요구액보다 엄청나게 많은 3만 엔(한화 70만 량)을 조선정부의 통리기무아문에 요구하기에 이른다. 당시 1량은 쌀 한 섬 값에 해당한다. 통리기무아문은 고종 17년(1880)에 설치한 정부기관이었는데 국가의 개화정책, 특히 외교와 군사업무를 총괄하는 기관으로 국정 전반에 영향을 미쳤다. 통리기무아문에서 협판교섭사무를 담당하고 있는 김옥균(金玉均)은 제주 바다는 〈통상장정〉에서 일본에 어업을 허용한 4해에 해당하지 않는다며 이 엄청난, 말도 안 되는 배상 요구를 일언지하에 거절하였다. 그러나 일본 측은 끈질기게 물고 늘어졌다.

협상은 쉽게 타결되지 않고 시간만 흘러갔다. 그 이유로는 첫째로 제주 바다가 전라도 바다에 속한 것이냐 아니냐로 김옥균과 이시무라 간에 논쟁을 벌이고 있었고 둘째로 일본 어민의 제주 침투를 항의하기 위하여 서울에 파견된 제주도민 15명의 대표들이 귀향을 거부하고 농성 중이라 어수선한 분위기였기 때문이다.

더욱이 김옥균은 개화세력들과 더불어 기존의 수구세력을 단번에 타도하여 정권을 틀어줄 야심 찬 계교를 다케조에 신이치로[竹添進一郎] 공사와 밀의하고 있었기 때문에 후루야 배상건을 뒤로 미루고 있었다. 배상문제가 해결되지 않고 지지부진한 와중에 제주 바다는 마치 주인 없는 바다처럼 일본인 어부들이 몰려와 북새통을 이루고 있었다.

▲ 심현택목사 청덕비(제주민속자연사박물관 경내, 촬영; 권무일)

심현택 목사는 적어도 제주도의 부속 섬 우도·가파도·비양도 안쪽의 바다와 해안 인근의 바다는 해녀들이 물질하여 생계를 유지하는 삶의 터전이므로 일본 배의 출입을 통제하고자 애썼다. 그러나 제주도의 배와 장비와 군관의 형편으로는 그들을 완전히 몰아낸다는 것은 불가능한 일이었다. 다만 쫓는 자와 쫓기는 자들의 숨바꼭질의 연속이었다. 심현택 목사는 해녀들을 보호하기 위하여 일본 어부들을 쫓아낸 일과 마라도를 개간하여 농토로 만든 일로 인하여 제주도민들의 칭송을 받았다.

1884년 11월 갑신정변이 조선의 정계를 흔들어 놓았다.(갑신정변에 대하여는 후술한다) 후루야 배상건은 갑신정변의 주모자였던 김옥균이 일본으로 도주하고 그로 인한 살육과 응징의 후폭풍이 사그러지자 다시 협상테이블에 엎어진다.

김윤식 (ⓒ한국한중앙연구원)

김옥균 [ⓒ한국사데이터베이스(국사편찬위원회)]

입김이 세어진 일본이 수차에 걸쳐 이 문제의 해결을 다그치고 있었다. 통리아문의 새로운 협판교섭사무는 김윤식(金允植)으로 교체된 터였다. 그러나 후루야의 배상건을 김윤식이 담당했는지는 알 수가 없다. 고종 23년(1886) 12월 8일에 이르러 마침내 5개 조항으로 된 손해배상안으로 일단 결말을 보게 되었다. 후루야가 제기한 지 2년 반만의 일이다.

조선정부와 후루야와의 협약서 내용은 다음과 같다.

1. 1887년 3월부로 기산하여 6개월간 후루야의 어선 14척이 제주 연해에서 마음대로 어채하되 근처의 부녀 어업처는 회피한다.
2. 조일 양국간에 어세징수협정이 이루어지더라도 그 시행일부터 5년간은 14척에 대하여 면세한다.
3. 조선은 배상금 6,600元을 후루야에게 지급하되 3,000元은 명년 3월에, 3,600元은 3년기한으로 지급한다. 단 배상이 늦어지면 매 100元에 월리 1元을 지급한다.

일본 정부의 술책적이고 부당한 고액의 배상금 요구 위협을 통해서 후루야는 그가 애초에 요구했던 배상액보다 더 많은 액수를 조선 정부로부터 보상받을 수 있었고 더군다나 6개월간의 어채, 5개년간의 어세 면제의 특권을 얻어낸 것이다.

통리아문은 일본 공사와의 협상 과정에서 당초에는 3만 엔의 제안액에서 2만8천 엔으로 깎았고 이를 제주도에 전액 물리려고 했다. 그러나 제주도민의 거센 반발이 예상되자 배상금을 6,600엔으로 조정하고 대신 후루야에게 14척의 잠수기 어선이 6개월간 조업할 수 있는 권리를 준 것이다. 덧붙여서 추후에 장정이 개정되어 일본 배가 어업세를 내게 되는 경우 5년간 면세로 조업을 하게 해준다는 것이다. 아직 장정이 개정되지 않았는데 이 조항을 넣은 것은 이해할 수가 없다. 이는 불확실한 미래의 일을 전제로 계약을 맺은 것으로 일본이 나름대로 다음 단계의 준비가 되어있었고 조선의 어리석은 관리들은 그에 따를 것이라고 확신했기 때문이다.

이 소식을 들은 제주 3읍이 합동으로 진정을 냈다. 통리아문에서는 후루야가 고기를 잡으러 오더라도 사단(事端)을 일으키지 말도록 엄히 지시했고 만일 제주도민이 후루야의 조업을 방해한다면 2만8천 엔의 배상금을 제주도에 물릴 것이라고 으름장을 놓았다.

협상이 진행되는 3년간에도 일본 배들은 제주 바다로 거침없이 드나들며 어렵행위를 일삼았었다. 조선의 중앙정부가 일개 민간업자의 요구에 속절없이 말려들자 여타업자들도 기세등등하였다. 이에 제주 목사는 후루야뿐만 아니라 제주 바다를 침탈해오는 다른 어선의 어업 행위를 단속하고자 해도 후루야 꼴이 될까 봐 손을 댈 수가 없었다. 관에서는 도민이 일을 저지를까 봐 안절부절못하는 형국이 되었디. 관은 일본 어부를 감시하는 것이 아니라 자기 백성을 감시하는 처지에 놓여 있었다. 말릴 사람도 없고 말릴 방법도 없었다. 제주도민들은 답답하기 이를 데 없었다. 힘으로라도, 단결된 힘으로라도 밀어내야 하는데 그러면 배상액을 책임져야 한다.

일본 어민의 어로기술이 절대 우월하므로 전복이 머지않아 멸종에 이를 것이라는 제주도민의 간절한 호소에 대하여 통리아문은 말하기를 일본 어선이 6개월간 제주 전복을 모두

잡을 수야 없을 것이며, 제주도민이 도리어 일본인과 익숙해
져서 고기 잡는 기술을 배운다면 수년이 되지 않아 일본 배
는 불러도 오지 않을 것이므로 제주 3읍의 수령들이 나서서
민정의 동요를 진정시키라고 지시했다.

후루야는 14척의 잠수기선을 포함한 어마어마한 선단을
끌고 와 가파도에 자리를 잡고 창고와 건조장을 설치하고 심
지어 명포(숙포) 공장을 건설하기에 이르렀다. 김태능에 의하
면 구루후네[黑船]라는 운반선이 나가사키로부터 가파도로 3
일 간격으로 왕래하면서 일본 어민들을 위한 생활필수품과
의약품을 실어오고 어획한 생산품을 실어날랐다고 한다.

우리 바다에서 고기 잡지 말라고 해서 거액의 벌금을 물어
야 하고 저 무자비한 자들의 허가 난 도둑질을 뻔히 눈 뜨고
보아야 하는 이런 나라가 정녕 나라인가!

7. 모슬포 이만송 살해사건

모슬포 포구 인근 신령물이라는 용천수 샘터 곁에 <오좌수 의거비>가 세워져 있다. 비문의 내용은 다음과 같다.

거룩하도다. 대정현 하모리 태생 다섯 장정들!
이만송, 이흥복, 정종무, 김성만, 성일 형제 등.
일본 제국주의는 조선과의 불평등조약인 강화도조약을 체결하고 본격적인 침략을 일삼아오던 중, 1887년 봄(고종 24년) 일본 잠수기선 14척이 가파도 주변에서 어획물을 침탈하면서 식수는 이곳 신령물을 이용하였다.
가파도에 천막을 치고 전복을 침탈하던 왜선 6척의 선원들은 1887년 8월 13일 모슬포에 상륙하여 민가의 돼지, 닭 등 가축을 약탈하고 신령물 샘터에서 물긷는 지역아녀자를 능욕하려들자 이 처사에 격분한 이만송, 이흥복, 정종무, 김성만, 성일 형제가 주동이 되어 청년들을 이끌고 격투를 벌였는데, 그들의 환도에 이만송은 참수를 당했고 김성일은 손이 절단되는 등, 칼로 무장된 그들을 몽둥이로 응징하려 함은 불가항력이었다.
그 후, 이 사건은 조정에 알려지며 맞서 싸웠던 다섯 사람에게는 이들의 용기를 포상하여 각기 좌수의 벼슬을 하사하였고, 함께 싸웠던 이름 모르는 하인에게는 벼슬 대신 하사금 30냥을 내려주었다. 120여 년 전 관군도 나서지 못했던 역할을 약소국의 백성으로서 목숨을 걸고 실행했

던 거룩한 행동을 후세에 영원히 기리고저 모슬포 청년회
의소 이름으로 이 비를 세웁니다.
　　모슬포청년회의소 창립 35주년 기념

▲ 제주특별자치도 서귀포시 대정읍 하모리에 있는 오
좌수의거비(촬영: 권무일)

　　위 비문은 연구자의 관점에서 보면 그 내용이 부정확하고
울림이 덜하지만 19세기 말 제주도민의 민심과 일제에 대한
저항을 드러냈다는 점에서 매우 의미가 있다. 다만 옆에 나
란히 설치한 현판 <오좌수 이야기(만화)>에서 가해 선단을
요시무라 선단이라고 표기한 것은 후루야 선단으로 바꿔야

할 것이다.

후에 이홍복, 정종무, 김성만, 김성일 그리고 이만송(추증追贈)은 좌수의 벼슬을 받았다. 좌수는 지방관청에서 그 지방호족 중에서 명망이 있는 사람으로 수령 옆에서 지방행정에 자문하는 토호(土豪)의 직책이다.

1886년 12월 8일 조선 정부와 일본인 후루야와 맺은 협약 제1항은 "1887년 3월부로 기산하여 6개월간 후루야의 어선 14척이 제주 연해에서 마음대로 어채하되 근처의 부녀 어업처는 회피한다."라는 조항이었다. 이제 후루야 선단은 허가 난 도둑질이라 제주도 전 해역에 잠수기선을 깔아놓고 전복과 해삼 등을 채취하고 있지만 말릴 사람은 아무도 없었다. 혹 관에서 말릴 기색만 보여도 후루야는 약점을 잡아 자기네 정부에 이를 것이고 이는 제주도에 금전적인 피해로 돌아오기 때문이다.

조선 정부가 승인한 어선은 14척인데 『고종실록』에 의하면 그 중 6척, 후에 일본 선원이 증언한 바에 의하면 7척이 모슬포와 가파도 사이에서 어채 행위를 하고 있었다. 짐작하건대 나머지 7,8척은 제주도를 빙 둘러 수확이 많고 안전한 해역에 배치되어 어채를 일삼고 있었을 것이다.

가파도에 근거지를 마련한 저들은 모슬포 앞바다에서 전복을 포획하면서 제주 해녀들에게 접근하여 수확한 전복을 담은 망사리를 탈취하거나 찢어 던지기도 하였다. 그들의 행패는 무소불위로 더욱 잔혹해지고 폭력적이었다. 협약서에는 분명 후루야 어선이 제주 잠녀들의 어업처에는 접근하지 못하도록 규정되어 있지만 그들은 막무가내였다.

급기야 그들은 모슬포의 해안 마을을 기웃거리기 시작했

다. 모슬포는 대정현의 서남쪽 해안지대를 뭉뚱그려 일컫는데 모슬리, 동일리, 일과리, 영락리, 무릉리, 신도리 등과 가파도, 마라도가 이에 속한다. 특히 모슬포 포구는 각종 어선과 운반선이 드나드는 항구이며 가파도 주민들은 이 포구를 통해서 드나든다. 해안가를 둘러 옹기종기 모여있는 마을 앞에는 해녀들의 바당밭이 펼쳐져 있다.

후루야 산하 제주 어민들은 뻔뻔스럽게 해안 마을의 집들을 기웃거리고 부녀자들을 희롱하기를 일삼더니 닭장의 닭을 잡아가기도 하고 돼지우리를 기웃거려 그 자리에서 도살하여 메고 갔다. 심지어 집을 지키는 개까지도 끌고 갔다. 1887년 한해에 모슬리, 영락리, 일과리, 무릉리, 가파도 등에서 약탈당한, 대정현에 신고한 가축 수는 닭 162마리, 개 3마리, 돼지 1마리였다.

1887년 7월 어느 날 모슬포의 이만송은 밭에서 일하던 중 여인의 비명소리를 듣고 달려갔다. 그 소리는 신령물이라는 용천수 샘터에서 나는 소리였다. 신령물은 모슬리 사람들의 식수원이기도 하고 빨래터이기도 했다. 중년의 이만송이 동네 사람들을 불러 모으며 앞서 달려갔다. 그의 손에는 몽둥이가 들려 있었다.

근래 모슬포의 마을에는 일본인들의 도둑질이 빈번하여 주민들이 긴장하고 있었던 터였다. 신령물에서는 7-8명의 일본인들이 동네 여인을 희롱하며 깔깔 웃고 있었다. 동네 청년 이흥복, 정종무, 김성만·성일 형제가 몽둥이를 들고 달려왔다. 그러자 그 일본인들은 모두 일본도와 곤봉을 빼들고 맞섰다. 이만송이 그중 한 명이 내리치는 칼에 목덜미를 맞아 즉사했고 김성일은 한쪽 손목이 잘려나갔다. 그러나 청년들은 그들이 물러가기까지 죽기 살기로 싸웠다. 근처 모슬진에서 기찰장 문재욱이 파수꾼 서너 명과 더불어 달려오고 있었다. 그러자 일본인들은 배를 타고 가파도 쪽으로 도망했다.

그리고는 다시 40여 명이 배를 타고 달려와서는 기찰장 문재욱을 둘러싸고 위협하면서 후일을 위해 화해문을 써 줄 것을 요구하였다. 문재욱이 이를 거절하자 칼을 빼 들고 협박하여 자기들이 미리 준비한 초안을 베껴 쓰게 하고 서명 날인할 것을 강요했다. 생명의 위험을 느낀 문재욱이 부득이 이 일은 마을 사람들이 먼저 시비를 걸어서 사단을 일으킨 사건이라는 거짓 자백을 내용으로 한 화해증서를 써서 건네 주자 그들은 곧바로 배를 타고 가파도로 돌아갔다.

마을 청년들은 이만송의 아들 이평원과 더불어 시신을 메고 대정현청으로 달려갔다. 대정현감은 이들과 더불어 제주 읍성으로 말을 달렸다. 심원택 제주 목사는 자초지종을 담은 장계를 급히 통리아문에 올리고 사건조사를 위하여 관리를 가파도에 있는 후루야 회사에 파견했다.

제주 목사가 통리아문에 보고한 바에 따르면, 일본 어민들이 모두 둘러대기만 하고 까딱하면 화를 발하여 양 국민 간의 우의를 해칠까 봐 도저히 조사를 할 수가 없었다고 한다. 아마도 일백여 명의 우락부락한 뱃사람들이, 더러는 총칼을 찬 사람들이 버티고 서 있자 무섭고 겁이 나서 발을 돌렸을 것이다. 휘하 백성이 일본인 침입자에게 무고하게 살해를 당했는데도 목사인 심원택은 현장에 출동하지 않고 부하들만 보냈다. 제주도의 최고책임자가 자신의 백성은 눈꼽만큼도 보호하지 않는다는 증거이며, 국가가 무기력하고 무책임한 실상을 보여주는 사례라 할 것이다.

　제주 목사로부터 보고를 받은 이 사건은 1887년 9월 14일, 통리아문의 박주양(朴周陽) 교섭통상사무의 이름으로 일본의 임시대리공사 다카히라[高平小五郎]에게 통보되었다. 그에 앞서 일본 공사관은 후루야로부터 8월 말에 이미 서신을 받았고, 9월 12일에는 후루야가 직접 공사관을 방문하여 대처 방안을 협의한 바 있었다. 후루야는 다음과 같이 진술하였다고 다카히라 대리공사가 그 시말서를 조선 정부에 공개했다.

　　1887년 7월 7일 모슬포 연안에서 잠수기 어선 5척이 어물 채취 중에 풍랑이 심해져 가파도에 귀선할 수도 없고 바다 가운데 정박하기도 어려운 데다가 마실 물마저 떨어져 부득이 모슬포에 이르게 되었다. 그런데 모슬포 주민들이 해안가에 모여 있으면서 정박을 거부하였다. 그래도 참고 주민들에게 식수를 요청했으나 거절함으로 선원 중 6명이 수통을 메고 배에서 내렸다. 그러자 주민 수백 명이 몽둥이를 들고 모여들어 구타할 태세였다. 이에 선원들이 도망했는데 그만 길을 잃고 몹시 위험한 상태에 빠지게 되었다. 이를 보고 배 안에 있던 사람들이 선원들을 구출하기 위해 육지에 내렸다. 그러자 주민들이 더 광포해져서 몽둥이를 휘두르고 돌을 던져 선원 7명이 부상을 입었다. 도저히 중과부적이라 일본 어민들은 풍랑을 무릅쓰고 가파도로 돌아왔다. 다음날 시비를 규명하기 위해 모슬포의 관원에게 찾아가 대정읍 관청에 인도하라고 말하니 동민들과 관원은 어제의 일은 전적으로 동민들의 무례에서 비롯되었으니 상관에게 갈 필요가 없다며 엎드려 빌었다. 그 모습을 보니

측은히 여기지 않을 수 없었다. 그러나 후일 사업에 해가
될 수도 있어 잘못을 인정하는 증서를 받아왔다는 것이다.
(일본외교문서, 1887.9)

위의 시말서는 외교적인 분쟁을 교묘히 피해 가면서 조선
측에 책임을 뒤집어씌우는 내용을 담고 있다.

첫째, 일본 어민들은 풍랑을 피하고자, 그리고 식수를 얻으
러 상륙했다고 교묘히 거짓말을 하면서 이를 막은 것은 〈조
일수호조규〉(〈강화도조약〉) 제6관[1]을 어긴 것으로 조선 측에
책임이 있는 것으로 꾸몄다.

둘째, 일본 어부들의 포악한 행동은 숨기면서 적반하장으
로 조선사람들이 먼저 행패를 부려 일본 어부들이 부상을 당
했다고 꾸며대고 있어 이만송 등의 살상행위를 정당방위로
몰아가고 있는 것이다.

셋째, 조선인들이 이미 자신들의 무례한 행동을 인정하고
화해문까지 써주었으니 일본 측의 잘못은 없다는 것이다.

이에 다카히라 공사는 후루야가 피해를 입은 것은 제주도
민이 아니라 일본 어민이라는 주장을 감안하여 공사관에서
직접 나서서 조선 측에 책임을 물릴 생각을 했다. 그러나 일
본 외무성의 생각은 달랐다. 이 문제를 외교적으로 다루는 것
은 어업권이라는 현안도 있는 터에 더 분란을 야기시킬 것이
라고 보았다. 그래서 사법적으로 처리하라는 훈령을 내렸다.

---

1) 일본국 선박이 조선국 연안에서 태풍을 만나거나 장작과 식량이 떨어져
   서 지정한 항구에 도달할 수 없으면 즉시 어느 연안이나 항구에 들어가
   위험을 피하고 부족한 것을 보충할 수 있다.

이는 국제적인 사건이 아니라 개인 간의 분쟁일 뿐이며 마을에서 닭이나 돼지를 도둑질하는 것은 단순한 범죄행위라서 사법적으로 처리하면 된다는 것이다. 따라서 국가의 대표기관인 공사관이 나설 필요가 없는 것이니 외교 문제로 비화할 필요가 없다는 것이다. 따라서 피해를 당한 개인이나 지방관이 일본 영사관에 제소를 하든지 말든지 할 사항이라는 것이다. <강화도조약> 제10관에는 '일본국 인민이 조선국에서 지정한 항구에 체류하면서 만약 죄를 범해 조선국 인민과 교섭해야 하는 것은 모두 일본 관원에게 귀속시켜 심의하고 처단한다.'고 규정해 일본인들은 조선에서 이미 치외법권적 권리를 보장받고 있었다.

일본 공사관은 통리아문이 보낸 공문을 물리면서 이는 영사의 소관이니 피해기관 및 피해자들이 직접 인천 영사관에 제소하라는 것이다. 지난번 후루야와 조선 정부와의 계약이 인천영사를 통하여 추진한 전례가 있기 때문이다.

그러나 재판 관할이 갑자기 부산 영사관으로 변경되었다. 1883년의 <통상장정>의 체결과 이로 인한 제주 연해 어채로 인해 제주도민이 상경하여 농성했던 일이 바로 서울 한복판이었고, 때는 9월이라 조선 정부와 후루야가 맺은 어채 허용 기간 6개월이 만료된 터라 일본 어민에게 더 이상 조업을 하도록 연장해서는 안 된다며 이를 관철하기 위하여 제주도민들이 속속 서울로 몰려오고 있기 때문이다.

사건을 넘겨받은 부산 영사관은 조선의 부산 감리에게, <통상장정> 체결 직후 같은 날 체결한 <일본인 어채범죄조규> 제2조[2])를 들어 조선 관청에서 직접 혐의자를 체포하여 넘겨달라고 요청했다.

그러나 일본도와 소총 등으로 무장한 일본 어부들이 갑자기 상륙하여 행패를 부리고는 곧바로 도망가 버렸기 때문에 관가에서 알았을 때에는 체포하기가 늦은 시간일뿐더러 나중에 관리들이 조사하고자 하여도 그쪽에서 범인을 내주지 않고 은폐해 버렸기 때문에 범인의 체포는 불가능한 것이었다.

더구나 후루야의 회사가 〈강화도조약〉 제10관을 들어 수사를 거부하여도 조선으로서는 달리 방법이 없었다. 조선 측으로서는 혐의자의 인상, 나이, 복장 등을 제시하고자 하여도 그럴 자료가 없고 다만 사망자의 검시 결과나 목격자의 증언 등을 제시할 뿐이었다. 부산영사는 범인 없는 재판을 할 수 없다고 본국 정부에 보고했다.

부산영사로부터 보고를 받은 이토 히로부미[伊藤博文] 외무대신은 사법대신에게 이 사건을 이첩하면서 다음과 같이 토를 달았다.

전라도의 제주도에서 일본 선원들과 제주도민 사이에 분규가 발생하여 상호간에 피해가 발생하였는데, 폭행에 관하여 일본 선원을 조사하여 처리해 달라는 조선 정부의 요청이 있었다. 원래 〈어채범죄규정〉에 따르면 조선의 관리가 폭행인을 체포하여 그 죄증과 더불어 가장 가까운 개항장의 일본 영사에게 인도해야 하는데, 조선의 관리는 범인을 체포하지도 못했을 뿐만 아니라 그 성명이나 인상착의도 대지 못하고 있는 실정이다. 더군다나 지역의 관리가 피해자의 잘못을 인정하는 확인서를 써준 바도 있어 우리가

---

2) 조선국 관리가 법률을 위반한 일본인을 체포하였을 때에는 그 범죄 증거를 상세히 기록하여 해당 일본인과 함께 인근 항구의 일본 영사관에 넘겨 처리한다.

조선 측의 심판청구를 거절할 수도 있고 오히려 우리가 피해자로서 조선 측을 기소할 수도 있다. 그러나 조선 측이 공식적으로 요청해 온 바라 양국 간의 우의를 고려해 조선 주재 부산영사가 사건을 맡아 조사한 바 있다. 그러나 부산 영사관의 조사에는 한계가 있다. 조사의 대상자인 후루야가 일본에 머물고 있기 때문이다. 따라서 귀관께서 관할 검찰관에 조사를 명령해주기를 바란다.3)

이 사건을 배당받은 나가사키 재판소는 다음과 같이 말하면서 이 사건의 불기소처분을 내렸다.

후루야의 어선은 풍랑을 피하여 상륙하였고 또한 음료수를 얻으려 하였는데 제주도민이 이유 없이 이를 거부하고 폭행을 가했기 때문에 일어난 사건으로 제주목에서 보고한 내용과는 전혀 다르다. 혹 제주도민에게 사상자가 있다 하더라도 일본 어민은 위험을 피하기 위하여 폭행자에게 불가피하게 행한 살상이다. 이는 형법 제314조의 정당방위에 해당되어 범죄가 성립되지 않으므로 불기소를 선언한다.4)

조선 측은 범인을 잡지 못했을 뿐만 아니라 그 성명도 모르고 있었으며 일본 검찰에서도 가해자가 여기저기 흩어져 있어 찾아낼 길이 없어 조사할 수가 없고 앞서 후루야가 제출한 시말서를 인용하여 혹 사망자가 있더라도 이는 일본 어부의 정당방위라고 하면서 사건을 종결했다. 그 처리 결과는

---

3) 이영록, 「제주도민 살해사건과 일본영사재판-이만송 살해사건을 중심으로」, 『법과 사회』, 2004
4) 이영록, 위의 논문.

부산 영사관을 통하여 조선의 동래부에 통보되었다. 그러나 조선 정부는 그 결과에 승복했는지 이의를 제기한 흔적이 보이지 않는다. 재판의 경과를 지켜보고 억울한 사정을 호소하기 위하여 부산으로 달려간 이평원(이만송의 아들)과 목격자들은 닭 쫓던 개 지붕 쳐다보듯 허탈한 마음으로 돌아왔다. 이를 지켜본 제주 사람들의 눈에는 일본에 대한 증오의 빛이 역력했다.

이만송 사건이 정당방위로 결론이 난 것을 지켜본 일본 어부들로서는 도민들에게 어떤 행패를 부리더라도 잡히지 않고 일본으로 도망가 버리면 무사할 수 있다는 인식을 갖게 되었다. 이빨 빠진 호랑이 모습이 여실히 드러난 제주도의 목사와 관리들은 제주도민에게도, 일본 어민들에게도 영이 서지 않았다. 조선 정부는 일본 정부 또는 후루야에게 배상청구도 하지 않았다. 임오군란 때 화난 군중들에게 맞아 죽은 호리모도 레이조[掘本禮造]에게는 5만 엔을, 갑신정변 때 김태흥과 원한갑에게 죽임을 당한 이소바야시 신조[磯林眞三]에게는 10만 엔을 배상했던 사실과 비교하면 이것이 약소국의 비애인지 위정자들의 멍청함에 있는지 모를 일이다.

이 사건의 결과가 전례가 되어 1890년의 배령리 양종신 살해사건, 1891년의 도민 16명의 상해와 임순백 살상사건, 1891년 이달겸 살해사건에서도 정당방위이거나 범인을 찾을 수 없다고 결론을 내어 사건을 분명하게 끝맺지 않고 유야무야로 넘겼다.

이영록이 「제주도민 살해사건과 일본영사재판, 2004」에서 지적했듯이 이만송 살상 사건에서 보여준 조선 정부의 태도는 아예 자국민의 보호에 의지가 없었음을 보여준다. 이 사건이 불기소로 결정 났음을 통보받고도 조선은 한동안 이의제기조차 하지 않았던 데서 볼 수 있듯이, 제주도민의 저항에 의하여 문제가 커지기까지 조선 정부의 태도는 오히려 무관심 쪽에 가까웠다. 뒷북치듯 마지못해 해결에 나선 경우에도 시종 일본의 눈치를 보며 그저 호의를 구하는 형국이었다.

8. 통상장정 개정논쟁
-제주도는 차안此案에 부재不在다

　제주도민들이 통리기무아문 정문 앞에서 농성을 벌이고 있었다. 제주도에서 차출하여 파견한 항의단과 재경 제주인들이 합세한 것이다. 서울의 많은 백성들이 합류했고 울릉도에서 파견된 사람들도 끼어있었다. 진정인들은 제주 삼읍에서 연서하여 진정하는 호소문인 등장(等狀)을 읽어 내려갔다. 내용을 요약하면 다음과 같다.

1. 바다에 대한 영토주권을 포기한 조약은 원천무효다.
2. 이 조약을 맺은 매국노 민영묵은 자결하라.
3. 제주 바다는 4해에 포함되지 않는다.
4. 제주 바다에서는 외국인이 출입하여 고기를 잡아서는 안 된다. 이는 제주 사람들의 생계를 위협하고 자존심을 짓밟는 것이다.
5. 일본사람들이 제주 연안에서 잠수기선을 이용해서 전복과 미역을 훑어가면 제주 사람들은 살아갈 길이 없어 섬을 비우고 육지로 나가 유리걸식하여야 한다.
6. 제주 사람들은 수산물, 특히 전복과 미역을 나라에 바쳐왔는데 머지않아 그 길이 막힐 것이다.
7. 일본 어부들이 기계로 싹쓸이하면 머지않아 제주 바다는

황폐해질 것이다.

8. 일본 어부들이 해녀들의 어장에 침투하기 일쑤여서 해녀들은 물질을 거두고 도망 나와야 한다.

9. 일본 어부들이 상륙하여 부녀를 희롱하고 몰래 인가에 침입하여 가축들을 도둑질해 간다.

10. 일본 어부들이 반나로 마을에 나타나 흉측한 짓을 마다 하지 않으므로 미풍양속을 해친다. 그들은 칼을 빼 들고 주민들을 협박한다.

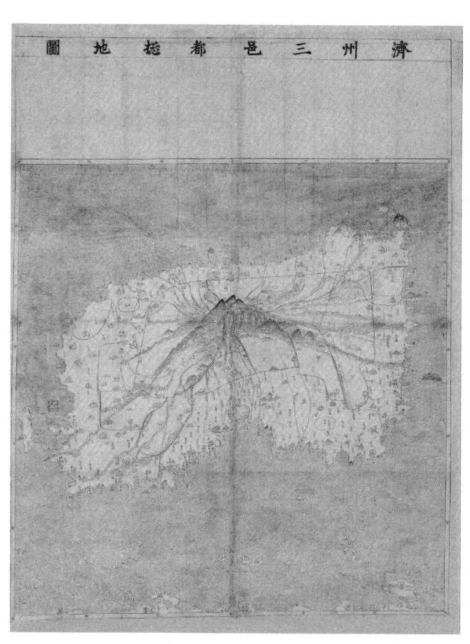

▲ 제주삼읍도총지도(ⓒ제주민속박물관)

제주도민들은 위 문제가 해결될 때까지 농성을 계속하기로 다짐을 한다. 동조하는 사람들이 통리기무아문 앞에 인산인해를 이루고 다른 패들은 일본 공사관으로 몰려간다. 임오군란 이후 백성들 간에 일본을 성토하는 목소리가 높아지고 있는데 제주도의 문제는 여기에다 기름을 부은 격이다. 그들은 이구동성으로 정부의 태도와 중앙정부 관리들의 무지와 무능에 대해 성토했고 바람 앞의 촛불과 같은 조선의 운명을 개탄했다.

<통상장정>의 조선측 전권대신인 민영목은 이미 중부지방

군영의 최고책임자인 해방총관(海防總官)으로 자리를 옮겨 군권을 쥐고 있던 터라 누구도 그의 안전(眼前)에서 비난을 하거나 책임을 물을 처지가 못 되었다. 제주도민들의 농성과 피끓는 진정에 못 이겨 통리기무아문의 독판군국사무 김병시(金炳始) 그리고 서리독판 김홍집(金弘集)이 제주도와 울릉도를 일본 어민들의 어채구역에서 제외해줄 것을 일본 공사관에 공문서로 요청했다. 그러나 묵묵부답이었다.

김옥균이 나섰다. 수신사로 일본을 다녀오기도 한 그는 국가와 사회를 근본적으로 개혁하여 국민이 잘사는 나라로 만들겠다는 신념을 간직한 사람이었다. 그는 스스로 동남제국개척사겸관포경사(東南諸國開拓使兼管捕鯨使)라는 정부 기구를 만들어 그 자리에 앉았다. 이는 백성들의 굶주림을 해결하는 방법으로 고래를 잡아 식량으로 삼자고 흰소리치는 김옥균의 말을 듣고 만든 위인설관(爲人設官)이다. 그는 일본에 수신사로 다녀오는 등 일본을 오가며 급진적 개혁사상에 물든 사람이었다. 당시 그는 비밀리에 일본 요로에 다가가면서 혁명을 획책하고 있었다. 그는 일본 친구들을 많이 만들었기 때문에 일본 또한 그의 언행을 존중했다.

1884년 6월 17일, 김옥균이 일본 공사관을 방문해 시마부라[島村] 대리공사를 만났다. 당시 김옥균의 직책은 협판통리교섭사무(協辦統理交涉事務)였다. 김옥균이 시마무라에게 말했다. 아래 내용은 현계순이 「한말 한일 어채문제의 일 연구, 1964」에 일본 외교문서를 발췌하여 게재한 것을 필자가 풀어쓴 것이다.

김옥균 : 일본 어부들은 한 푼의 세금도 내지 않고 조선의 바

다에서 고기를 잡아가고 있소. 더욱이 제주도는 대부분의 도민들이 어업으로써 생업을 삼고 있으며 특히 어부는 전부 부녀자뿐으로 외국인의 출입을 싫어하기 때문에 도민 전체가 이것을 금하여 줄 것을 관에 진정하였소. 제주 목사도 그들의 행동을 제어할 길이 없는 터라 드디어 도민들 수십 명이 상경하여 정부에 그 곤란한 사정을 직소하고 있는 실정이오. 그 정상이 부득이한 고로 통리아문에서도 그 뜻을 귀국에 공문으로 통고하여야 할 것이나 사정을 잘 모르는 곳에 통고하면 의문이 있을 듯싶소. 나는 동남개척사의 직에 있었던 고로 이미 그 내용을 들은 바 있으며 이 문제의 선처를 내락한 바도 있었소. 이러한 사정을 참작하여 그 뜻을 귀 정부에 상세히 보고하여 제주 연안의 어업을 정지하도록 적극 진력하기 바라오. 그렇지 않으면 제주도민의 생활상 지장이 있을 뿐 아니라 거기에는 완고한 인민이 많아 어떤 사태가 야기될지 불측이며 이러한 염려가 적지않은 고로 선처하여 주기 바라오.

시마무라 : 이는 양국 조약상의 문제이므로 나로서는 대답할 수가 없소. 이 조약에서 일본이 조선의 4해에서 어업할 수 있도록 이미 양국 상호 간에 허용된 것이므로 귀공과 귀 정부에서는 조속히 제주도에 명령을 내려 조약한 바와 같이 이행해야 할 것이오. 어업세 문제는 조약 이행 2년 후 그 세목에 대하여는 사정에 따라 다시 협의 결정하기로 되었는데 아직 2년이 경과되지 않았는데 시행 초부터 어업세를 내라고 할 수는 없소. 또한 조선의 4해에서 일본에게 어업할 수 있도록 규정한 장정은 시행한 날로부터 5년이 넘어야 개정이 가능한데 지금 귀국의 불편을 신립하면 나로서도 정부에 품달할 수가 없소.

김옥균 : 원래 어업을 허락한 연안은 전라 · 경상 · 강원 · 함경

4도로 제주도라는 문자는 없으며 이 섬은 어느 도에도 속하지 않소. 정부는 팔도 감사의 손을 거치지 않고 어떤 일이나 목사에게 직접 전달하고 있는바 따라서 제주도는 원래 위 4도 범위에 속하지 않소. 따라서 제주도는 약관지외(約款地外)로 차안(此案)에 부재(不在)임을 나는 분명히 밝히는 바요.

시마무라 : 4도 범위에 속하지 않는다는 말은 임기응변에 지나지 않습니다. 이미 귀국의 법전인 〈대전회통(大典會通)〉에 분명히 제주도는 전라도에 속한다고 명시되어 있지 않습니까? 귀국이 4도 연해를 허락한 것은 피아(彼我) 어민이 자유로이 어업할 수 있도록 한 것으로 만약 제주에 대하여 특히 어업을 금하여야 할 이유가 있으면 조약체결 당시에 그 사실을 조약 내용에 명확히 기재했어야 할 것이오.

두 사람은 일본인의 제주어장 침투는 당장 제주도민의 생계에 막대한 지장을 초래할 뿐만 아니라 이로 인한 제주도민의 저항이 죽기 살기로 살기등등하니 1년 정도 일본인의 해금1)(海禁)을 실시하고 그 사이 장정의 타당성 여부를 검토하기로 합의했다. 또한 두 사람은 각각 상부에 건의하여 당해 합의사항을 단시일에 확정 짓기로 합이했다.
 시마무라는 일본 외무성에 다음과 같이 보고했다.

조규 상 제주에 한하여 어업을 금지할 수는 없으나 이 지역의 곤란한 정상을 참작하여 일보 양보하여 제주 근방의 어업을 1년간만 보류함이 좋을 것 같습니다.2)

---

1) 자기 나라의 바다에 외국인의 고기잡이를 금함.
2) 현계순, 「한말 한일 어채문제의 일연구」, 서울대학교대학원 석사학위논

1884년(고종 21) 9월, 일본은 제주도 어업을 잠정적으로 금지할 것을 조선 측에 통보하면서도 이는 포어권(捕魚權) 자체를 폐기한 것이 아님을 분명히 밝혔다. 일본 외무성은 제주 출어가 가장 활발한 나가사키현에 다음과 같이 유시했다.[3]

나가사키 현령 이시다 에이키츠(石田英吉) 친전

조선국 경상·전라·강원·함경도는 지난 1883년 일·조양국이 체결한 〈일조통상장정〉 제41관에 의거, 일본민의 어업을 허가하였으나 이 중 전라도의 제주도는 도민 대부분이 어업으로 생활하며 특히 전복과 미역 채취는 모두 해녀가 담당한다. 만약 외국인이 들어와 어업을 하게 되면 생업을 잃을 수 있어 도민의 진정이 적지 않으므로, 제주도로의 통어는 당분간 금지하도록 한다. 조선 정부에서 요청이 있었으나, 위 통어의 뜻은 조약으로 확정된 것임에 지금에 와서 중지할 수 없는 것은 물론이지만, 현재 조선의 내정을 살펴보면 국내외가 번잡하여 위와 같은 처분에도 곤란함이 있어 강하게 조약의 내용을 통해서 억제하기는 어려운 실정이므로 이때에 당분간 제주도의 통어 제재에 대하여 그 사이에 조선 정부가 제주도민들에게 조약의 취지를 관철하도록 처리하고자 한다. 위의 사항은 원래 조약의 취지를 변경하는 것은 아니고 약간 실천의 유예를 주는 것이지만 위의 조치는 귀관에게는 대단히 눈물을 머금게 하는 것이다. 그러나 귀 현의 어민에게 이 뜻을 전달하여 당분간 제주도에 한해서

문, 1964
3) 장수호,『조선시대 말 일본의 어업침탈사』수산경제원BOOKS, 2011

통어 제재 방법을 적절하게 처리할 것을 유시한다.

1884년 9월 5일
외무경 백작 이노우에 카오루(井上馨)

외무성의 조치에 대하여 일본 여론은 들끓었다. 신문들도 연일 항의성 논조를 펴나갔다. 국가의 조약은 법률과 같은 효력이 있고 일본 내각총리대신이 반포한 것인데 일개 장관이 훈령으로 그 시행을 유보하거나 중지시키는 것은 있을 수 없다는 것이다. 규슈지방 어민들도 배만 끌고 나가면 어김없이 돈을 벌어오는 판에 외무성의 훈령 따위는 위반해도 문제가 되지 않는다는 것이다. 각 현에서도 이 훈령은 양해사항이지 강제적인 것은 아니라고 인식했다.

일시적으로나마 일본 어민의 제주 바다 어로금지가 공식적으로 합의되었으므로 3개월 가까이 서울에 파견되었던 제주도민 대표들은 농성을 풀고 귀향했다. 서울의 중앙정부는 일본과 협약을 했으니 제주도의 일본 어민들은 뱃머리를 돌릴 것이라는 순진한 생각을 하고 있었다. 그러나 제주 바다는 달라진 게 없었다.

그 후 시일이 지나도 일본 어선들은 물러갈 줄 모르고 제주 연안 여기저기에서 떼 지어 어로작업을 하고 있었다. 제주 목사는 바쁘게 일본 배를 쫓아다니지 않을 수 없었다. 이제는 그들을 저지시킬 권리를 합법적으로 가진 셈이기 때문이다. 제주도의 형편이 그들을 주변 섬 멀리까지 쫓아낼 배와 장비가 부족한 터라 목사는 가파도, 비양도, 우도 등의 섬 안의 내해와, 포구에서 멀지 않은 앞바다에 군사를 대동하여

직접 달려가거나 방호소의 군관을 시켜 그들을 멀리 쫓아냈
다. 그러나 그들은 쫓겨가는 듯 숨바꼭질하며 다시 나타나
바다를 지키기는 쉬운 일이 아니었다.

<<갑신정변>>

한편 김옥균은 제주의 일이 잠정적으로 미봉되자 신진개혁의
젊은이들을 데리고 일본으로 떠났다. 그는 나라를 개혁하기 위
해서는 일본의 후쿠자와 유키치[福澤諭吉]의 급진적 개혁 사상을
본받아야 한다는 분명한 확신을 가진 사람이었다. 후쿠자와는
계몽운동가로 일본 지식인들의 사상에 지대한 영향을 끼쳤으며
일본이 서양의 문물을 수용하여 개혁할 것을 주장해온 사람이
다. 그는 조선의 부패상을 한탄하면서 김옥균 등이 이를 개혁하
지 않으면 조선은 쉬 망한다고 일갈했다. 일본을 본받아서, 일
본을 이용하여 이 썩어빠질 대로 썩은 나라를 개혁하겠다는 큰
그림을 머릿속에 그리고 있는 김옥균은 거사를 같이할 조선의
젊은 동지와 일본의 자본과 군대가 절실히 필요했다. 20대의 유
길준, 박영효, 홍영식, 서광범, 윤치호와 19세의 서재필이 합류
했다. 그들은 세간에서 친일파로 분류되었다.
　이 무렵 민영목, 민태호, 민영익, 민응식 등 민씨 4인방과 조
영하, 어윤중, 윤태준, 김윤식 등 장년층은 친청파로, 한규직, 이
조연, 조정희 등은 친러파로 이 세 무리가 분립하여 투쟁과 내
분이 끊이지 않았다. 일본으로 볼 때는 조선을 식민화하기 위해
서는 청과 러의 세력을 먼저 조선에서 제거해야 했다.
　제주도민과 많은 무리들이 서울 장안에서 농성할 때 일본으
로 돌아가 머물러 있던 다케조에 공사가 9월 초에 조선으로 돌

아와 김옥균을 여러 번 은밀히 만났다. 다케조에는 말했다.

"남방의 베트남을 두고 프랑스와 중국이 전쟁을 벌이고 있어 조선에 주둔하고 있던 3,000명의 청군 절반이 차출되었다. 지금 이 친청파를 제거할 좋은 때다. 현재 조선에 머무르고 있는 일본군이 120-150명이지만 거사일에 맞춰 일본 군함을 파견하도록 하겠다."

1884년 12월 4일(음 10.17) 우정총국의 낙성식이 경우궁에서 열렸다. 총판 홍영식은 내로라하는 대신들과 각국 공사 및 영사를 초빙했다. 일본에서는 다케조에 공사 대신 시마무라 임시대리공사가 참석했다. 다케조에는 따로 할 일이 있었다. 연회 시간은 오후 6시였다. 개화파 혁명세력들은 사관생도들과 자객들을 매복시켰고 일본 병사들은 궁궐 외곽에서 대기하면서 김옥균의 신호만 기다리고 있었다.

그러나 막상 김옥균은 결정을 내리지 못하고 있었다. 다케조에가 약속한 일본 군함과 거기에 타고 오는 병사들이 어디쯤 왔는지 전갈을 기다리고 있었기 때문이다. 이 사건은 후쿠자와가 충동질하면서 무기까지 댔고 다케조에가 깊이 관여했지만, 일본의 내각과 군부는 일본이 청국과 맞붙기에는 시기상조라고 여겨 군함의 파견을 저울질하고 있었다.

그러나 다케조에와 김옥균은 이런 사실을 모르고 있었다. 밤은 깊어가고 있었다. 10시쯤 자객들의 서두름으로 들통이 나자 살육이 시작되었다. 민영목, 민태호, 조영하 등 친청파와 한규직, 이조연 등 친러파가 연이틀에 걸쳐 궁중에서 살해되었다.

그날 밤 다케조에 공사가 일본군을 이끌고 달려와 궁궐과 궐문을 장악했고 임금은 경운궁에 갇혀 행동거지가 자유롭지 못했다. 김옥균 등은 가짜 왕명으로 조각을 발표했다. 이 사건은 〈3

일천하〉로 그쳤는데 〈갑신정변〉이라 불렀다.

급변을 들은 민비가 사람을 시켜 청군의 입궁을 요청했다. 청의 전권위원 위안스카이(원세개, 袁世凱)는 1,500명의 병사를 이끌고 궁으로 달려왔다. 다케조에는 중과부적을 알고 병사들 틈에 섞여 공사관으로 피신한 후 일본으로 내뺐으며 김옥균, 박영효, 서광범, 서재필 등은 변장하고 인천을 통해 일본으로 도주했다.

그들 혁명세력은 서양의 근대문물과 제도를 도입해 봉건주의를 타파하고 국민을 앞에 내세우는 입헌군주국을 수립하고자 했으나, 당시 팽배했던 반일감정을 외면하고 일본을 끌어들여 성급하게 서두르는 바람에 준비 부족으로 3일 만에 실패로 돌아간 것이다.

박은식 초상(출처: 공훈전자 사료관)

박은식은 다음과 같이 평했다.

내 생각에 그들은 우리나라의 혁명가였지만 나이가 어려 경험이 적었고, 연구가 깊지 못한데도 급하게 일을 벌여 실패한 것이다. 무릇 혁명이란 것은 정치가 극도로 실패한 때를 맞이하여, 대들보가 썩고 서까래가 낡아 부득이 집을 부수고 다시 짓는 방법인데, 실행은 난폭할지라도 그 시기는 하늘의 뜻에 따르고 사람의 일에 맞추는 것이며, 절차와 단계가 있는 것이다.

즉 종교나 학설 또는 선전으로 일반의 지식과 사상을 고

취하여 혁명의 기운을 싹트게 한 다음 정치 방면으로 들어
가 벽력같은 수단을 사용하면 찬성자가 많고 반대자가 적
어, 그 혁신정책이 장애를 받지 않고 성공하는 것이다. 따
라서 혁명의 성공은 하루에 달려 있지만, 그 준비에는 오랜
세월이 필요한데, 그들은 이런 준비도 없이 성급하게 일을
추진했고 행동이 잔혹하여 위로는 임금의 신임을 받지 못
하고 중간으로는 관료의 신임을 얻지 못하고 아래로는 민
심을 잃어 사방에서 적이 생기니 성공을 바라겠는가?4)

임금이 반란세력과 일본군에 의하여 납치되었다는 소문이
장안에 퍼지자 군중들이 일본 공사관으로 몰려가 방화하고
소요를 일으켰다.
당시 조선 내 내지측량의 임무를 띠고 충청도에서 머물던
육군대위 이소바야시 신조[磯林眞三]가 일본군이 청군과 성난
군중의 공격을 받는다는 급보를 전해 듣고 수행원 2명과 더
불어 급거 말을 타고 한강을 건너 달려오고 있었다. 그때 22
세의 유기상인 김태홍과 23세의 땔감장수 원한갑이 달리는
말에 달려들어 그를 찔러 죽였다. 김태홍과 원한갑은 체포되
었고 고종의 윤허를 받아 사형에 처해졌다.
일본의 대리공사 곤도 미스키[近藤眞鋤]의 입회하에 그 두
사람은 무참하게 사형집행되었는데 김태홍은 무려 63번이나
칼날을 내려쳐 살해하였다고 한다. 이소바야시의 살해사건은
일본뿐만 아니라 조선에서도 큰 사건이었다. 자기 백성을 적
국에 내주어 죽이는 밸도 없는 조선 정부! 이에 관한 사건기
록은 『고종실록』을 비롯하여 『승정원일기』, 『일성록』, 『비변

---

4) 박은식 지음, 김승일 옮김, 『한국통사』, 범우사, 1999

사등록』 등에서 찾아볼 수 있다.

　1884년(고종 21) 9월부터 김옥균과 일본의 시마무라[島村] 사이에 일시적으로나마 제주 금어(禁漁, 고기잡이를 금지함)가 공식적으로 합의되었으나 사실상 이행되지 않았음은 제주도민의 소요로서 능히 짐작할 수 있다. 이에 조선 측에서는 <통상장정> 제42관에 의거 장정 자체의 개정을 요구하고 나섰다.

　갑신정변 이후 통리기무아문의 독판으로 오른 김윤식(金允植)은 1885년 4월 30일 일본 대리공사 곤도 마스키를 기무아문으로 초치하여 통상장정의 개정을 제안했다. 통상장정이 체결된 지(1883.7.25) 채 2년도 안 되어서다. 김윤식은 1884년 6월 김옥균이 임시방편으로 제주도의 일시 금어를 추진하고 있을 당시, 제주도에서 일시적으로 어로를 금지하기보다는 아예 일본인의 어채허가 대상(4도 해역)에서 제주도를 제외할 것을 주장한 바 있었다.

　김윤식은 일찍이 영선사(領選使)로 발령받아 유학생들을 인솔하여 청나라에 다녀온 적이 있다. 그는 유학생들과 더불어 텐진[天津]에 몇 개월간 머물면서 서구문물을 탐구했고, 돌아오는 길에 각종 신식 기계류와 과학 및 의학서적을 가져오기도 하였다. 그는 조선사회의 개혁을 부르짖었으나 김옥균 등이 일본을 등에 업고 개혁하겠다는 급진적 개혁에 반대하여 서양을 받아들임에 있어 중국을 방파제로 삼아 걸러내야 한다고 주장했고, 급격히 몰려오는 서구문물의 소낙비를 청나라라는 우산으로 막아 신중하게 받아들여야 한다고 생각했던 사람이다.

　김윤식의 개정요구에 접한 곤도 공사는 즉각적인 대답을 피하면서 우선 자국 정부에 품신할 것이니 조선측의 안을 먼저 제시해 줄 것을 요구했다. 김윤식은 우선 제주도는 입어를 허락한 4도에 속하지 않을 뿐만 아니라 일본의 제주 바다 침투는 제주도민의 생계를 위협하여 도민의 저항이 심각하니 제주도를 입어구역에서 제외시켜 줄 것을 주장했다. 그러나 그의 주장은 일본 정부에 씨도 먹히지 않았다. 오히려 일본은 제주도를 칭할 때 '전라도의 제주도'라 못박고 이후 그렇게 부르면서 강경한 입장을 보였다.
　김윤식은 다시 다음과 같은 제안을 하였다.

> 　장정 제41관에서 조선의 전라, 경상, 강원, 함경 4도 해빈에서 일본의 어채를 허락하는 대상(代償)으로 일본의 히젠, 지쿠젠, 이와미, 나가도, 이즈모, 쓰시마 해빈에서 조선에게 어채를 허락한 바 있는데, 이 지역은 조선인에게는 쓸모가 전혀 없는 허울 좋은 하눌타리에 불과하다. 이에 조선은 일본의 어채 허용지역에서의 어업을 포기할 것이다. 그에 상응하여 일본도 조선의 4도 해빈에서 어채를 금하는 것이 마땅할 것이다. 그러나 이 제안에 일본이 쉽게 응하지 않을 것임을 안다. 그렇다면 제주도, 울릉도에시만이라도 어업을 영원히 금시시켜 주기를 바란다.5)

　그러나 일본 정부는 조선 측의 제안에 대하여 답변을 미루더니 1886년 11월에 다카히라[高平] 임시서리공사를 통하여 대안을 제시했다. 제주도에서의 어채를 포기할 테니 대신에

---

5) 현계순, 앞의 논문.

조선의 광산 두, 세 군데에 채굴권을 달라는 것이다. 일본의 이 제안이 장안에 알려지자 여론이 들끓었다. 젊은 선비들을 중심으로 반일감정이 팽배해졌다. 조선 정부는 일본의 이 제안을 당연히 거부했다. 조선은 제주도가 4해에 속하지 않는다는 주장만 되뇌고 있어 협상은 제자리걸음으로 답보상태였다. 일본 정부는 김옥균과 합의한 금어기간이 끝났으니 해금(解禁, 금지를 풀어줌)할 것을 요구했으나 김윤식은 후루야의 조업 허용시기인 1887년 9월 이전에는 해금할 수 없다고 맞섰다.

김윤식은 문득 『만국공법』을 떠올렸다. 이는 미국의 국제법학자 헨리 휘튼(Henry Wheaton, 1785-1848)이 쓴 책인데 19세기 중반 중국과 일본에서 번역본이 출판되었고 중국어본이 조선에 알려진 지는 오래지 않았다. 지석영 등 개혁적인 신진학자들이 이 책을 관심 있게 들여다보고 있었다. 휘튼은 이 책에서 영해(領海)의 개념을 도출하여 영해는 바로 그 바다에 접한 국가의 영토라고 주장했고 영해 밖의 바다는 공해(公海)로 정하여 공해에서는 항해, 통상, 어업을 자유롭게 행할 것을 제창했다. 휘튼은 해안에서 쏜 포탄이 떨어지는 지점까지를 영해로 하자고 제안했고 영해의 개념을 다음과 같이 정의하였다.

> 각국이 관리하는 해수면, 해구, 만, 바다를 감싸고 있는 암초들, 이밖에 연해의 각처, 해안에서 3리 떨어진 곳은 상례에 의해, 각국의 관할에 속한다. 각 국가의 인민은 영해 안에서 고기를 잡을 수 있는 배타적인 전권(專權)을 가지고 있으며 타국의 국민은 간섭하지 못한다.6)

구미열강은 아시아 후진국에 대하여 영해를 3해리(5.556km) 이내로 못 박으려 했다. 그 후 <국제해양법>에서 그 거리를 12해리로 확정했다.

김윤식은 <통상장정> 제41관은 <만국공법>과 배치되는 규정인 바 이 장정을 즉시 개정하여 제41관을 삭제할 것을 일본 측에 제안했다. <만국공법>을 원용하면 영해가 3해리이건 10해리이건 일본이 조선해에서 어업행위를 할 수는 없는 것이다. 일본이 조선의 무지를 이용해 이 조항을 슬쩍 집어넣은 제41관은 일본이 서구열강과 공유하고 있는 국제관례에도 어긋난다는 것이다. 조선은 관습적으로 해변에서 바라보는 수평선까지, 또는 시인거리(視認距離, 눈에 보이는 거리)까지를 조선의 바다로 여겨 왔다. 김윤식의 제안을 접한 일본 외무성은 당황해 어쩔 줄을 몰랐다. 일본이 조선 관리의 무지를 이용해서 조선영토를 둘러싼 바다 즉 영해에서 아무런 대가 없이 고기를 잡을 수 있도록 한 조약은 국제적 웃음거리가 되기 때문이다.

1887년 6월 김윤식이 갑자기 체포되었다. 그 이유는 부산 첨사 김완수라는 사람이 일본인에게 사채를 빌리고 기간 안에 갚지 못하는 사건이 있었는데, 김윤식이 여기에 보증을 섰다는 것이다. 또 김윤식을 모함하는 자들은 케케묵은 사건을 들추어냈다. 갑신정변 당시 일본으로 망명한 박영효의 늙은 부친을 잡아다 사형시키고자 할 때 김윤식이 말린 일이 있었다. 그 일에 대해서는 임금이 김윤식을 이미 용서해 주었었다. 이 중차대한 시기에 김윤식이 빚보증을 섰다는 이유

---

6) 헨리 휘튼 지음(1864), 윌리암 마틴 漢譯, 김현주 옮김, 『만국공법』, 인간사랑, 2021

로 정책결정에서 제외된 점에 대하여서는 아리송한 면이 있으나 정확한 내용은 알 수 없다. 김윤식은 면천(沔川)으로 유배를 떠나는 신세가 되었고 거기서 1894년까지 7년간 유배생활을 했다.

1887년 8월 김윤식의 후임으로 통리아문 독판에 오른 조병식(趙秉式)은 조선 정부가 끈질기게 매달린 <통상장정>의 개정이라는 큰 과제를 안고 있었다. 즉 1883년 7월 25일(음 6월 22일) 조인된 통상장정의 시행기간 5년이, 시행일로 기산하여 1888년 11월 만료됨에 따라 통상장정을 폐기하거나 연장하는 문제가 현안으로 걸려있기 때문이다.

조병식은 장정개정에 즈음하여, 어채를 허락한 4도 해빈에서 제주도를 따로 떼어놓을 것을 일본 측에 강력히 요구했다. 아래 내용은 조선 측 입장을 일본의 곤도 공사가 자기네 정부에 보고한 내용이다.

> 첫째, 제주도의 전복채취는 종래 왕실 공물의 주요품목으로 일본인이 잡아간다면 도민의 채복을 방해하여 마침내 정부에의 헌물(獻物)을 못하게 될 것이고
> 둘째, 제주 해안의 인민은 고기잡이로 생계를 유지하고 있고, 더욱이 전복채취는 여인들의 전업(專業)에 속하고 있는 바 일본인들의 어채에 의하여 여인들의 일이 방해를 받아 거의 생업을 잃게 되고
> 셋째 제주인의 전복잡이는 몸을 해저에 잠입시켜 채취함에 불과하나 일본인은 기계로 일시에 수백천의 채복이 가능하므로 전복이 수년을 못 가서 씨가 마르므로 도민이 재원을 잃게 될 것이다.7)

일본의 외무차관 오카베[岡部長職]도 다음과 같이 우려를 나타냈다.

> 지금 우리 어민에게 제주도에서 어업을 장려하면 조선 정부에서 우리의 처사에 공분(公憤)하여 암암리에 제주도민을 선동하여 우리 어민에게 항거시켜 마침내 생각지 못한 폐해를 낳게 하지 않는다고 할 수 없으며 따라서 수년 내의 심모원려도 수포로 돌아갈 것이다.8)

오카베의 언급에서 심모원려(深謀遠慮)는 무엇을 의미하는가? 이는 일본이 조선의 식민화를 위하여 서서히 좀먹어 들어가겠다는 뜻으로 조선사람들만 몰랐지 이는 일본 정계의 장기전략이었던 것 같다,

조선 측의 제안에 대하여 일본 공사는 그동안 조선 정부가 제주도를 일본의 어채 허용 구역으로 보았기 때문에 수차례에 걸쳐 어채 기간을 연장하자고 교섭을 했던 것이 아니냐고 반박하면서 장정개정은 자기 권한이 아니라며 본국 정부로 밀어버렸다.

이에 일본 외무부는 즉각 협상에 응하겠다며 그 조건으로 다음과 같은 대상안(교환조건)을 제시했다. 인천에서 대동강구 철도(鐵島)9)라는 섬까지 일본 수송선의 항해를 허락해 달라는

---

7) 현계순, 앞의 논문.
8) 현계순, 앞의 논문.
9) 황해북도 황주군 철도리에 있는 섬. 대동강과 재령강이 합류하는 지점에 위치해 있는데, 현재 거의 육지와 연결되었다. 1135년에 서경(평양)에서 반란을 일으킨 묘청은 새로 나라를 세우고 이름을 '대위국(대업을 이룩하는 나라)'이라고 하였다 한다.[출처: 조선향토대백과]

것이다. 즉 대동강을 개항하라는 것이다. 청나라가 이 제안을
듣고 펄쩍 뛰었다. 대동강은 청나라에만 개항한 항구였다. 조
선의 입장에서도 결코 받아들일 수 없는 제안이었다. 황해도,
평안도에서 생산되는 곡물이 일본으로 손쉽게 빠져나갈 개연
성을 갖고 있었기 때문이다. 조선 정부는 이 교환조건을 거
부했다.

9. 통상장정 세칙의 체결과 문제점

해결의 실마리가 좀처럼 보이지 않을 무렵 독판이 경질되었다. 1889년 7월 민종묵(閔種默)이 외무독판에 취임하면서 상황이 급전직하(急轉直下) 걷잡을 수 없는 상태로 바뀌어 갔다. 일본 외무성은 조선 정부를 설득시킬 묘안을 생각해냈고 조선의 협상실무자인 묄렌도르프가 여기에 동조했다. 일본이 조선의 4도 해빈1)에서 자유롭게 고기를 잡아가되 3해리 이내에 한해서 어세를 납부하되 다만 제주 바다에 한하여 그 시행시기를 1년 늦춰주겠다는 것이다.

통상장정 체결 이후 통리아문은 제주도의 비참한 사정을 감안하여 다른 바다는 제쳐두고 제주 바다에만 천착해 왔는데 일본은 엉뚱하게도 장정에 규정된 4해에 공통적으로 적용하여 납세문제를 결정하자는 것이다. 일본이 자진해서 세금을 내겠다니 언뜻 보면 조선 정부에서는 혹할 만한 제안이기도 하다. 일본의 입장에서 어세를 납부하면서 고기를 잡을 수 있는 바다는 3,000km나 되는 4도 연해를 망라하는 것인데 이 계략만 이루어진다면 제주 바다에서의 어채를 1년 늦추는 것이 뭐가 문제인가?

한편 조선의 경우 임금을 비롯하여 조정대신들은 일본으로

---

1) 해빈[beach, 海濱] : 해파(sea wave)와 연안류(longshore current)가 해안선을 따라 모래나 자갈을 쌓아 올려서 만들어 놓은 퇴적 지대. 해안의 전빈과 후빈을 합하여 해빈이라고 한다.[출처: 국방과학기술용어사전]

부터 세금을 거둬들인다니 좋고, 귀찮고 성가신 제주 사람들
도 당분간 잠재울 수 있으니 일거양득이라고 생각한 것 같
다. 그들은 일본이 조선에 유리하게 할 이유가 없음을 감지
하지 못했다.

한우근[2]에 의하면 일본 측의 제안에 대하여 통리아문의
일각에서는 3해리 안에서는 일본인의 어채를 전면금지하고 3
해리 바깥의 어느 지점까지 어채를 허용하되 거기에 세금을
부과하자는 안을 제시했다는 것이다. 조선이 울며 겨자 먹기
로 만국공법을 원용하더라도 3해리 이내의 바다는 조선의 것
이기 때문에 일본 어부가 얼씬도 하지 말라는 것이다. 그러
나 이 안은 협상 과정에서 무시되었다.

드디어 1889년 11월 12일 〈조일통어장정〉이 조선의 전권
대신 민종묵과 일본 공사 곤도 마스키와의 사이에 전광석화
처럼 조인되었다. 이는 통상장정의 시행세칙이라 할 수 있다.
이 장정의 체결은 12개 조항으로 되어 있어 간단하고 문제
될 것이 없는 것 같지만 내용을 자세히 들여다보면 거기에
함정이 있고 속임수가 있다.

제주도로 볼 때는 도민들의 피해는 물론 제주 바다를 황폐
화시키는 원인이 되었고 나아가서는 제주도민의 전도적(全道
的)인 저항을 불러일으키는 단초가 되었다. 조선반도 대부분
의 바다를 내줬으니(나중에 서해 북쪽까지도) 이는 일본이 조선
식민화에 박차를 가하는 원인을 제공했다. 이 계약은 마치
혹 떼려다 혹 붙인 격으로 이 계약으로 인해 조선은 알게 모

---

2) 한우근, 「개항후 일본어민의 침투(1860-1894)」『동양학』1, 1967

르게 일본에게 조선 식민화로 가는 길을 열어주고 그들이 우리 바다에서 제멋대로 설쳐도 속수무책의 결과를 초래했다. 장수호[3]는 이 〈통어장정〉은 '일본이 자국의 입어자를 조선 침략의 전위로서 보다 적극적으로 진출시키고 효율적으로 관리하는 데 목적이 있다'고 지적했다.

조약문 전문을 아래에 싣고 이를 나름 분석하고자 한다.

〈조일통어장정(朝日通漁章程)〉

조선과 일본 정부는 조선 개국 492년 6월 22일, 일본 메이지 16년(1883년) 7월 25일 양국 전권대신들이 협의 결정한 통상 제41관에 근거하여 양국 해빈을 왕래하면서 고기잡이를 하려는 자들을 위하여 어업세를 정하고 처리 장정을 세운다.
조선 정부가 위임한 독판교섭통상사무 민종묵과 일본 정부가 위임한 대리공사 곤도 마스키[近藤眞鋤]는 각각 위명을 받들고 회의하여 체결하였다.

제1조, 양국이 의정(議定)한 지방의 해빈(海濱) 3리(里) 【일본국 해리 산법(海里算法)에 의거힌다. 이히 이에 준한다.】 이내에서 어업을 경영하려는 양국의 어선은 배의 간수(間數)와 소유주의 주소, 성명 및 탑승 인원을 상세히 기재하고 선주 혹 대리인이 신고서를 만들어 일본 어선은 그 영사관을 경유하여 개항장의 지방청에 제출하고, 조선 어선은 의정한 지방군(地方郡) 구역소(區域所)에 제출하고 그 배의 검사를 거쳐 허가증을 받아야 한다. 다

---

3) 장수호, 『조선시대 말 일본의 어업 침탈사』, 수산경제원BOOKS, 2011

만 그 허가증은 고기를 잡을 때에는 반드시 휴대해야 한다.

제2조, 어업 허가증을 수령한 자는 다음의 계산법에 따라 어업 세를 납부해야 한다. 이 허가증은 영수한 날로부터 만 1년간을 유효기간으로 한다. 【탑승인 10명 이상은 일본 은화 10원(圓), 5 명 이상 9명 이하는 5원, 4명 이하는 3원으로 한다.】

제3조, 어업 허가증을 수령한 어선은 그 포획한 해산물[魚介]을 그 나라 해변 지방에서 판매할 수 있으나 그 나라 정부에서 위 생의 견지에서 혹 기타 사고로 인하여 전반적으로 판매를 금지 한 해산물은 판매할 수 없다.

제4조, 양국 어선은 어업 허가증을 수령한 배라 하더라도 특별 허가를 받지 않고서는 양국의 해변 3리 이내에서 고래를 잡을 수 없다.

제5조, 어선은 그 나라 해변 3리 이내에서 그 지방의 금제(禁制) 를 위반하여 해산물 번식 방법을 방해하지 못한다. 아울러 각 지방이 정당하게 제한하는 어개류에 대하여 포획을 금제하는 시 기에는 어민들은 단연 어개를 포획하지 못한다.

제6조, 양국 지방 관서의 관리들이 이 장정에 따라 집행하는 과 정에 필요하다고 인정되는 경우에는 검사를 할 수 있으며, 해당 지방 해변 3리 이내에서 어선이 위법한 경우에는 이를 억류할 수 있다. 다만 조선 지방관이 일본 배를 억류할 때에는 그 이유 를 가까운 일본 영사관에 신속히 통지해서 이 장정에 근거하여 처리할 것을 요구해야 한다.

제7조, 어업 허가증을 수령하지 않고 해변 3리 이내에서 어개를 포획했거나 혹은 포획하려고 한 어선에 대해서는 5원 이상 15 원 이하의 벌금에 처하고 포획물은 몰수한다.

제8조, 제1조에 규정한 허가증을 휴대하지 않았거나 제4조를 범

한 자 및 제6조에 규정된 지방 관리의 조사를 거절한 자에 대해서는 1원 이상 2원 이하의 벌금에 처한다. 다만 제4조를 범한 자에 대해서는 그 포획한 고래를 특별히 몰수하며, 제1조의 승선 인원수를 거짓 보고하고 세금을 적게 문 자에 대해서는 적게 낸 금액의 2배에 해당하는 벌금에 처한다. 제3조의 금지된 어개를 판매하거나, 제5조의 어개 및 해산물 번식 방법을 방해하거나 혹은 금지된 어개를 포획한 자에 대해서는, 조선 해변인 경우에는 1원 이상 2원 이하의 벌금에 처하고 포획물을 몰수한다.

제9조, 어업 허가증을 타인에게 빌려주어 해변 3리 이내에서 해산물을 잡은 경우에는 빌려준 자나 빌려쓴 자를 막론하고 당해 허가증의 세액의 2배의 벌금에 처하며 포획물을 몰수한다.

제10조, 양국이 의정한 지방 이외의 해변 3리 이내에서 해산물을 포획한 자에 대해서는 그 어선, 어구 및 포획물은 몰수한다.

제11조, 이 장정에 근거하여 일본국 해변에서 처리해야 할 문제에 대해서는 일본 지방 재판소의 판결에 귀속시키고 조선국 해변인 경우에는 그 지방관을 경유하여 가까운 일본 영사관에 통지하고 그 판결에 귀속시킨다.

제12조, 이 장정을 시행한 뒤 증감할 일이 있을 경우에는 쌍방 협의하여 개정할 수 있다. 어업세에 대해서는 이 장정이 소인된 날로부터 2년을 기한으로 시행한 뒤 어업의 이익의 유무를 보아 다시 의논하여 개정할 수 있다.

이에 피차 기명날인하여 신용을 밝힌다.

조선국 개국 498년(1889년)
독판교섭통상사무 민종묵

일본국 명치 22년(1889년) 11월 12일
일본국 대리공사 곤도 마스키[近藤眞鋤]

문제점을 살펴보면,

첫째, 이 장정은 1883년의 〈통상장정〉을 모범으로 하여 제41관을 보완하고 해석하는 시행세칙의 성격을 갖는바 그간 수년에 걸쳐 조선의 협상 당국자들(김병시, 김홍집, 김옥균, 김윤식, 조병식 등)이 줄기차게 물고 늘어졌던, 제주도를 약관 지외로 하려는 시도는 물거품이 되어 재론의 여지를 봉쇄했다.

둘째, 통어(通漁)라는 낱말을 일본인들은, 일본이 조선의 바다로 출어 즉 고기잡이를 나간다는 의미로 쓰고 있는바 이는 다분히 제국주의적, 식민적 의도를 내포하는 개념이다. 다시 말해서 이 말은 일본 제국주의의 조선어장 침투를 의미하는 것이다.

요시다 케이이치[吉田敬市]는 『조선수산개발사』에서 '통어의 의미는 일본 어민이 1860년대 후반 이후 약 반세기에 걸쳐 조선 연안에 계절적으로 출어하였던 어업'이라고 했고, 심지어 1899년 후쿠오카에서 열린 조선 관계 어업회의에서 수산국장 마키 나오마사[牧朴眞]는 조선과 맺어진 어업조약에서 '통어는 조선해를 일본해로 간주하는 것으로 조선해와 일본해가 하나가 되는 것을 의미한다'고 하면서 일본은 조선어장을 일본 영토라고 간주하는바 일본 어민들이 마음껏 사용할 수 있도록 국가가 지원하겠다고 말했다. 이는 조선어장을 일본 영토라고 보는 오만한 발상인 것이다. 당시 조선 정부의 관리들이나 그 후 이 분야를 연구하는 우리나라 학자들이 별

생각 없이 통어라는 개념을 쓰고 있는데 이는 지양해야 할 것이다.

셋째, 이 장정은 조선의 영토(영해)를 3해리 내로 축소하는 의미를 함의(含意)하고 있다. 『만국공법』에서 휘튼이 주장한 3해리 영해안(案)은 서구열강끼리는 채용하지 않고 그들이 아시아의 저개발국가에 대하여 패권주의를 시행해 나가는 과정에 써먹은 수법이지만 나중에 중국 및 일본이 이의 문제점을 깨닫고 <만국공법>을 거부해 왔는데, 일본은 조선의 무지를 이용해 아직도 <만국공법>을 흔들어대며 조선의 영토를 해안 3해리 내로 묶어두려는 것이다.

넷째, 제2조는 일본 어업자가 조선의 바다에서 어채를 하기 위해서는 어업세를 납부할 것을 규정하면서 어선의 승선 인원을 기준으로 10명 이상은 은화 10엔, 5명 이상은 은화 5엔, 4명 이하는 은화 3엔으로 정하였고 그 허가 기간을 1년으로 하였다. 일본 정부가 협상의 달인이라는 묄렌도르프와 짜낸 계략은 어업세를 내고 고기를 잡아가겠다는 것이다. 세원(稅源)인 잡은 물고기의 종류나 수량을 납세의 기준으로 정하지 않고 저 큰 바다에서 고기를 잡아 올리기도 전에 어선의 크기에 따라 세금을 낸다는 것은 얼마든지 조선 정부를 속일 수 있는 것이다.

더구나 허가증의 경우, 일본 영사관을 경유하여 개항장의 지방청(해관)에 신청하여 교부받아야 하고 그 허가증은 고기를 잡을 때에는 반드시 휴대하도록 규정했는데, 실상은 대부분의 일본 어선이 허가증을 발급받지 않고 조선해로 몰려들었다. 규슈 등지에서 남해나 제주 바다로 출어하면서 번거롭게 부산항까지 들러 면허증을 받는 어부들은 거의 없었고 단지 일부 선단의 경우 그런 절차를 받긴 하였다. 허가증이 없다고 해도 이를 조사할 조선의 인력은 부족했고, 있다 해도 총검을 소지한 그들을 통제할 수도 없었다.

『황성신문』에 의하면 어세를 납부하는 어선은 거의 없었다고 한다. 이 조항으로 인하여 조선의 바다는 누구에게나 열려 있어 수지만 맞으면 어중이떠중이 배를 몰고 달려왔고 일본 정부, 상인, 물주들이 조업자금을 대주었다. 이 계약 특히 이 조항은 조선해에서 일본인 어업자 증가의 기폭제가 되었다.

다섯째, 제3조에서 일본 어선은 포획한 해산물[魚介]을 그 나라 해안 지방에서 판매할 수 있도록 함으로써 일본 어부들은 자기네들이 선호하지 않지만 조선인들이 선호하는 생선[4] 을 좋은 장비와 기술을 이용해 어획하여 조선 현지에서 판매할 수 있는 길을 열어놓았다.

여섯째, 조선국 해변에서 범법을 행한 자에 대하여는 그 지방관을 경유하여 가까운 일본 영사관에 통지하고 그 판결에 귀속시키기로 규정함으로써 조선 정부나 지방관들은 범법자를 취체하거나 구속시킬 권한을 상실하고 일본 영사관에 넘겨 재판을 받게 했다. 이 조항은 일본인에게 거듭 치외법권을 인정하여 주권국가로서의 권한행사를 제한한 것이다.

또한 이어서 체결된 <조선국해안어채범죄조규>에 의하면 조선 관리는 범죄자를 억류할 수 없는바 죄증을 기재하여 조속히 일본 영사관에 호송할 것, 범죄자의 호송은 범죄자의 배로, 만약 육로인 경우에는 조선 관리가 일본 어민의 재산

---

4) 즉 멸치, 고등어, 조기, 명태, 지느러미를 절제한 상어고기 등.

을 보호할 것을 의무화했다. 범죄자 연행은 죄를 저지른 범
죄자만 연행하고 동행자는 계속해서 어업할 수 있도록 하였
다. 이렇듯 일본은 자국 어민에 대한 영사재판권을 가지고
있어서 조선 정부는 일본 어민을 취체할 수 없게 되었다. 이
조항으로 인하여 일본 어부들의 제주 침탈에 따라 야기되는
여러 문제는 원천적으로 봉쇄되고 일본 어민의 불법행위와
영업의 보호가 가능하였다.

생각건대 이 장정은 일본이 조선을 식민화하여 민족의 얼
과 백성들의 자존감을 파괴하는 과정의 시작이었다. 강만생
은, '통어장정은 실제로 조선어장을 일본에게 양여한 것으로
일본의 자본축적에 지대한 공헌을 하였으며 제주 통어 문제
를 자동적으로 해결시켜준 것'이라고 지적했다.

일본 규슈의 지방정부 및 어업 관련 기관들은 이 무역규칙
(통어장정) 체결을 전후하여 선박의 제조, 필요자금의 조달,
어부의 충원과 훈련 등을 실시하였다. 1890년 1월 <통어장
정>이 발효되자마자 일본 배들이 조선해에 새까맣게 몰려왔
다. 일본의 징제이닛뽀[鎭西日報]는 다음과 같이 쓰고 있다.

우리 정부가 조선국과 무역규칙을 체결한 이래 우리 어민 중
이 바닷가에서 출어하는 사람이 늘어나 지금에 이르러서는 야마
구치[山口], 나가사키[長崎], 사가[佐賀], 에히메[愛媛], 히로시마[廣島],
구마무토[熊本] 등의 여러 현에서 출어하는 배가 500-600척에 달
하며 앞으로 더 증가할 것이다.(鎭西 1890.1.17.)

당시 일본 입어선의 출신지는 히로시마, 야마구치, 나가사

키, 오이타, 카가와, 오카야마, 쿠마모토, 에히메, 가고시마, 효고, 후쿠오카, 도쿠시마, 사가, 미야사키, 치바 등 16개 현에 달했는데 이 가운데 주목되는 것은 혼슈의 태평양 연안에 위치한 치바현에서까지 조선해 출어에 나선 것이다. 세키자와 아케키오[關澤明清]에 의하면 이는 조선해 어업이, 일본에서 가장 이익이 많다는 지바현의 다랑어 낚기 어업보다 조업 일수가 짧고 어획물이 막대하여 노동과 자본에 대비, 이익이 크기 때문이라는 것이다.

또 그는 부산 영사관이 교부한 어업면허증은 1890년에 718척, 1891년에 611척, 1892년에 683척 합계 2,012척이라고 발표했는데, 그 후 어업허가수는 계속 늘어 일본 외무성 자료에 의하면 1893년에 751척 3,089명에게 면허증이 발급되었고 1900년에는 1,652척 8,107명, 1905년에는 2,449척 10,853명으로 증가되었다.

부산 영사관의 기록에 의하면 1890년에 100여만 엔, 1900년에 약 600만 엔의 어획고를 올렸다고 한다. 그러나 허가증을 발부받지 않고 밀어를 자행하는 배들이 허가받은 배의 두 배 이상이 되었던 것이 현실이다. 대일본수산회 다케나가 쿠니카[竹中邦香]는 말하기를 통계상의 면허선 수는 상상한 것보다 훨씬 적고 그 외 무면허 출어자가 거의 배수가 될 것이라고 했다.

1897년 부산 총영사 이슈인[伊集院彦吉]이 외무성에 올린 보고서에 의하면 '통어자 중 2/3은 어업감찰을 받지 않은 자'라고 했다. 구죠 슈스케[葛生修亮]는 조선의 연안의 지리 및 어업 사정을 조사하여 편찬한 문헌인 그의 저서5)에서 1899년 밀어업을 한 배는 3,000여 척에 이른다고 밝힌 바 있다.

특히 어획물이 가장 많은 제주 바다에는 금어조치가 내려져 있는 기간에도 수백 수천 척의 배와 어부들이 몰려들었다. <통어장정>을 체결하면서 이면계약으로 조선과 일본은 향후 1년간(1890.11.12-1891.11.30) 제주 바다에 한하여 금어(禁漁, 즉 일본인의 어채금지)를 약속했으나 그것은 제주도의 실정을 모르는 자들이 저지른 헛노름에 불과했다. 제주도의 실상은 그렇지 않았다. 일본 어민들은 이러한 약정은 아랑곳없이 마구 밀고 들어와 제주도민들과 분쟁을 일으키곤 하였다. 이와 관련하여 일본인이 남긴 근거자료가 있다.

> 제주도는 어획물이 가장 많은 곳이어서 조선정부는 경계를 그어서 일본인의 어업을 허가해 5백여 척의 배가 면허를 갖고 있으나 실제 일본 어선은 1,500척이 넘는다. 그들은 한편으로는 어업을 하고 다른 한편으로는 싸움과 쟁투의 준비를 하여 배에는 항상 소총과 일본칼을 갖추고 있다. 그들이 경계를 넘어서 어업을 하기에 이 섬의 조선인들은 일본인의 불법을 비난하니 곧 서로 쟁투(爭鬪)가 된다. 대체로 쟁투가 없는 날이 없다고 조선 공사관원은 말한다고 한다.(鎭西 1891.9.29)

제주도 연안에는 전복을 잡거나 해조류 채취를 하는 일본 해녀, 가까운 바다에는 전복과 해삼을 채취하는 잠수기 어선, 그 외해(外海, 밖의 바다)에는 도미를 잡는 주낚어선, 고등어를 후리는 그물어선, 상어 주낚어업 그리고 포경선까지 몰려들어 북새통이었다. 일본 어선들의 무리는 낮에는 저 멀리 수

---

5) 『한해통어지침(韓海通漁指針)』, 1903

평선 밖으로부터 몰려오는 먹구름 같았고 밤에는 총총한 뭇
별처럼 바다를 온통 붉게 물들인다. 제주도 어민들은 이제
설 자리도 없고 갈 곳도 없다. 제주 사람들의 가슴에 분노가
밀물처럼 치밀어 오르고 있었다.

　〈통어장정〉 체결 후 조선 정부는 1889년 말 및 1890년
초에 각각 부호군[6] 이정근, 행호군 조준두를 해양감독관으로
보내 일본어업을 감시하고자 하였으나 해안에 머물면서 바다
경치만 바라보다 돌아갔다. 이 넓은 바다에서 대체 그들이
무엇을 할 수 있단 말인가?

---

6) 조선시대 5위(五衛)의 종4품의 관직

10. 양종신 살해사건

전술한 바와 같이 조선정부는 1886년 12월 8일 일본인 후루야와 맺은 협약에서 "1887년 3월부로 기산하여 6개월간 후루야의 어선 14척이 제주 연해에서 마음대로 어채하되 근처의 부녀 어업처는 회피한다."라고 명시하였다. 그러므로 후루야 외에는 일본의 어떤 자도 제주도 바다에서 어업행위를 해서는 안 되는 것이었다. 그러나 제주도의 상황은 달랐다. 일본 어선들이 어떤 제재도 없이 어채를 계속하고 있어 제주 도민들의 불만이 팽배해 있었다.

결국 제주도민들이 염려하던 불상사가 터지고 말았다. 요시무라 요사부로[吉村與三郎]가 운영하는 수십 척의 선단은 1883년 통상장정 체결 전부터 가파도를 근거지로 잠수기선을 이용해 주로 전복을 채취해 왔는데 가파도 주민들에 의하여 추방당한 일이 있었다. 그의 선단은 한때 형제섬으로 근거지를 옮겼다가 비양도로 근거지를 옮겨 전복을 채취해 왔다. 비양도는 제주도 서쪽 해안에서 3km 떨어진 작은 섬이지만 해안과 섬 사이 그리고 섬 주변에 전복을 비롯한 해산물이 물 반 고기 반이다. 비양도 서쪽 먼 바다에는 도미, 상어 등의 어류와 돌고래, 고래들이 바쁘게 출몰한다. 그래서 비양도에는 다양한 종류의 배들이 몰려와 불법어로를 하고 있었다.

요시무라는 제주 서쪽 바다에서 어업을 하는 모든 배들의
대장 노릇을 했다. 다른 무리들은 그의 눈치를 보며 어장을
확보할 수 있었다. 요시무라의 어부들은 비양도를 아예 점거
하여 거기에 어막, 숙소, 생선 건조장까지 짓고 있었다. 그들
은 목사를 비롯한 관리들에게 잡은 고기의 일정량을 뇌물로
바치면서 배령리, 협재리, 한림리의 바닷가에 어막을 설치하
고 식수도 마음대로 길을 수 있었다. 식수를 긷기 위해서는
제주 당국이 발행한 증서를 소지해야 하는데 다른 무리들의
경우 요시무라 선단에서 빌려야 했다. 관리들이 뇌물을 받아
먹으면서 그들을 감싸고 있었기 때문에 말릴 사람도 없어 제
주의 서해안은 무법천지가 되어 버렸다. 그들은 건너편의 제
주목 구우면(지금의 한림읍 일원) 해안까지 건너와 활개를 치고
다녔고, 여인네들을 희롱하고 닭과 돼지를 잡아가는 등 행패
를 일삼고 있었다.

1890년 7월 3일이었다. 협재리 남쪽 배령포(盃寧浦)에 한
떼의 일본인들이 기웃거렸다. 배령포는 배령리의 움푹 들어
간 포구다. 배령리는 19세기 중반에 협재리에서 분리되었고
1905년에는 금능리로 개칭되었다. 배령리 사람들은 농사와
물질로 생계를 유지해 왔는데 아낙네들은 포구 근처의 우물
에서 모여 물도 긷고 빨래도 하곤 했다.

우물가에서 물을 긷던 아낙들의 비명소리가 근처에 있던
동네 청년들에게 들려왔다. 서너 명의 일본인들이 여인들에
게 겁간하려고 희롱하고 있었다. 청년들이 달려가 말리자 일
본인들은 무기도 가지고 있지 않은 청년들에게 달려들었다.

그때 근처에 있던 양종신(梁宗信)이 달려왔다. 그는 배령리
마을의 지방관인 유사(有司, 마을의 우두머리, 지금의 이장)로 현

직에 있는 사람이었다. 여인들과 청년들이 봉변당하는 장면을 목격한 양종신이 행패를 부리는 일본인들을 꾸짖어 돌려보내려고 하였다. 양종신은 어떤 무기도 소지하지 않았는데 일본인들이 일본도를 휘두르며 달려들었다. 한 놈은 예리한 칼로 양종신의 두 손목을 베고 또 한 놈은 칼을 들어 왼쪽 어깨를 내리쳤다. 칼날은 양종신의 어깨를 지나 갈비뼈를 자르고 반대편 옆구리 근처까지 다다라 거의 두 동강이 나기 직전이었다. 양종신은 단칼에 즉사했다. 살해범과 동조자들은 배를 타고 비양도 쪽으로 달아났다. 『승정원일기』에 의하면 다음 날 판관 강인호와 기찰장 양시용이 검시하였는데, 양종신은 양어깨가 모두 상했고 위와 창자가 파열되어 오장이 밖으로 나와 흩어져 있었다고 한다.

양종신의 아들 18세의 양민(梁珉)은 아버지의 원수를 갚겠다고 미친 듯이 통곡하며 해안에 설치한 일본인들의 어막을 때려 부수고 해안에 머물고 있는 일본인들을 보면 칼부림을 해댔다. 수십 명의 이웃 주민들이 남녀노소 가리지 않고 모여들었다. 그중에 의기에 찬 젊은 사람들이 떼 지어 배를 타고 비양도로 향했다. 그러나 일본 배들은 비양도 밖으로 도망쳐 있었기 때문에 충돌은 일어나지 않았다.

도민들의 소요가 심해지자 제주 목사 조균하(趙均夏)가 비양도 근처에 진 치고 있는 요시무라 선단으로 관군을 보내 조사에 착수했다. 관군과 동행했던 마을 사람들이 한 사람을 범인으로 지목했다. 범인으로 보이는 사람 외에 함께 있던 다른 사람들은 이미 도망쳐서 보이지 않았다. 관군들은 일본 배들을 멀리 쫓아내고 마을 사람들이 지목한 하시모토 공타로[橋本權太郎]라는 어부를 체포하여 감옥에 가뒀다. 하시모토는 요시무라가 고용한 어부였다.

하시모토는 자신은 옆에서 지켜봤을 뿐 범인이 아니라고 강변했다. 범인들은 나가사키현 히젠[肥前]의 어부 아라키사카 시로[荒木阪四郎]와 우라마츠 타로[浦松太郎]인데 요시무라 선단이 아닌 고래잡이배에서 일하는 어부들이고 그들은 급히 제주해역을 떠났다는 것이다.

제주 목사는 6일 만에 하시모토를 풀어주었다. 그러나 주민들은 하시모토가 범행하는 장면을 두 눈으로 똑똑히 보았다며 별로 취조도 하지 않고 혐의자를 쉽게 풀어준 목사의 이런 처사에 불만이었다. 실상 조균하 목사는 요시무라에게 뇌물을 받고 해안에서의 결막 등 여러 가지 편의를 봐주었고 당시는 일본인들의 어채가 금지된 기간이었음에도 요시무라 등의 어채를 묵인하고 있었기 때문이다.

주민의 반발이 심해지자 조균하 목사는 조정에 장계를 올렸다. 그 골자는 다음과 같다.

일본 어부들이 불법으로 육지에 상륙하여 떼 지어 몰려다니며 주민들과 종종 부딪혀 사태가 험악합니다. 그들은 구우면 배령리에서 발검(拔劍)하여 유사 양종신을 베어 죽이고 즉시 도망쳤습니다. 그뿐만 아니라 그들은 함부로 마을에 들어와 닥치는 대로 닭과 돼지를 잡아가고 부녀자들을 강간하는 등 그 횡포가 극에 달해 주민의 참상이 말로 다할 수 없습니다.[1]

이 장계를 접수한 의정부는 임금께 다음과 같이 보고했다.

---

1) 『승정원일기』, 고종 27년(1890)

제주 목사 조균하의 장계(狀啓)를 보니, 일본 배가 제주목 구우면 배령리 앞바다에 정박하고는 갑자기 뭍에 내려서 함부로 마을에 들어와 몰래 엿보고 있다가 간악한 짓을 저질렀습니다. 마을 백성들이 황급히 막아서자 일본인들이 성이 나서 장검을 빼들고 배령포 유사(有司) 양종신을 찔러 죽이고 즉시 달아났습니다. 요사이 섬의 백성들이 생업을 잃고 원통함을 호소하고 있다는 것은 여러 차례 본도 목사가 올린 계문으로 인해 이미 상세히 알고 있던 일이었습니다. 그런데 일본인들이 갑자기 뭍에 내려 마을로 난입하여서는 가축을 약탈하고 부녀를 겁탈까지 하였으니, 섬에 거주하는 백성들이 당장에 막고 저지한 것은 당연한 일이었습니다. 그런데 도리어 칼을 빼들고 마구 찔러 사람을 숨지게 하였으니 너무나 참혹하고 지독하여 차마 말로 하지 못하겠습니다. 속히 통리아문으로 하여금 일본 공사와 상의하여 처리하도록 하여 법조문을 살펴 사형에 처하도록 조치하여 주십시오.2)

또한 제주도 3읍민으로 합세하여 조정에 등장(等狀)을 올렸다.

일본 어민은 도민의 원수입니다. 본도 토착민들은 가난하여 전복과 미역을 채집하여 생활을 영위하고 있는데 이는 모두 여자의 일입니다. 그런데 갑신년(1884) 이후 후루야 등이 전복을 캐러 선박과 잠수기를 끌고 포구에 들어와서 부녀자들이 잡는 고기와 전복을 주머니 속 물건 같이 잡아 가니 매월 조정에 바쳐야 할 할당액을 어찌 상납할 것이며

---

2)『승정원일기』, 고종 27년(1890)

장차 어찌 생명을 보전하겠습니까?. 그런데 저 흉악한 일본
인들은 몰래 어채를 계속하여 전복 종자가 남아나지 않습
니다. 게다가 닭과 돼지도 강탈해 가니 이를 금지하려 하면
발검하여 살인까지 저지르는데 어찌 이리도 광포한 사람들
이 있단 말입니까? 만일 이를 용서하면 도민 모두 살아남
기 어려우니 우리 도민 모두가 수만 번 죽더라도 천리 길을
건너가서 성상께 하소연할 도리밖에 없습니다. 부디 백성
을 보살펴주옵소서.
  범인들을 압송하여 만인들이 모인 곳에서 목사가 처형하
여 백성들의 무궁한 아픔을 씻어주옵소서. 만일 지금 이 폐
단을 엄히 금지하지 못하면 수십만 생령이 차차 집을 잃고
바다를 건너 흩어질 지경에 이를 것이니 굽어 살펴주옵소
서.3)

  양종신 사건에 대한 보고에 접한 협판 민종묵은 일본 서리
공사 콘도[近藤]를 통리아문에 초치하여, 일본이 범인을 색출
해 사형에 처하고 유가족에게는 마땅히 배상을 하여야 한다
고 요구하는 동시에 작금은 〈통어장정〉 이면계약에 의거 일
본 어선의 어채를 금지한 시기임에도 일본 정부가 일본 어민
들의 어채를 방관한 사실에 항의를 하였다.
  그러나 콘도 서리공사는, "일본 어민이 닭과 돼지를 약탈
하였다면 지방관이 체포하여 일본 영사관에 송치하여 약조에
따라 처리할 일이라 일본 공사의 소관 사항은 아니다. 본관
은 이 사건을 알아보기 위해 예하 관리를 제주도에 파견해

---

3) 박찬식, 「개항 이후(1876-1910) 일본어업의 제주도 진출」, 『해녀 연구
   총서』 3, 2014

조사했는데4) 본건은 제주 어민이 배에서 내려 음료수를 찾은 것으로 지방관이 급수를 금지하여 일어난 사건인 바, 양국간의 조약으로 볼 때 도리어 지방관의 위약행위이며 정리(情理)에도 어긋나는 것”이라고 억지를 부렸다.

그러나 콘도 대리공사는 아오키[靑木] 외무대신에게 보낸 건의에서는 “우리 어민 중에는 종종 연안 각처에 상륙하여 야채나 닭, 돼지 등을 약탈하여 토민들과 분쟁을 일으키는 경우도 있습니다. 이는 무엇보다도 언어가 통하지 않아 일어난 일로 알고 있습니다만, 그 사단은 우리가 일으킨 것이 아닌가 하는 의심도 없지 않습니다.”라고 실토를 하고 있다. 그럼에도 일본측은 그런 내심은 철저하게 숨기고 조선인이 일본인에게 무고히 살해당했음에도 오히려 책임을 조선에 돌리고 있다.

콘도 서리공사는 조선 정부에 대한 회답에서 이 사건은 개인 간의 사적 분쟁에서 발생한 일이므로 어업협상이나 외교문제와는 연계될 수 없음을 강조하면서 영사관으로 이첩하여 제주도가 부산 해관을 통해 부산 영사관에 직접 제소하도록 조치했다. 한편 사건의 조회를 받은 부산 영사는 피해자 조서를 작성하여 혐의자의 주소지를 관할하는 니가사키 재판소에 수사를 의뢰했다. 이 사건의 결말이 어떻게 났는지는 조선 정부나 제주도의 피해당사자는 알 수가 없다. 아마도 이만송 사건처럼 무혐의 또는 정당방위로 처리된 것으로 보인다. 조선 정부가 항의한 흔적은 보이지 않는다.

양종신 사건의 결과가 오리무중이고 일본 어선은 날로 늘

---

4) 일본 공사관은 양종신 사건이 일어나자 다케우치 겡키치[竹內源吉]란 자를 제주도에 보내 은밀하게 자체조사를 실시했다.

어만 가고 일본 어부들은 밤낮없이 해안으로 기어 올라와 마을을 엿보고 주민들의 식량을 도둑질하는 상황을 참을 수 없어, 제주도민 100여 명이 또다시 상경하여 농성을 벌였다. 일본사람들이 영원히 제주도에 접근하지 말고 제주 바다에서 고기를 잡아서는 안 된다고 그들은 연일 호소했다.

한편 제주도에서는 양종신 살해 사건이 저항의 도화선이 되어 배령리에서 불붙기 시작하여 협재리로, 한림리로 더 나아가서 구우면 전체로 방애불처럼 번져나가고 있었다. 저항의 물결은 목사가 기거하며 사무를 보고 있는 제주성으로 향하고 있었다.

11. 저항의 물결

　제주도민의 생령은 죽어가고 제주 바다는 황폐해지고 물고기는 씨가 마르는데 중앙의 관료들은 일본의 계략에 질질 끌려다니며 시간을 낭비하고 있었다. 협판 민종묵은 제주도민의 상경 투쟁이 격해지고 도민들이 연일 상소하며 애소하자, 일본인의 어채금지를 1년 더 연장하자고 일본측에 제안했다.

　그러나 이는 한갓 미봉책이오 임시방편에 지나지 않았다. 일본 공사관은 우리의 항의나 협상 제안에 대하여 본국 정부의 답변을 기다리고 있다면서 시간을 잡아먹고 있었다. 그 사이에 일본 어선은 더 늘어나고 더 몰려오고 더 많은 어획고를 올리고 있었다. 일본의 수산업계는 어법이 개발되고 어선, 발동선, 운반선 등 더 많은 선박이 건조되고 일자리가 날로 늘어나고 있으며 생선의 소비가 늘어 먹거리가 풍성해지고 국민은 살찌고 경제가 급격하게 활성화되어 국부(國富)가 증강되고 있었다.

　제주도는 어떤가? 제주 목사를 비롯하여 지방관들은 일본 선단에게서 뇌물을 받아먹기도 하고 일본인과 협잡하여 아예 선단을 꾸려 제주 어민의 어채를 방해하거나 좀먹고 있었다. 예컨대 요시무라는 자신이 잡은 어획고의 15-18%를 목사와 아전들에게 뇌물로 주면서 어채 금지 기간에 관련 없이 물고기를 잡아 올렸고 해안가 주민들에게까지 다가가 선물 공세

를 펼치면서 해안에 상륙하여 신수미염(薪水米鹽, 땔감·식수·
식량·소금)을 얻어냈고 심지어는 가정집의 한 켠에 어막을
짓거나 건조장을 빌리곤 했다. 요시무라는 더욱이 전라도의
허도자(許濤子)라는 사람의 주선으로 조균하 목사와 비밀약정
을 맺어 제주 서해연안에 어막을 지을 수 있는 권리를 확보
하였다.

조균하 목사의 횡포와 사리사욕을 채우는 행태는 당시 제
주도 사람이라면 모르는 사람이 없었다. 백성들은 굶주리는
데 목사는 자신의 주머니를 채우는 데만 혈안이 되어, 일본
어민들이 제주 바다를 마구잡이로 휘저으며 고기를 잡아가는
현장을 뻔히 보면서 말리기는커녕 방조하고 있었다.

배령리(금능리), 나아가서 구우면(한림읍)에서 불붙기 시작한
주민들의 소요는 신우면(애월읍)으로 번져 요원의 불길처럼
타오르고 있었다. 우리 바다는 우리가 지키자. 이 나라의 중
앙정부이건 제주목 지방정부이건 믿을 것이 못 된다. 우리의
바다는 우리의 땅이요 우리의 생활 터전이요 우리의 자존심
이다.

주민들은 무기가 될 만한 물건은 몽둥이건 농기구건 들고
바닷가로 달려나갔다. 해녀들은 가까이 다가오는 일본 어선
에 돌을 던지며 저항했다. 해녀들의 돌팔매는 총칼만큼이나
무서웠다. 어려서부터 바다를 휘젓고 다니던 그녀들의 팔은
길고 단단해서 일본 어부들의 이마빡을 겨냥하고 던질 때는
그들의 폐부를 서늘하게 만들었다. 남정네들은 테우를 타고
그들을 쫓아 나섰지만 일본 배들은 빠른 속도로 요리조리 빠
져나가 허탕치고 어떤 배에서는 총칼을 휘두르며 위협하는

바람에 겁에 질려 돌아서기가 일쑤였다.

1890년 12월 어느 날, 수십 명의 일본인들이 멀리 정박해 있는 모선에서 쪽배를 타고 하귀리 해안으로 몰려왔다. 마을을 습격할 태세였다. 주민들은 남자 여자 할 것 없이 모여들어 돌을 던지며 맞섰다. 팽팽한 긴장이 일고 있었다. 그때 한 떼의 장정들이 파군봉(바굼지오름)에서 바람같이 쏟아져 내려오더니 그들을 죽창과 몽둥이로 치고받으며 물리쳤다. 제주성으로부터 관군도 달려왔지만 그들은 멀찍이 서서 수수방관하고 있었다.

그들 장정들을 이끌고 달려온 사람은 노령(55세)의 김지(金志, 1835-1896)라는 사람이었다. 김지는 하귀리 토박이로 철종 9년(1858) 23세의 약관의 나이로 진사시에 합격한 선비였으며 관가에 나아가지 않고 초야에 묻혀 학문을 닦는 사람이었다. 그는 학식이 높고 고매한 인품으로 인하여 주변의 존경을 받는 사람이었다.

그는 광산 김씨로 일명 김준현(金俊鉉)이라 불리기도 하며 자는 영보(英甫), 호는 동곡(桐谷)으로 문무를 겸비한 사람이었다. 그는 충열지사로 목사를 비롯한 관리들의 부정부패를 개탄해 왔고, 수시로 지방행정의 폐막(弊瘼, 고치기 어려운 폐난)을 지적하고 해결책을 촉구하는 절목을 작성하여 목사에게 올리곤 했다.

그는 더욱 심해지는 일본인들의 만행과 그들의 뇌물을 먹고 나라와 백성을 외면하는 관리들을 언젠가 응징하겠다는 각오를 다지고 있었다. 그는 암암리에 청년들을 모아 무술을 연마하고 있었는데 이날 분연히 일어난 것이다. 일본인과 탐관오리 조균하에 대한 저항의 물결이 신우면을 넘어 바야흐로 제주성으로 밀어닥치고 있었다.

김지가 이끄는 저항의 무리들은 관군을 쫓으며 제주성을 향해 전진했다. 수백 명의 군중이 고함을 지르며 뒤를 따랐다. 그들은 성문을 부수고 벌떼같이 제주목 관아로 달려들어가 서너 명의 관군을 베었다. 성난 민중은 조균하 목사를 무릎 꿇리고 아전들을 포박했다. 살이 뒤룩뒤룩 찌고 얼굴이 희멀건 아전을 끌어다가 그가 백성의 고혈을 빨아 살찐 본보기라며 매질을 가하기도 했다. 군중은 고급관리들의 집을 부수고 숨겨둔 돈과 패물들을 마당에 내동댕이쳤다.

김지는 목사를 이끌어 창고를 열게 하고 거기서 각종 보물과 돈과 미곡을 풀어 군중들에게 나눠주었다. 저항군들은 무기고를 열어 총과 창검을 탈취했다. 제주 바다에서 설치는 일본인들을 내쫓기 위해서였다. 저항군들은 목사를 연금하고 탈취한 무기로 무장하여 앞으로 닥쳐올 일본인들의 행동에 대비했다.

성난 민중은 조균하 목사와 아전들을 끌어내 참수하자는 주장이 팽배했지만, 제주 목사는 임금이 임명한 관료로 그를 죽이는 것은 반역에 해당한다며 김지는 강경파들의 말을 듣지 않고 목사를 그 자리에 그대로 앉혀 업무를 보게 했지만 목사는 이제 권위를 상실하여 영이 서지 않는 허깨비에 불과했다. 이 난리를 〈김지의 난,〉 〈김 진사의 난〉 또는 〈경인민란〉이라 칭한다.

〈김지의 난〉은 양종신 살해사건으로 인한 제주 사람들의 일본인에 대한 증오와 일본 정부의 아전인수적 판결, 이 사건처리에 있어서 조선 정부의 무능, 더 크게는 버려진 섬, 빼앗긴 바다에 대한 제주도민의 공분(公憤)에 더해 조균하 목사

의 친일적인 행동과 부패행위를 응징하는 저항이며 민족적
자주의식의 발로였다.

그러나 의인 김지에 대하여 부정적이고 냉소적인 말들이
인구에 회자되어 왔다. 말하자면 김지가 아전들에게 뇌물을
받아먹고 그들을 봐주는 바람에 민심이 이반되어 난리가 유
야무야로 끝나버렸다는 것이다. 즉 1953년 담수계가 개찬한
『증보탐라지』는 다음과 같이 썼다.[1]

> 1890년(고종 27) 12월에 목사 송구호, 조균하 등이 세율
> 을 일정하게 거두지 않고 멋대로 부과하므로 백성들의 원
> 성이 높아갔다. 김지가 이를 기화로 일반 민중을 격동시켜
> 불러 모으고 자신이 선봉이 되어 제주성을 함락하고 가옥
> 을 부수며 간리들을 축출하였다. 그러나 아전들에게 뇌물
> 을 받아먹으니 민심이 이반되어 며칠 가지 않아 끝나버렸
> 다.[2]

더욱이 김찬흡의 『제주인물대사전, 2016』에는 세간의 풍문
에 덧붙여져 다음과 같이 기록되어 있다.

> 김지는 1858년(철종 9)에 진사시에 합격, 절목을 마련하
> 여 당시의 관리들에게 경고하였다. 당시 삼정의 문란과 탐
> 관오리들이 득실거려 부패가 만연된 실상에 분통을 이기지

---

1) 이 책은 해방 후 김문희, 김범준 등 12명이 담수계를 조직하여, 일제로
   인해 말살되고 일그러진 우리 문화를 되살리기 위해 편찬한 역사서로, 이
   원진 목사가 편찬한 『탐라지(1659)』를 윤시동 목사가 개찬(1766)한 『증
   보탐라지』와 다르다.
2) 제주문화원 번역 역주 『증보탐라지』

못하여 1890년(고종 27) 11월에 저항운동을 일으켰다. 민심을 움직여 주성을 함락하고 민원을 산 관리의 집을 부수고 추방하였다. 이때 제주목사 조균하는 이방 김중옥을 시켜서 김지에게 뇌물을 주어 무마시키고 난민을 해산하였다.

그러나 김지는 관군에 의해 밟혀 죽었다… 김진사의 얼굴은 호랑이 상인데 몸이 몹시 비대하여 배가 항아리처럼 컸다고 한다. 전도에 걸쳐 부패가 만연하여 그가 민란을 일으켰는데 오히려 그가 후일 뇌물을 받은 것이 탄로나자 이에 난민들은 김진사를 붙잡아와 눕히고 모여든 군중들에 의해 발로 짓밟도록 하니 이때 불알이 짓밟혀 죽었다고 전해진다.

당시 일본 신문은 다음과 같이 기사화했다.

작년 12월 하순 도민은 가혹한 징세에 신음하던 중 한두 개의 실정을 구실로 봉기하였다. 처음에는 각 지방관청에 밀려들어 감세를 요구했지만 관리들은 그저 공포에 떨며 어찌할 바를 몰랐다. 그래서 도민들은 드디어 본부(목사가 있는 곳)에 들어가 목사를 협박, 수십 일에 걸쳐 절충이 진행되었으나 진정이 안 되었을 뿐만 아니라 구정 말에 이르러서는 한층 격렬하여졌다. 백성들의 고혈을 짜 엄청나게 치부하였다 해서 4명을 박살내고 혹은 미복을 입고 있는 관리에게는 사치가 대단하다고 구타하는 등 더욱 세찬 기세를 부렸다. 지금은 목사의 몸도 위험하게 되므로 일본 어민에게 도검 등을 구하는 지경에까지 이르렀다. 조 목사는 마지막 술책으로 관고를 열어 금전을 모두 다 분배하여 폭민을 위유하자 간신히 평온하게 되었다.(又新 1891.6.17.)

위의 내용을 종합해 보면 김지는 관리들의 부패를 보다 못해 주민들을 동원하여 제주성으로 쳐들어가 목사를 비롯하여 부패한 관리들을 응징하였으나 김지가 오히려 목사의 뇌물을 받아먹고 군중을 해산시켰다는 것이다. 이 사실이 발각되자 군중들이 들고 일어나 김지를 밟아 죽였다는 것이다. 민중들은 무기고에서 창검을 탈취하여 무장하고 일본 어민을 응징하러 나섰는데 김지가 여기에 관여한 흔적은 보이지 않는다.

그러나 김지가 1896년에 사망했다는 또 다른 기록으로 볼 때 그는 1890년 당시에 피살된 것 같지는 않다. 필자는 주민의 편에 서서 주민들의 고충을 해결해 온 의로운 품격으로 인해 제주도민의 존경을 받아왔던 김지가 손바닥 뒤집듯 자신을 따르던 민중을 배반했다는 기록에 의구심을 갖고 자료를 추적해 나갔다.

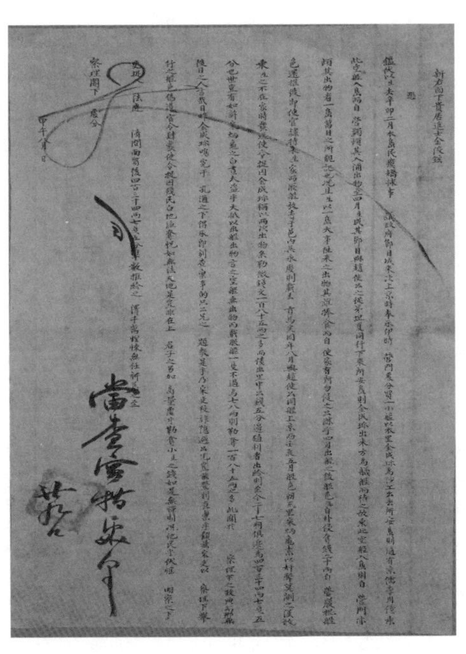

▲ 김지(준현)의 상서(ⓒ국립제주박물관)

필자는 국립 제주 박물관에서 '신우면 하귀에 거처하는 진사 김준현(金俊鉉)이 갑오년(1894)에 찰리사 이규원에게 올린 상서'를 발견했는데, 이는 2016년 한학자 오문복(吳文福)이 위 박물관에 기증한 사료이다. 이 상서에서는 제주도 주민이 육지로 출타할 때 겪는 어려움을 호소하면서 그 폐단을 시정해 줄 것을 건의하는 내용이었다. 이에 이규원(李奎遠) 목사는 마땅히 조사하여 처분하겠다고 약속했다. 이 사료로 볼 때 김지는 잠시 몸을 피했다가 새로 부임한 이규원 목사에게 도정에 관한 자문을 한 사실이 입증되는 것이다.

新右面下貴居進士金俊鉉

恐

鑑伏以生, 去辛卯二月, 本島民瘼矯捄事, 議政府節目成来次上京時, 奉承伊時, 營門處分買一小船, 以本里金成玦爲沙工, 出去所安島, 則適有京儒李用億乘此空船, 入島而自. 營鑴頃其入浦, 出物至四月生成. 其節目與趙使公之從第坦夏同, 行下来所安島則金成玦出来方爲䑸船而待之故, 乘此空船入島, 則自營門亦頃其出物者, 一島萬目之所覩記也. 況且生以一島大事, 往來之出物其誰捧食而自 使家有所. 勿侵之公牒乎. 四月出船之後, 船色之自外侵奪錢二十而, 自營嚴棍船色還推後, 即使官隷特來生家而厥船放賣于邑內吳永處則載去貢馬矣. 同年八月與趙使公同船上京, 而壬辰五月船色, 朝天里宋炳龜素以奸弊莫測之漢. 敢乘生之不在家時, 發送使令捉囚金成玦稱以兩次出物, 条勒徵錢文一白八十五兩之多而債, 出里中公錢五分邊殖利者, 出給則至令二十七朔俱邊爲四百三十四兩七戔五分也. 世豈有如許宋炳龜之白晝大盜乎. 大抵以出船出物言之空船無出物而載服船一隻不過爲七八兩, 則勒奪一百八十五兩之多此關於察理下之政典, 而那無後日之人言哉. 日昨金成玦鳴寃, 于孔邇之下得承卽刻稟事的

只公兄之，題敎是乎．乃宋吏校詐隱避公兄豈能登刻查稟乎．顧
茲宋吏，以察理下舉行之船色僞造官令肆發使令，捉囚殘民白地
漁奪，恔如無法天地，是豈非在 君子之另加 ，商量處乎．勒奪小
生之錢如是無憚則況他民乎，伏惟，明察之下宋吏捉入，法庥(?)，
淸問面質後四百三十四兩七戔五分準，數推給之，澤千萬惶悚無
任祈懇之至．
察理閣下 處分，甲午八月 日．

찰리사의 답
當査察後處分．

　　김석익의 『탐라기년』에
의하면 김지는 1896년
강유석·송재홍이 일으킨
소위 병신민란 때 살해되
었다. 병신민란은 갑오경
장의 급진적인 개혁과 단
발령에 반발하여 분노한
민중이 신설된 경무청을
습격한 사건이었다. 김지
에 관련해서는 더 많은
자료 확보와 연구가 있어
야 할 것이다.

▲ 『탐라기년』(ⓒ제주민속박물관)

　　제주도민들이 일제히 일어나 제주성에 난입했다는 보고를
받은 통리아문은 1890년 정월 임금의 재가를 얻어 내무주사

이전(李琠)을 순심관으로 임명해 제주도에 파견하여 주민들을 설득하고자 했다. 1월에 서울을 떠난 그는 풍랑을 만나 지체되었다며 3월 20일에야 제주도에 도착하였다.

그는 제주성 안에 모여든 주민들을 회유하고자 했다. 그는 제주도민의 고통과 바다를 탈취당한 억울함보다는 제주 바다를 일본에 내준 사실의 불가피성을 설명하고 제주도민들이 일본인들을 배척하는 행태를 비난했다. 성 중의 도민들이 일제히 벽력같은 소리를 지르며 대들었고 심지어는 구타하는 사람까지 있었다. 조균하 목사가 뻔히 보는 앞이었다. 주민들은 이전(李琠)을 밧줄로 묶어서 그가 타고 온 배에 던져놓고 배를 바다로 밀어버렸다[押逐放船].

조균하 목사는 자신의 관할 주민이 감히 임금이 보낸 신하를 감금 폭행한 일에 석고대죄하는 장계를 올렸는데 통리아문은 그 범인에 대하여 주모자와 추종자를 구분하여 의법처벌할 것과 목사를 엄중히 추국할 것을 건의하였으나 고종은 이는 중앙정부의 잘못이 더 크다며 목사와 가해 주민을 견책하지 않았다. 이원순은 말했다.

> 그들의 궐기는 바로 살기 위한 투쟁이었다. 어리를 상실하면 제주도 생령들은 죽는 수밖에 없다고 믿고 있었으며 제주 봉기는 바로 자위투쟁이며 생존투쟁이었다.3)

제주성을 점령한 저항군들은 무기창에서 뺏은 총포와 창검을 착용하고 대오를 만들어서 해안경비에 나섰는데 그들은 해안에 얼씬거리는 일본인들을 찾아다니고 가까운 바다에 떠

---

3) 이원순, 「한말 제주도통어문제 일고, 1967」, 『역사교육』 10, 1967

있거나 지나가는 어선들을 향해 고성을 지르고 총을 겨누기

▲ 산지천 앞바다(ⓒ제주민속박물관)

도 하였다.

1891년 5,6월경에는 제주성 앞바다에 양측의 전운이 감돌기 시작했는데 전복잡이를 하는 잠수기 어선은 물론 근처에서 상어잡이를 하는 어선, 고래잡이 어선들이 몰려들어 100여 척의 배가 시위를 하고 있었다. 6월 초, 저항군들이 야간에 잠수기 어선을 기습공격하였다. 일본 신문에 의하면 40여 명의 일본인 사상자가 생겼고 조선인 3명이 일본인에 의하여 죽임을 당했다고 한다.

6월 하순경에는 일본 선박 수십 척이 제주성 앞바다에 나타났는데, 제주도의 관리들이 배를 타고 그 선박들에 다가가서 어업감찰을 보여달라고 하니 이를 소지한 배가 하나도 없는 데다 그들이 한꺼번에 몰려온 연유를 묻자 그 배들은 하나하나 뺑소니쳤다. 관리들이 성내로 돌아오자 그들은 여럿

이 뒤따라와 성 밖의 민가를 습격하여 주민들을 협박하고 10
여 명을 살상하였다. 주민들이 매우 놀라 제주 목사에게 애
소했으나 목사는 이미 우리에 갇힌 매에 불과했다.

7월 중순에는 일본 어선 수십 척이 조천포 해안 가까이 몰
려오더니 일본 어부 여러 명이 일본도를 착검하고 상륙하여
부녀자들을 협박하고 식량과 옷을 약탈했다. 읍민들이 참을
수 없어 노인과 아이들을 산속으로 도망가게 하고 젊은 남녀
들은 항적의 대오를 짜서 공격에 대비하였다. 이장, 동장들은
주민들이 당하는 참상을 알리고자 제주목 관아로 달려갔다.

일본 어선들은 제주섬을 거의 에워싸고 있었다. 성산포, 서
귀포 앞바다에도 일본의 고기잡이 어선들이 제 세상 만난 듯
휘젓고 다녔다. 제주도가 일본 배에 포위된 형국이었다. 7월
중순 제주 목사가 장계를 올렸는데, 일본신문은 승정원의 기
록을 다음과 같이 옮겨 적었다.

일본인의 어채금단(漁採禁斷)의 건에 관해서는 보고한 바
있습니다. 이달 16일자로 조천진 조방장 김봉주가 알려오
기를 조천리 동장 김종연, 북포리 동장 문술득, 함덕리 동
장 송백원, 동복리 동장 안명원 등의 신고에 의하면 일본
배 수십 척이 돌진해 왔습니다. 일본인이 장검과 소총을 가
지고 일제히 상륙하여 민가에 침입하여 부녀자를 위협하
고, 곡식, 의복, 닭, 돼지 등을 약탈하는 등 행패가 이루 말
할 수 없습니다.
김녕리 동장 박영구의 보고에 의하면 일본 배 5,6척이 매
일 침습해 오는데 어제는 일본인이 각각 총검을 휘두르면
서 본 리에 돌입하여 인민의 재산을 약탈하는 등 비상한 사
태가 벌어졌습니다. 주민은 노인과 어린아이를 데리고 산

야에 도피하였는데 이원겸은 나이가 들어 걷지 못하여 중
도에서 일본인의 칼에 맞아서 죽었습니다.
  신은 놀라움을 금할 수 없어 곧 군관을 파견해서 조사해
보니 각 리 동장이 신고한 그대로이며 민심은 동요하고 안
녕을 보장하기 어려운 정황으로 되었습니다. 사태가 이에
이르렀으니 일본인 금지의 대책, 도민 안전책에 대하여 정
부의 조치가 있기를 바랍니다.(鎭西 1891.9.19)

  제주 사람들이 애원하고 통곡해도 막아줄 자는 아무도 없
었다. 힘없고 무능한 정부, 망해가는 나라에 기대할 수도 없
었다. 낡은 무기, 해이한 군인, 썩어빠진 관리, 오히려 일본인
을 감싸고도는 제주 목사에게 몸과 마음을 의탁할 수도 없
다. 이제 일본인들의 행패를 막고 그들의 탐욕스러운 입을
틀어막고 빼앗긴 바다를 되찾을 사람은 불쌍한 제주 사람들
밖에 없었다. 제주 사람들이 발 벗고 주먹을 불끈 쥐고 나서
야 했다. 제주 사람들은 당하기만 하지는 않았다. 저항의 물
결이 노도(怒濤)처럼 끓어오르고 있었다.

  1891년 8월 23일, 제주 바다는 제주도민이 지켜야 하고
제주 바다에 얼씬거리는 외국인은 제주 사람 자신들이 막아
야 한다며 제주성 동쪽의 조천, 북촌, 김녕 등지에 사는 사람
들이 제주성 앞의 해변 즉 동문 밖 금산(사라봉) 밑 건입포에
모여들었다. 이방 김응해, 거로마을의 김이혁, 조천의 신재호
와 김응현 등이 앞장섰다. 더러는 총을 가진 사람, 창을 비껴
든 사람, 칼을 든 사람들이 눈에 띈다. 그 무기들은 대부분
제주목의 무기창에서 들고 나온 것이다. 해변 여기저기에 돌

무더기도 쌓아놓았다. 일본 잠수부들로 인해 피해를 입은 해녀들의 소행일 것이다. 그녀들은 돌무더기 앞에서 준비 운동하듯 팔을 휘두른다.

일본 징제이닛보[鎭西日報]는 당시 사정을 다음과 같이 썼다.

> 일본 어선 수척이 건입포 앞 1해리 해상에서 어업 중, 수십 명이 3척의 어선에 타서 총을 쏘면서 다가왔다. 일본 어부들이 급히 잠수기를 거두려 했으나 그럴 시간이 없었다. 그들은 벌써 일본 배에 접근해, 창칼을 휘둘러 일본 어민을 찔러댔고 일본 어민은 창을 빼앗으려 하여 피아간 접전이 벌어졌다. 일본 어민들은 미처 무기를 챙길 여유가 없어 그들의 병기를 빼앗아 그들과 맞섰다. 주민들은 돌멩이를 마구 던져 머리에 맞아 부상한 사람들이 부지기수였다. 일본 사람들은 날아오는 돌에 크게 놀라면서 정신없이 창을 던졌는데 한인 한 사람이 창에 맞아 크게 다쳐 절도했다. 그러자 주민들이 크게 당황해 2척은 어디론가 사라지고 다른 한 척도 잠시 후 자취를 감췄다.(鎭西, 1891.10.6.)

당시 조균하 목사에 의하면, 주민들이 목사의 승낙 없이 영문에 비치한 총포와 창을 꺼내어갔다. 주민들은 3척의 어선에 타서 일본 어부들의 어업을 중지시키려 했는데, 일본 어부들이 도발하여 쟁투를 벌였다. 일본인들은 칼을 휘두르고 총포를 쏘아 주민을 살상했다. 임순백이 칼에 맞아 죽고 고경생은 어깨에 부상을 입었다. 기타 총상을 입은 주민이 15-16명이었다.

당일 김녕포에 일본 어민 십수 명이 상륙하여 물품을 약탈하자 주민들이 저지하여 다툼이 생겼다. 이를 막던 이달선은 중상을 입어 9일 후에 사망했다. 주민들에게는 무기가 없었다.

일본인들의 피해는 알 수가 없다. 그들 나름으로는 파악이 되었겠지만 발표하지는 않았다. 일본 어민들이 충격을 받아 어로 활동을 꺼릴 것을 염려하기 때문이다. 신문도 마찬가지다. 처음에는 사실대로 썼다가도 곧 부정해 버린다.

일본의 신문들은 이 사건을 여러 차례 보도하면서 <어민쟁투사건>, <제주도사건>, <제주도 소란>, <제주도 사변>이라 불렀지만, 당시 조선조정에서는 단지 <민란>으로 치부해 버렸다. 그러나 이 사태는 전쟁이나 다름없다. 국가 또는 단체들이 무력을 써서 행하는 싸움이니 이는 제주도 사람들과 일본 어부들 간의 전쟁이다. 나아가 일본과 조선의 전쟁이다. 일본의 침략전쟁이고 제주도의 저항 전쟁이다.

이 사건이 서울의 일본 공사관에 알려진 것은 8월 말이다. 가지야마 데이수케[梶山鼎介] 공사는 즉시 일본 외무성에 보고했다. 이에 일본 정부는 다음과 같이 결론을 내렸다.

제주 바다에서의 수산의 부는 측량할 수 없을 징도나. 해저에는 자갈이 깔려있듯 다 전복이고 큰 것은 한 자나 한다. 그 밖에도 수백 종의 물고기가 도처에서 잡힌다고 한다. 아아, 어업의 이익이 이렇게 많은데 한 조각의 유달(행정명령)로 우리 어민의 이익을 놓칠 수는 없다. 만약 오늘날에도 정부가 의연히 큰 결심을 하지 않으면 쟁투와 살상이 앞으로도 더 많을 것은 뻔하다. 때를 놓쳐서는 안 된다. 우리 정부가 우물쭈물하다가는 우리 국민에게 화가 더 미칠 것이고 조선 정부에도 화를 초래할 것이다.(鎭西 1891.
9.30.)

결국 일본 정부는 제주도에 군대를 보내기로 했다. 일본
전함 초가이[鳥海]함이 일본 본토로부터 9월 초 인천항에 도
착했다. 물레방아 바퀴 같은 추진기를 단 윤선(輪船)으로
1876년 강화도를 침입한 운요호에 비하여 크기가 어마어마
했다. 정복을 착용한 군인 160명이 갑판에 도열해 있었고 그
들의 사열을 받으며 함장 시나가와[品川四方一] 소좌, 부함장
후쿠이[福井正義] 대위, 해군의 다케도미[竹富] 대위, 소대장
스즈키[鈴木] 소위가 승선했다.

▲초가이함(ⓒ日本海軍の戰艦)

한편 조선의 민영목 외무독판과 일본의 가지야마 데이수케
공사가 제주도민의 저항 사건에 대하여 공동 조사하기로 합
의하고 일본에서는 하야시 곤스케[林權助] 영사를, 조선에서
는 통리아문 참의교섭통상사무 박용원(朴用元)을 사판관(査判

官)으로 하여 제주도 현지에 파견하기로 하였다.

그 외에 조선인으로는 통역관 현영운, 기록관 조문환과 일본의 만행을 성토하기 위하여 상경했던 12명의 제주도민들이었다. 그리고 민종묵은 당시 과거시험을 보기 위하여 서울에 머물고 있던 김희정(金羲正)을 임금의 재가를 얻어 동행케 했다. 제주도민들의 상한 심정을 위로하고 달래기 위한 조치였다. 김희정은 조천 신촌리 출신으로 문과 초시에 합격했으며 최익현이 제주에 유배 왔을 때 그와 교유하여 성리학을 익힌 학자로 제주도에서는 신망이 높았던 인물이다. 김희정은 왕명에 따라 1891년 9월 8일 서울을 떠나 10일에 인천에서 초가이함에 탑승하여 제주도로 향했다.

초가이함은 4일에 걸쳐 제주도를 향해 항해했다. 김희정에 의하면 그 함정에 4문의 대포4)가 설치되어 있고 바람이 불지 않는 날이면 후쿠이 대위의 지휘로 조석으로 함포사격 연습을 했다. 초가이함은 제주도민뿐만 아니라 동승한 조선의 관리에게도 위협적인 존재였다.

9월 12일에 인천항을 떠난 초가이함은 도중에 태풍을 만나 소안도에 정박했는데, 거기서 문책을 받아 서울로 돌아가는 조균하 전임 목사를 만났다. 조정에서는 제주도민들의 분노를 잠재우려 후임이 도착하기 전에 전(前) 목사를 불러올렸다. 15일 바람이 잦자 초가이함은 소안도를 출발하여 15일 정오에 제주성이 바라다보이는 건입포 앞바다에 도착했다. 김희정에 의하면 그때 건입포 포구에 수천 명이 모여 있었고 노인들과 어린아이들은 성 위로 올라가 있었다.

---

4) 선두와 선미에 대포 각 1대, 누대 양옆에 각 1대.

하야시 영사와 통역관, 그리고 후쿠이 대위와 수십 명의 병사들이 종선(從船, 배에 딸린 작은 배)을 타고 포구로 향하니 포구와 해변에 있는 사람들이 죽을 각오로 임전태세에 들어갔고 성 위에서는 사람들이 구름처럼 몰려와 우왕좌왕하고 있었다. 김희정이 나설 차례였다. 김희정은 단신으로 작은 배를 타고 포구로 가까이 다가가면서 뱃머리에 서서 무리를 향해 외쳤다.

"임금님께서 일본인들의 고기잡이 때문에 살인사건이 난 것을 심히 애석하게 여겨 제주 출신인 나를 보냈소. 나는 조천리 사람이외다. 또한 통리아문 박용원 대감도 같이 왔고 인천 영사도 동행했소. 임금께서는 양국의 관리들이 공히 현장에 가서 사건을 조사하고 조금도 편파되거나 숨김이 없이 현장의 소리를 청취하여 보고하라고 하였소."

김희정의 안내로 양측 대표들이 조천의 어느 민가에 좌정하자 후쿠이 대위가 장교 여러 명과 병사 24명을 인솔하여 주변을 호위했다. 제주성에서는 당시 조균하 목사가 해직되어 상경하는 바람에 판관 이응빈(李膺斌)이 20여 명의 병사들을 거느리고 맞이했다.

도착한 다음 날인 16일에는 박용원 사판관과 하야시 영사가 동석하여 일본인의 칼에 맞아 죽은 임순백의 처를 불렀다. 어린아이를 안고 나타난 그녀의 어깨에서는 깊고 넓은 상처가 나 있고 고름이 흘러나오고 있었다. 그녀는 젖먹이를 두고 배를 타고 나가서 일본 사람들과 피 터지게 싸웠던 것이다. 주위가 숙연해졌다. 김희정도 콧마루가 시큰해졌다고 말한다. 하야시 영사가 주머니에서 20전을 꺼내주었으나 그녀는 고개를 세차게 흔들었다.

17일에는 김녕리 마을 주민들이 일본인에게 살해된 이달겸의 처와 더불어 박용원 사판과 하야시 영사에게 들이닥쳤다. 그들은 왜 일본인은 죄 없는 제주 사람을 죽였느냐며 울부짖었다. 이윽고 조천, 함덕, 북촌리 주민들도 몰려와 일본인들이 그들 재산을 약탈해간 일을 따져 물었다. 박용원 사판관이 배석한 아전들에게 그들의 애소하는 말을 받아 적게 했다. 하야시 영사는 당황해하며 데리고 온 통역에게 이 사실을 기록하도록 하였다.

18일에는 제주읍저(제주성에서 5리 이내의 마을) 사람들이 목관아 뜰을 가득 메우고는 소장을 올렸다.

> 가난하지만 평화롭게 살고 있는 제주도에 일본인들이 침입하여 어리를 침범하고 사람을 죽이는 등 서슴없이 악행을 저지르고 있으니 10만 도민은 안위가 존망에 놓여 있습니다. 부디 이 사정을 임금님께 상주하여 제주도민을 살려 주십시오.(鎭西 1891.11.11)

그들의 애끓는 호소는 하나같이 사람을 죽인 일본놈들을 법에 따라 사형시키고 일본인들의 어채를 금지하라는 것이었다. 박 시핀관은 소성에 돌아가면 임금님께 제주도민들의 애끓는 사정을 아뢰어 바로잡겠다고 말하면서 주민들을 돌려보냈다. 그는 기록관 조문환에게 소장의 내용을 베끼게 하여 4부를, 하나는 임금에게 보고용으로 하고 하나는 제주목에 비치하고 하나는 일본 영사에게 주고 나머지 하나는 자신이 소지했다.

김희정은 일행이 조천포에 머무는 동안 밤중에 틈을 내어

병석에 있는 어머니를 만났는데, 어머니는 '내 걱정은 말고 서울로 올라가서 우리 제주도 사람들의 억울하고 원통한 사정을 임금님께 여쭈어라' 하며 돌려세웠다.

다음날 박 사판관과 하야시 영사는 일본군관 20여 명의 호위를 받으며 오조리로 향했는데 김희정도 합류했다. 일행이 오조리에 하룻밤 묵는 동안 정의현 9개 마을 주민들이 구름같이 몰려와 김희정을 만나려 했고 그들은 김희정의 안내로 사판관을 만나 읍소하면서 소장을 올렸다. 수많은 사람들이 올린 소장이 산더미같이 쌓였다.

김희정을 포함하여 박 사판관을 수행하는 관리들과 하야시 영사 일행 20여 명이 섬의 동쪽으로 돌아 성산포에 이르는 동안 부함장 후쿠이[福井正義] 대위는 수십 명의 군관들과 더불어 말을 타고 서쪽 해안을 돌아 서귀포를 거쳐 정의현으로 순행하여 조우했다. 그들이 마상에서 위용을 뽐내며 행진한 작태는 제주도민을 겁주기 위한 것이었다. 제주 북쪽 바다에 정박해 있던 군함 초가이는 동쪽 바다를 휘돌아가면서 제주도민들에게 위용을 보이고 우도에 정박하여 일행을 기다렸다. 초가이함은 태워왔던 사람들을 다시 태우고 9월 22일 우도를 떠났다.

김희정은 인천으로 돌아가는 배에서 함장 및 장교들과 논쟁을 벌였다. 함장이 말했다.

"일본 사람들은 바다 멀리에서 어채하고 그대 지방 사람들은 가까이에서 어채한다. 멀고 가까운 것은 서로 관계가 없는데, 일본 사람들의 어채를 왜 금지시켜야 하는가?"

김희정이 대답했다.

"주민들의 말을 들으니 전복이란 것이 바다 먼 곳에서 가까운 곳으로 오는데 바다 멀리서부터 잡아버리면 바다 가까이에서는 잡을 수 있는 것이 없다고 한다. 일본에서는 생계수단으로 어채만 하는 게 아니지만 우리 제주도 사람들의 생계수단은 오로지 어채일 뿐이다. 그대 나라 사람들은 빠른 배와 편리한 기계로 어디든지 갈 수 있지만, 우리는 둘레 수백 리 안에 그치고 있다. 이 어찌 생명에 관계가 없다고 하겠는가?"

김희정은 서울로 돌아간 후 초가이호를 타고 온 사정과 제주도민의 절규를 엮어 『도해록(跳海錄)』을 썼다.

군함 초가이호가 이 섬에 도착하자 제주도민은 크게 위축된 반면 일본 어민들은 그 어느 때보다 콧대가 높아졌다. 사리를 분간 못하는 어떤 일본 어민들은 제주도민에게 다시 어업을 방해할 경우 곧 군함을 회항시키겠다고 공갈 협박하고 도민에게 폭행을 가하는 일이 잦아졌다. 그 후 일본은 끊임없이 제주 바다에 군함들을 보내 순시하였다.

12. 고종, 일본에 해결사 파견하다

1891년 10월 초, 박용원이 제주도에서 돌아오자마자 고종 임금을 알현하고 제주도의 사정을 아룀과 동시에 제주도민들이 올린 산더미 같은 소장들을 바치자 임금은 아연실색했다.

"나의 백성들이 저토록 고통을 당하는 것은 조정의 실책이고 짐의 잘못이로다…"

고종은 서둘렀다. 그는 즉각 어전회의를 열어 대소신료들을 질책하고 미국인 외교관으로 고종의 외교 정책에 자문을 하던 협판내무부사(차관급) 이선득(李善得, Charles W. LeGendre)과 통리아문주사 이현상(李鉉相)을 일본에 파견하기로 했다. 이선득과 이현상은 1891년 10월 20일 도쿄에 도착했다.

이선득은 프랑스 태생으로 젊은 시절 파리대학을 졸업하고 미국으로 건너가 남북전쟁에 참여했다. 그는 링컨이 이끄는 북군에 소속되어 혁혁한 공훈을 세워 준장까지 진급했다. 제대 후 그는 청나라의 샤먼 주재 영사로 파견되었다. 그 후 그는 일본으로 건너가 1872년부터 1875년까지 외무성 고문으로 있으면서 일본의 타이완 침략에 대한 당위성을 주장함으로써 욱일장이라는 훈장을 받은 바 있다. 그는 조선과 타이완을 일본의 영향력 아래 두어야 한다고 주장했고 이것이 일본 대외정책의 기조가 되었다.

그는 1890년 주일본공사 김가진(金嘉鎭)의 추천으로 조선으로 건너왔다. 당시 조선은 일본에 부담할 빚 문제로 심각한 국가 부도 위기에 놓여 있었다. 즉 임오군란에 관련된 50만 엔, 갑신정변 관련 13만 엔, 후루야 배상액 6,600엔, 방곡령 배상액 14만 7천 엔 등을 갚는 과정에서 국고는 텅 비어 있었고 아직도 갚지 못한 빚 때문에 이자가 눈덩이처럼 불어나고 있었다.

이선득에게 차관 도입 업무가 맡겨져 있었다. 이선득은 일본으로부터 차관을 도입하고자 했으나 일본은 조선이 이미 디폴트 상태에 이른 사실을 알았기 때문에 청나라가 보증할 것을 요구했다. 그러나 청나라는 거절했다. 이제 이선득이 믿을 것은 광산채굴권과 관세수입이었다. 이선득은 미국, 영국에도 이 담보를 내세워 차관 도입을 시도했으나 그의 끈질긴 교섭에도 불구하고 모두 거절당했고 따라서 차관 도입은 무산되었다.

고종은 이선득을 전권대사로 임명하여 일본에 파견하면서 기대가 컸던 것 같다. 이선득은 일본에서 그 공적이 인정되었고 일본 정가에 폭넓은 친분관계를 가졌기 때문이다. 이선득 또한 자신감을 가지고 일본에 도착했다. 이선득은 우선 외무성을 방문하여 정무국장 구리노 신이치로[栗野愼一郎]를 만나 그가 일본에 온 사연과 조선 정부의 입장을 설명했다.

첫째, 1883년에 맺은 〈조일통상장정〉은 5년의 기한 만료로 효력이 상실되었다. 그러하니 일본은 조선 근해에서 어업을 중단하고 철수해야 한다. 따라서 1891년 11월 30일을 기한으로 제주 바다에서 금어조치한 기존의 약속은 그 후에도 폐기되지 않고 영구히 지속되어야 한다.

둘째, 일본이 금과옥조로 여겨온 〈만국공법〉에 의하면 3해리 이내에서는 자국의 허가 없이 타국인이 항해하거나 통상을 할 수 없고 어업 행위도 할 수 없다. 일본이 구미 열강과도 이 원칙을 준수하고 있듯이 조선 영해인 3해리 이내에서는 어업 행위를 할 수 없다. 더욱이 〈통상장정〉은 이미 시효가 지났으니 일본이 통상장정 제41관을 빙자하여 주장할 근거도 없어졌다.

셋째, 제주도의 경우 여자들이 가까운 바다에서 전복과 해조류를 채취하는데 외국인(일본인)과 섞이는 것을 수치로 알아 바다에 나가는 것을 꺼리고 있다. 더욱이 일본 어민이 잠수기선을 이용하여 마구 잡으면 제주도민의 생계에 위협이 되며 가까운 장래에 바다는 황폐해질 것이 분명하다. 현재 제주도민들이 죽기 살기로 저항하고 있는 실정을 살펴 제주도에서 일본 어민의 어채를 영원히 끊어야 한다.

그러나 일본의 시선은 싸늘했다.

첫째, 국가 간에 외교사절을 파견할 때는 국왕의 국서를 보내거나 자국의 공사를 통하여 통지하여야 하는데 이선득은 왕의 위임장에다 외무대신의 부서만 지참하고 일본으로 건너왔다. 이는 외교관례에 어긋난다는 것이다.

둘째, 조선에 엄연히 일본 공사가 있으니 조선이 일본과 어떤 문제를 가지고 협상코자 할 때는 공사관을 거쳐 일본 외무성에 교섭하여야 하는데 그런 절차를 무시하고 일본에 직접 문제를 제기할 수는 없는 일이다.

셋째, 일본의 외무성과 외무대신은 의회와의 골치 아픈 문제와 여러 국가 간의 문제로 바빠서 조선의 사절을 만날 겨를이 없다는 것이다.

이선득의 일본 방문의 목적이 <통상장정>을 전폐하고 일본 어부들이 제주도로 출어하여 어채하는 일을 끊겠다는 것이었음이 알려지자 규슈지방의 어부들이 이선득의 거처로 몰려들어 시위를 벌였다. 일본 신문들은 연일 문제를 제기하면서 이선득을 추방하라고 을러댔다.

일본의 한 신문은 다음과 같이 반대하고 나섰다.

이 섬의 어업은 종래 부녀자의 전업인데, 충분한 숙련과 좋은 기계를 갖춘 우리 어업자들이 도항하여 어채함은 도민에게 곤란을 초래하여 생활의 방도를 잃게 하는 것이다. 따라서 이선득이 우리 어민의 어업을 금지할 것을 요구하는 것은 전혀 이유가 없는 것은 아니다. 그러나 국가 간의 조약에서 허가된 바를 저버리고 조선의 어업인들을 살려주면서 우리나라 사람들의 큰 이익을 포기하고 이선득 씨를 만족케 하는 것은 이 나라의 국무대신으로서는 할 수 없는 일이다.(鎭西 1892. 2.26.)

이선득이 일본 외무대신과의 면담을 여러 날에 걸쳐 끈질기게 요청했지만 구리노 국장은 일본 정부의 공식 입장이라며 "조선 정부가 <만국공법>을 들어 공법상의 문제를 논하고자 한다면 협상을 거부한다. 국제법에도 불구하고 양국 간의 조약이 우선인 것을 조선 정부는 왜 모르는가? 그런 논의는 시일만 허비할 뿐 양국에 득이 되지 않는다"고 했다.

하릴없이 세월만 잡아먹고 있었던 이선득은 지난날 일본에 근무할 때 사두었던 고이시가와[小石川]의 저택에 머물고 있었는데, 그가 현지처와 한가하게 지내고 있다고 일본 신문들은 비아냥거렸다. 그러나 이선득은 폭넓은 대인관계를 통해서 일본 정부의 요로에 선을 대고자 하였다. 그런 와중에 일본 외무성은 1891년 12월 1일부로 제주 바다의 해금이 풀렸으니 마음대로 고기를 잡아도 좋다고 각 현에 통보했다. 일본신문들은 일제히 환호하였다.

① 오는 12월 1일부터는 일본제국 신민은 그 누구를 막론하고 제주도에서 공공연히 조업을 영위하여 70만 엔의 큰 이익을 취득할 수 있을 것이다. 그건 그렇다 치고 이선득 씨가 일본에 파견된 용무는 무엇을 위한 것인가?(每日 1891.12.1.)

② 외무성이 작년 1월 10일자로 조선국 전라도 제주도에로의 통어를 다음의 통보 시까지 삼갈 것을 훈령한 바 있지만 지금 이 섬에로의 통어를 허가한다. 운운.(鎭西 1891.12.3.)

③ 일조 통상조약 중 제주도 어업의 건은 바야흐로 지난 11월 30일을 기해서 만기 해금되었다는 취지를, 외무대신이 주코쿠, 규슈 각현 지사에게 훈령했다. 이로써 제주도인과 일본인 사이에 또다시 분규가 있을 것이 예상된다.(每日 12.5)

④ 일본 어부가 조선해에서 얻는 이익은 해마다 비상한 액수로 올라가 요즘 부산, 인천, 원산의 영사들로부터 당국에 보고한 내용에 의하면 실로 놀랄 만하다. 그 개략을 적으면, 조선 전라도, 경상도, 강원도, 함경도 등 4도의 바다에 나가 어업에 종사하는 일본 어부의 수는 약 6,000명이며 선척은 약 1,200척이고 한 척의 수득액은 평균 약 1,500엔으로, 합계 180여만 엔에 달하며 그 순이익은 배 한 척에 평균 600엔, 합계 72만 엔이니

우리 어부가 조선에서 벌어오는 이익은 실로 크다고 할 것이다.
(毎日 1892. 1. 26.)

이선득이 일본에 도착한 지 거의 1년이 다 되어서 일본 외
무대신이 무쮸 무네미쓰[陸奧宗光]로 교체되었다. 무쮸 대신
은 취임하자마자 이선득에게 관심을 보였는데 이는 이선득의
인간관계의 영향이 컸기 때문이다. 그는 이선득에게 '일본이
제주도를 포기하는 대신 조선은 일본에게 무엇을 주겠는가?'
라며 조선 측이 먼저 제안할 것을 요구했다.

이선득은 이제야말로 협상의 문이 열렸다며 외무아문의 조
병직 독판에게 문서로 알리고 대답을 듣고자 했다. 조병직은
급히 고종의 결단을 받아 그동안 일본이 끈질기게 요구해 왔
던 바, 대동강을 개항하겠다는 것이다. 조선은 줄곧 일본의
요구를 거절했고 청나라도 펄쩍 뛰었던 일이었다. 이선득은
비장의 무기 즉 고종도 마지못해 동의한 대동강 개항이라는
대체안을 들이대면 일본이 쾌히 승낙할 줄 알았다. 그러나
일본 여론이 들끓었다.

　제주도 바다는 우리 어민의 금고보장(金庫寶藏, 보물창고)
이다. 거기서 얻을 수 있는 것은 전복, 해삼, 상어 등이고
그 품질은 우리나라 해산물보다 뛰어나다. 그래서 제주 바
다에 든 자는 백재(百財)를 낚시로 낚고 천재(千財)를 그물
로 잡는다. 그래서 우리 어민들이 오늘날 풍파를 만나 고기
밥이 될지언정 꺼리지 않고 제주의 바다로 달려감은 여기
가 최상의 어업지이므로 규슈지방의 어업자가 대체로 이에
의거해서 생계를 유지하고 있기 때문이다. 우리 정부가 대
동강 개항을 빌미로 제주도를 포기하는 것은 다리 밑의 자

갈을 건지려고 수중의 주옥을 놓치는 꼴이 되는 것이다.(鎭
西 1892.9.28.)

두어 달 묵묵부답이었던 일본 외무성은 이 제안을 거절했
다. 그리고 1892년 11월 7일 일본 측은 이선득에게 다음 6
개 조의 안을 제시하였다.

1. 일본 정부는 이 계약이 성립되면 6개월 내에 제주 바다에
서 일본 어민의 출어를 금지시킨다.
2. 일본 어민은 폭풍이 불거나 조수가 역류할 때 제주의 항구
에 잠시 정박할 수 있고 배를 수리하거나 양식이나 땔나무가
떨어질 때는 제주도의 해안에 상륙하여 물품을 구입하기 위하여
정박할 수 있다.
3. 대동강 개항을 요구하지 않는 대신 전라도의 1개 항구를
개항하여 일본인이 거주하고 무역하도록 허용한다.
4. 전라도 근해의 섬 즉 소안도, 추자도, 거문도에 일본 어민
이 쇄어(曬魚, 물고기를 말림, 건어)하거나 어개류를 보관할 장소를
허용하고 당해 지역에 일본 어민이 잠시 머물 것을 허용한다.
단 그에 따르는 세금은 납부한다.
5. 부산에서의 일본인 거류지를 절영도까지 확장한다.
6. 쇄어를 위하여 사용하는 장소의 수와 위치, 절영도에 확장
할 예상거류지와 지세, 유효기간에 대하여는 양국 정부가 심사
·협의키로 한다.[1]

---

1) 한우근, 「개항 후 일본어민의 침투(1860-1894)」『동양학』1, 1967

위의 안건에 관련해서는 양측이 수차례의 교섭 끝에 수정안을 만들었고 이선득은 이 수정안을 외무아문을 거쳐 임금께 상주(上奏)하여 임금의 재가를 기다리고 있었다.

1. 제주 및 가파도와 우도를 통어지역에서 제외한다.
2. 일본은 철도(鐵島, 대동강 하구)의 개항은 요구하지 않을 것이며 대신 부산의 일본인 조계지를 절영도(지금의 영도)의 일부로 확장하되 거류 일본인은 지세를 부담한다.
3. 조선 정부는 일본 어부가 소안도, 거문도, 추자도와 전라도 내의 1개 포구에 임시로 거주하면서 고기를 보관하거나 말릴 수 있도록 허용한다.
4. 절영도에 확장하는 일본인 거류지, 소안도·거문도·추자도 및 전라도 1포구의 지계(地界)는 조선과 일본 정부가 공히 파견한 관리가 협의 결정한다.
5. 위 3도와 전라도 1포구는 일본인 쇄어 이외에 다른 상품의 거래장소가 될 수 없다.
6. 쇄어세와 건어물의 반출에 따른 세금을 납부해야 한다.
7. 이 약정은 10년 기한으로 한다.[2]

이선득은 일본 외무성과 위의 협상안을 잠정 합의하고는 다음과 같은 변명을 늘어놓으면서 조선 정부의 대답을 기다렸다.

① 일본측 제안에 이 계약이 성립되면 제주도에서의 포어를

---

2) 한우근, 위의 논문.

금지하겠다고 했고 본 제안에 가파도와 우도를 추가한 것은 나중에 일본이 혹 그 섬들의 해역은 제주해역이 아니어서 계약 외 지역이라며 분쟁을 일으킬 우려가 있기 때문이다.

② 일본 어선이 조난 시에 제주도에 잠시 정박할 수 있도록 한 조항은 국제법상 관례이므로 이를 허가하지 않을 수 없다.

③ 소안도, 거문도, 추자도 3도에서 일본 어민이 쇄어장(건조장) 건설을 할 수 있도록 한 것은 일본 정부의 요구라기보다는 더 많은 지역에 건설될지도 모르는 쇄어장을 3개 도서로 제한한 것이므로 조선에게 유리하다. 사실상 소안도에는 이미 일본촌이 형성되어있는 실정인바 이 기정사실을 표면화한 것에 지나지 않으며 더욱이 세수를 거둘 수 있는 근거를 마련한 것이다.

④ 일본은 전라도에 1개 항구를 개항할 것을 요구해 왔으나 이는 경홀하게 수용할 수 없는 것이기 때문에 그 대신 쇄어장 설치에 한하는 것으로 대체한 것이다.

⑤ 부산의 일본인 거류지로 절영도 일부에만 확장하는 문제에 대하여는 일본인이 이미 그 지역에서 경작하고 있는 실정이니 이참에 지세를 거둘 수 있으므로 좋은 것이다. 이는 대동강의 개항보다는 조선에 유리한 것이다.

⑥ 일본 어민에게 어업세 외에 쇄어세[3], 출구세[4]를 징수하는 것은 현행세칙에도 규정되어 있어 문제 될 것이 없다. 통상지역을 거치지 않고 말린 고기를 반출하게 하는 것은 특전이긴 하지만 그렇다고 부산세관의 허가를 받도록 하는 것은 불가능한 일이다.

⑦ 이 계약의 유효기간을 10년으로 한 것은 그 기간을 영구

---

3) 건조장에서 말린 물고기에 대한 일정세율.
4) 상품을 항구 밖으로 수출할 때 부과하는 세금.

히 하는 것보다 조선에 유리하다.

이선득은 자신도 모르게 일본의 교묘한 술수에 말려 들어가고 있었다. 이에 일본 측 안과 이선득 안을 비교검토하고 문제점을 도출하면 다음과 같다.

　첫째, 일본은 대동강구의 개항을 끊임없이 요구해 왔는데, 이번에는 대동강구를 포기하고 전라도 내 1항구를 개항하여 일본인이 무역하고 거주할 것을 요구해 왔다. 대동강구를 개항할 경우 일본에는 많은 이득이 있겠지만 청나라와의 각축을 피할 수 없음을 일본은 늘 의식하고 있었다. 일본은 대동강구를 포기하는 대신 부산에서 일본인 거류지역을 넓혀줄 것과 전라도의 어느 항구를 열어줄 것을 요구했다. 일본으로서는 바다를 건너 조선으로 밀고 들어오는 이 방법이 조선 식민화 과정의 첩경으로 본 것 같다. 그러나 이선득은 전라도의 1항구를 쇄어지로 역제안하면서 자신이 일본의 개항요구를 경솔히 받아들이지 않은 점을 자랑하고 있다. 그러나 일본이 쇄어지로 한 발 물러섰다고 하지만 여러 구실로 전라도의 항구에 거주와 상업의 발판을 마련할 것은 명약관화한 일이다. 일본이 이렇듯 소선을 좀먹어 들어오고 있기 때문이다.

　둘째, 쇄어에 관련하여서는 구미 각국의 통례를 보더라도 자국의 바다를 지정하여 타국에 고기잡이를 허용할 때는 쇄어장을 내어줌이 국제관례이다. 그러나 조선은 일본과의 어떤 계약에도 위급시를 제외하고는 일본 어민의 상륙을 허락하지 않고 있다. 그럼에도 일본 어민들은 실제로 전라도의 여러 섬에 쇄어장과 어막을 설치해 사용하고 있었다. 이선득은 말하기를 조선 정부는 해군력도 없고 해상방비의 경비도 없으며 세금을 거둘 배도 없는 형편이라 조선의 전 해역에서 일본 어부가 쇄어를 한다고 해도 막을 도리가 없다. 일본 어민이 전라도와 제주도 바다에 만연하게 되면 그 바다는 일본의 식민지나 다름없어진다. 그러니 이를 양성화하여 세수도 늘리고 나라의 체면도 살리자는 것이다. 더욱이 위 3개의 섬에는 일본촌이 있어 일본해군지도에도 표기되어 있는 실정인 바 이를 양성화하여 일본 어민의 쇄어를 세 개의 섬에 국한시키면 세금을 징수할 수 있으니 세수확대에 도움이 된다는 것이 이선득의 주장이다. 그러나 좀 더 멀리 생각하면 머지않아 남해의 섬들뿐만 아니라 남해안 전체가 일본 어부들이 판치는 세상이 될 것임을 이선득은 간과하고 있다.

셋째, 일본측은 절영도의 일부에다 일본인 거류지를 확장할 것을 주장했는데, 이선득은 절영도는 이미 부산에 사는 일본인들이 농작물을 경작하고 있는 터이니 이를 기정사실화하여 절영도의 일부에 일본인이 거주하게 하면 세금을 거둘 수 있다며 일본 측의 주장에 손을 들어주고 있다. 〈강화도조약〉 이후 조선과 일본의 합의로 부산항 주변에 치외법권적인 조계지(일본은 거류지라 표현)가 설정되었는데, 조계지가 여러 이유로 날로 확장되고 있었다. 절영도에 일본인의 거주를 허용한다면 국제적으로 문제가 비화될 수 있다. 일찍이 서구 제국이 일본에만 인정한 조차지를 확대하여 자기네에게도 조차지를 인정해 달라고 요청한 바 있고, 특히 러시아는 바로 절영도에 거류지를 할애해 달라고 요청하면서 협상을 진행 중이기 때문에 조선이 일본에 특혜를 줄 수는 없는 것이었다.

넷째, 이선득은 일본인들에게 세금을 거두는 일에 특히 관심을 가졌다. 절영도의 조차, 쇄어지에 대한 임대료, 건어물의 반출에 따른 출구세 등을 징구한다면 가난한 조선의 재정에 보탬이 됨을 이선득은 잘 알고 있었다. 이것은 일본의 유인책이기도 하였다.

이선득이 건의한 내용에 대하여 조선 정부가 어떤 입장을 보였는지는 명확히 알 수 없지만 생각건대 이선득은 일본의 야욕과 조선의 현실을 모르고, 말하자면 이편도 아니고 저편도 아닌 경계인의 위치에서 협상에 임한 것이다.

조선 정부는 다음과 같이 판단했을 것이다. 아무리 조선과 일본이 계약상으로 제주도 어채를 금지한다 해도 일본은 제주 바다를 맘대로 드나들며 고기를 잡을 수 있는 이 천우신조의 기회를 절대 놓치지 않을 것이다. 일본의 침탈은 계속될 것이다. 이선득의 주장대로 제주 바다를 보호하고 대신에 일본인의 활동영역을 넓혀주는 것은 혹 떼려다 혹 붙이는 격이 될 것이다. 결국 일본은 제주도를 포함하여 남해를 장악하게 되는 것이니 이는 일본의 식민화를 재촉하는 일이 될 것이다. 고종은 이선득의 협상을 실패로 간주하고 그를 불러들였다. 이선득은 1892년 11월 17일 아무 성과도 없이 엄청난 국비만 낭비한 후 귀국길에 올랐다.

13. 일본 어부, 육지를 넘보다

1891년 9월 초 고종은 함경남도 병마절도사로 있는 이규원(李奎遠, 1833-1901)을 급히 불렀다. 제주도가 형언할 수 없는 혼돈에 빠져 있기 때문이다. 탐관오리 조균하 목사의 가렴주구와 일본 선단에서 뇌물을 받아먹고 백성들을 못살게 구는 행패, 이로 인하여 김지가 일으킨 난이 수습되지 않았고 제주 사람들이 총궐기하여 일본 어부들과 쟁투를 벌인 일을 듣고 고종은 강수를 두어 이를 해결해야 한다고 결심했다.

고종은 1891년 7월 조균하를 해임하고 후임으로 정용기를 임명했으나 문득 생각을 바꿔 이규원을 제주 목사 겸 절제사 겸 방어사로 임명하였다. 정용기로서는 제주도의 난국을 해결하기에는 역부족이라고 판단한 것이다. 또한 국난시에나 임명하는 찰리사(察理使)를 겸직시켰다. 의정부에서 다음과 같이 건의함에 따른 것이다.

제주는 멀리 바다 밖에 떨어져 있습니다. 주민들이 가난하여 본래부터 어렵게 사는데, 여러 가지 폐단이 점점 늘어나서 안도할 수가 없습니다. 이러한 때에 제주목사로 이규원을 임명하는 것은, 만리 밖의 사정을 섬돌 앞의 일처럼 통찰하시는 성상의 뜻에서 나온 것입니다. 다만 그 고을의 일은 현재 바로잡을 일이 많으니, 찰리사 겸 제주목사로 임명하는 것이 어떻겠습니까?[1]

▲ 1891년(고종 28) 8월 이규원을 가의대부 찰리사 겸 제
주목사로 임명하는 교지(ⓒ 국립제주박물관)

이규원은 무신으로 고종 8년(1871)에 울릉도에 검찰로 파
견된 적이 있었는데 그는 그곳에 이르러 아름드리 수목을 벌
목해가는 일본인들과 해안에 머물며 고기잡이하는 일본 어부
들을 쫓아내고, 돌아와 복명하면서 임금에게 송도(울릉도) 및
죽도(독도)를 포기하지 말고 백성들을 상시적으로 거주시킬
것을 건의한 바 있고, 단천 군수로 있을 때는 자신의 녹봉을
죄다 털어 가난한 사람들을 구휼하기도 하여 백성들의 존경
을 받은 바 있었다.

그는 갑신정변 이후 민영목의 후임으로 해방총관을 지냈고
김옥균의 후임으로 동남제도개척사(東南諸島開拓使)를 역임했
다. 동남제도개척사는 외세가 밀려오는 와중에 국가의 영토
주권을 확립하고 국경문제를 해결하며 동해와 남해의 섬들을
개척하고 방비하는 직책이다. 그는 혼란한 시기에도 어느 당

---

1) 국립제주박물관, 『찰리사 이규원』, 2004

파에도 속하지 않았으며 늘 공명정대하게 일 처리를 한다는 평판을 받고 있었다.

이규원은 무신이지만 문신 이상으로 학문에도 뛰어나고 백성을 잘 다스리는 관리로, 명망이 알려진 인물로 임금의 신임이 두터웠다. 따라서 고종은 이규원이야말로 제주의 민란을 수습하고 일본인들의 제주 바다 침탈을 진압하는 등 제주도의 산적한 난제를 해결하기에 적절한 인물이라고 판단한 것이다.

황현(黃玹, 1855-1910)은 『매천야록(梅泉野錄)』에서 이규원의 찰리사 임명에 대하여 다음과 같이 논평했다. 지리산 아래 구례에 은거하던 선비로 그의 고아한 품격과 나라사랑 정신은 당대에 존경을 받았던 황현은 1910년 한일합방에 죽음으로 항거하였다.

제주도 백성들이 반란을 일으켜 목사를 추방하였다. 섬 안은 큰 소동으로 인하여 오랫동안 안정되지 못하였다. 이러한 소식이 임금에게 알려지자 임금은 몹시 근심하여 문관이든 무관이든 위엄이 있고 덕망이 있는 자를 선발하여 보내기로 하였으

▲ 제주시 화북동 비석거리에 있는 이규원 목사 청덕비 (ⓒ 제주도립박물관)

나 그러한 사람을 찾기가 어려웠다. 그래서 삼공(三公)에게 자문을 구하였으나 김병시(金炳始) 등 재신(宰臣)들은 사양해 마지않았다. 임금은 골똘히 생각하다가 '내가 뽑겠다. 이규원을 능가할 사람이 없다'며 마침내 이규원을 제주목사 겸 찰리사로 임명하였다. 이규원은 품계가 높은 장신(將臣)인데 단지 목사의 직임만 띠고 부임하면 제주 사람들이 그를 경홀히 볼 수 있기 때문이다. 이규원이 부임한 지 1년에 이르자 섬 안이 안정되었다.

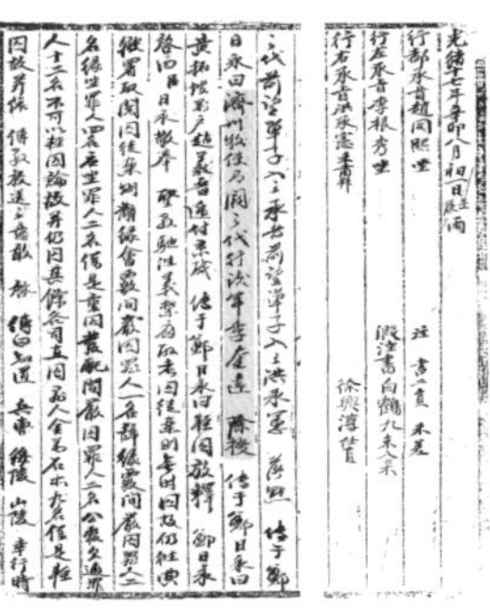

▲ 이규원 목사 장계 [승정원일기 3012책 (탈초본 137책) 고종 28년 8월 1일 임진 31/33 기사 1891년 光緖(淸/德宗) 17년, ⓒ규장각한국학연구원

당시 제주도는 조규하 목사의 폭정, 김지의 난과 이어서 일어난 일본에 대한 저항 전쟁으로 아비규환의 지경에 이르고 있었다. 정부에 대한 불신, 목사와 아전들에 대한 배신감, 흉흉하고 어지러운 민심, 기아에 허덕이는 민생, 일본이 할퀸 상처, 구겨진 탐라의 자존심…, 이규원은 무엇보다 제주 백성들을 위무하고 민생을 돌보아야 한다고 생각했다.

이규원은 우선 일본인에 의해 살해된 조천리의 임순백과 김녕리의 이달겸 등에 대하여 진상을 조사하여 통리아문에 통지하면서 일본에 배상을 청구할 것을 강력히 요구했다. 통리아문은 이 사건을 일본 공사관에 이첩했으나 일본 측은 시간을 끌다가 깔아뭉개버린 것 같다.

또한 이규원 찰리사는 김지의 난(또는 경인민란)에 가담하여 제주 목관아를 습격하고 무기고를 열어 총검을 탈취한 사건에 대하여 그들이 관리나 민간인을 해친 것이 아니라 불법 어채를 하는 일본인들과 싸운 점을 감안하여 그들을 회유하고 주동자들의 죄를 묻지 않았으며, 더군다나 주모자인 김지(김준현)의 인격과 명성을 존중하여 그를 국정운영에 자문케 하였다.

당시 제주도민들의 생활상은 비참하여 굶어죽는 자들이 속출했다. 계속되는 가뭄과 태풍뿐만 아니라 많은 젊은이들이 일본 어민과의 투쟁의 대열에 섰고 해녀들은 일본 어민들의 방해로 물질을 꺼렸기 때문이었다. 해안가 사람들은 채취한 해산물을 팔아서 생계를 유지해야 하는 형편인데 바다에 나가지 않으니 식량을 확보할 수 없었다. 이를 가엾게 여긴 이규원 목사는 도민들이 빌린 곡물에 대한 환곡을 감해주거나 기간을 연장시켜 주었다.

그는 급히 조정에 진휼미 5,000석을 요청했고 의정부에서는 이를 수용해 쌀과 잡곡을 제주도에 보냈다. 또한 이규원은 자신의 녹봉을 반납하여 구휼에 보태게 했는데 많은 전현직 관리들이 동조했다. 전 오위장 김응표는 전미(田米, 산뒤쌀, 밭벼) 670섬, 이시영은 전미 560섬, 전 현감 송두옥은 쌀 20섬, 판관 채귀석은 쌀 60섬과 전미 70섬을 출연하였다. 이규원 목사는 그들을 중앙에 천거하여 승급시키거나 은전을 베푸는 것을 잊지 않았다.

이규원 목사는 근간에 제주 사람들을 힘들게 했던 마정(馬政)을 바로잡고 공마(貢馬)의 문제를 해결하였다. 제주도에는

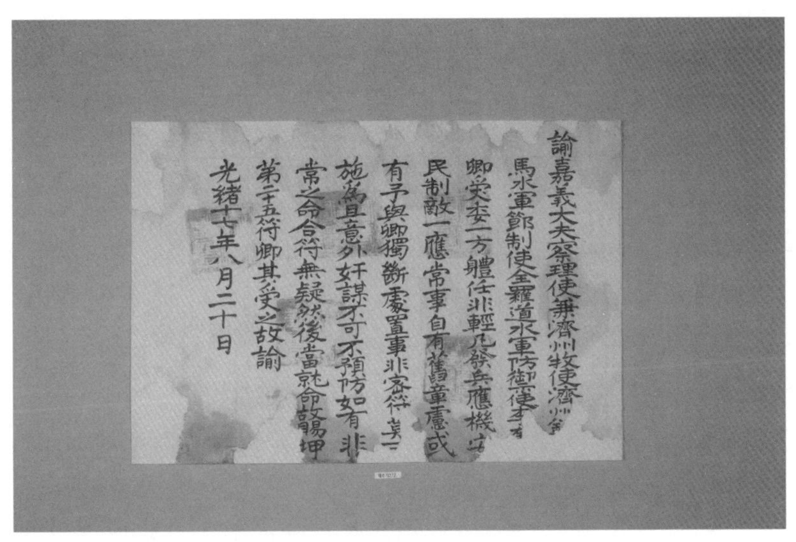

諭嘉義大夫察理使兼濟州牧使濟州
馬水軍節制使全羅道水軍防禦使李奎遠
卿受委一方體任非輕凡發兵應機安
民制敵一應常事自有舊章慮或
有予與卿獨斷處置重事非密符
施爲且意外奸謀不可不預防如有非
常之命合符無疑然後當就命故賜坤
第二十五符行卿其受之故諭
光緒十七年八月二十日

▲ 고종이 이규원을 찰리사 겸 제주목사로 임명하면서 발급한 유서(諭書) 제주를 방어하는 일이 중요하였기 때문에 제주목사는 찰리사(察理使), 절제사(節制使), 방어사(防禦使)라는 군사적 직책도 아울러 맡았다. 유서를 내릴 때에는 밀부(密付)를 함께 내려 비상시 병력 동원에 사용하게 하였다. 비상 명령이 내려지면 관원이 간직하고 있던 반쪽의 부와 왕이 보낸 반쪽의 부를 맞추도록 하여 군사 동원에 신중을 기하였습니다. 유서에는 국새 '유서지보(諭書之寶)'를 찍었는데 이 문서에는 5과(顆)를 찍었습니다.(ⓒ 국립제주박물관)

몽고의 지배를 받던 때로부터 중산간에 목장을 설치하여 수만 마리이 말을 기웠는네 조선의 세종 때에 이르러서 10개의 목장으로 정리하고 마정조직을 체계화하여 관리하였다. 국마목장에서는 약 5천 내지 일만 마리의 말이 사육되었다. 국마목장은 제주 목사가 총괄하였고 각 소장(所場, 목장)에는 감목관을 두어 목자들을 관리해 왔다. 목장에서 키운 말을 국가에 바치는 것을 공마라 하는데, 제주 목사의 책임하에 매년 200마리, 3년마다 식년에 600마리, 삼명일(임금의 생신

·동지·정초)에 각각 20마리씩 바쳐야 했다.

그러나 정조가 죽고 왕정이 문란해지면서 관리는 부패하고 매관매직은 성행하고 국민은 도탄에 빠져 있었다. 이와 때를 같이 하여 제주도의 마정이 피폐해갔다. 관리들이 좋은 말을 착취하여 조정의 고관들에게 선을 대려 했고, 책임량을 못 채우는 마감에게 벌금을 부과하며 매질을 해대기도 하였다. 말을 바쳐 벼슬을 얻는 자들이 속출하고 말 도둑이 들끓었다.

가난과 핍박을 견디지 못한 목자들이 보따리를 싸고, 말을 공납하러 바다를 건넌 격군들은 돌아오지 않았다. 이에 이규원 목사는 겨울에 또는 수시로 조정에 바치는 말을 실어보냄으로써 목장에 폐단이 많은 점을 감안하여 말의 수송 시기를 마파람이 부는 음4-5월로 조정했고 공마의 수도 식년 공마를 폐기하는 등 크게 줄였다.

제주도의 고원지대(해발400-700m)에는 16세기 말(선조 연간)부터 산마장이 자리를 잡았는데 이는 국마목장과 달리 김만일이라는 개인이 말을 키우는 드넓은 지역이었다. 김만일은 여기서 전마(戰馬)를 키워 임진왜란부터 병자호란 직전까지 수천 마리를 나라에 바쳤다. 그 후 효종 때부터 김만일의 자손들에게 산마감목관이라는 벼슬이 내려졌고 이 직책은 이규원 목사가 부임해있던 때까지 230년간 지속되었다. 산마장에서는 3년마다 200마리를 봉진했으며 주로 임금이 타는 어승마에 충당했다.

그런데 산마장도 국마목장에서처럼 많은 폐단이 발생하는 외에 산마장 나름의 참혹함이 속출했다. 산마장은 한라산 방향으로 경계가 없어 말들이 한라산 자락으로 흩어져 뛰노는데 공마를 위해서는 반드시 많은 사람을 동원해서 잡아들여야 했다. 그러나 이제는 구마꾼(말몰이꾼)을 구할 수 없어 감독관과 목자들은 감당하기 어려운 지경에 이르렀다. 이규원 목사는 산마감독관 김경흡의 애소를 듣고 총리대신 김홍집에 상주하여 산마장을 폐하고 공마를 없앴다. 230년간 세습해오던 산마감목관직도 거둬들였다.

1889년 〈통어장정〉을 체결하면서 조선과 일본은 이면계약으로 1890년 1월부터 1891년 11월 30일까지 한정적으로 제주 바다에서의 어채를 금지하기로 한 바 그 기간이 이규원 목사가 부임한 후 석 달이 될 무렵에 도래하였다. 공교롭게도 그때는 이선득이 일본에 머물면서 일본 어부의 영구 철수를 추진하고 있었던 시기와 맞물려 있었다.

1891년 11월 일본 외부대신은 제주도가 바라다 보이는 주고꾸[中國]와 규슈[九州]의 각현 지사에게 1891년 12월 1일부터 제주 바다가 해금되었으니 이 지역의 어업을 무제한으로 허락한다고 훈령을 내렸다. 이 소식을 접한 일본의 언론들은 이 조치로 인해 일본 어민들이 제주에서 올리는 수확고는 1년에 70만 엔 이상 될 것으로 추산했다.

막상 이규원 목사로서는 일본인들을 제재힐 명목이 없어졌다. 그들로 하여금 고기를 잡지 못하게 하면 후루야 사건처럼 배상해야 하는 큰 사단이 날 것이기 때문이다. 목사를 포함해서 제주도민들은 일본인들이 부지기수로 거둬가는 해산물들을 바라만 볼 뿐이었다. 장비도 없이 바다에 뛰어들어 맨손으로 전복을 뜨는 해녀들 그리고 테우를 타고 연안에서 고기를 낚는 어부들은 그들의 기술과 장비에 비하면 어림도 없는 것이었다.

1892년, 봄이 되자 다양한 종류의 일본 어선이 꾸역꾸역 몰려들어 제주 바다를 가득 메웠다. 이규원 찰리사가 통리아문에 일본인들이 제주에서 어채는 물론 뭍에 올라와 어막을 짓고 있다는 사실을 알리며 다음과 같이 유권해석을 요구했다. 첫째, 제주 바다에서 일본인이 제주 사람들의 어채 영역을 침범하여 공유해도 되는가? 둘째, 조선이 일본에게 어채를 허용한다고 해서 일본인이 제주도의 연안에 상륙하여 어막을 짓고 잡은 고기를 가공할 권리 또한 부여했는가?

통리아문은 전날 조선과 후루야와의 협약에 '일본 어업자는 제주도 부녀의 어업처를 회피한다'는 규정을 원용해야 마땅한즉 조선인의 어채 구역에서 그들을 추방해도 무방하며 또한 일본인이 조선의 해안에 상륙하여 어막을 짓거나 고기를 말릴 장소를 사용해도 좋다는 규정이나 약속은 어디에도 없으니 그들의 시설물을 철거하고 일본인들을 돌려보내라고 회신하였다.

이규원 목사는 제주도의 인근 해역 특히 우도, 가파도, 비양도까지의 해역은 제주 어민이 고기잡이를 하는 바다이니 일본 어부들이 그들과 섞여서 어채를 하는 것은 불법이라며 그들을 쫓아버리고자 했다. 그는 손수 관선을 타고 일본 어부들의 어업을 단속하고 대정현과 정의현의 지방관들과 9개의 진성(방호소)의 조방장들에게 명령을 내려 일본인들을 가까운 연안에서 축출하고자 했다.

그러나 일본 어부들은 보다 고도화된 선박을 이용하여 요리조리 피해 다니며 총검으로 협박하는 바람에 헛수고하는 일이 비일비재하였다. 또한 이규원 목사는 일본 어민들이 해안에 상륙하여 임시거처를 마련하거나 어막을 짓는 행위를 용납하지 않고 그들을 쫓아버렸다.

일본 어민들이 곤경에 처해 있다는 소식을 접한 가지야마[梶山鼎介] 공사는 펄쩍 뛰었다. 그는 민종묵 독판을 방문하여, 일본 어민들의 어업을 금지시키고 그들을 제주 연안에서 추방하는 것은 계약위반이며 더욱이 그들이 잡은 고기를 가공하여 말리고 그 고기를 보관하는 장소를 보장하는 것은 당연히 어채를 허락한 범주에 속한다는 것이라고 맞서면서 군대를 보내서라도 이를 관철시키겠다고 협박했다.

정작 당황한 것은 일본 외무성이었다. 외무성은 1891년 12월 1일부로 제주 바다의 해금이 풀렸으니 마음대로 고기를 잡아도 좋다고 각 현에 통보한 상태였고 해를 넘기자 일본 각 현의 어부들이 제주 바다로 몰려갔는데 뜻밖에도 이규원이라는 복병이 가로막고 있었던 것이다. 일본 정부는 일본 어민을 보호하겠다며 1892년 봄부터 다음과 같이 몇 차례 군함을 제주도 근해에 파견하였다. 그 군함들은 나중에 청일전쟁에 동원되었던 크고 막강한 전함으로 그들이 마음만 먹으면 제주도의 어떤 요새도 초토화시킬 만한 거함이었고 다수의 무장한 군인들이 승선해 있었을 것이다. 아무리 위세당당한 이규원 목사도 주눅이 들 수밖에 없는 노릇이었다.

1892년 2월 야에야마(八重山)함(1,600톤급, 전장 96m, 대포 14문 장착, 승무원 230명)

1892년 2월 다가오(高雄)함(1,770톤급, 전장 70m, 대포 16문 장착, 승무원 222명)

1892년 3월 야마또(大和)함(1,500톤급, 전장 61.4m, 대포 11문 장착, 승무원 231명)

1892년 6월 마야(摩耶)함(622톤급, 전장47m, 대포 5문 장착,
승무원 111명)

그러나 이규원 목사는 제주의 해녀들이 물질을 하는 바당
밭(인근 바다)에서 일본인들의 어업을 금지하는 것은 당연히
제주 목사의 권리요 책임이라며 그들을 멀리 수평선 밖으로
내쫓고 그들이 해안으로 기어올라 제주 땅을 밟지 않도록 온
갖 조치를 강구해 나갔다. 실제로 일본 어부들은 제주 바다
에만 떠 있는 것이 아니라 해안에 상륙하여 불법으로 땅을
차지하고 어막을 지어 잡은 고기를 말리고, 가공하고 보관하
면서 생활하고 있었다. 더욱이 그들은 도둑질과 강도질을 서
슴없이 해댔고 살육을 저질렀다.
　제주 목사가 일본 어민들의 상륙을 허가하지 않으니 일본
어부들로서도 난감한 일이었다. 그들은 전복을 채취할 경우
모선에서 속살을 빼서 말린 다음 일본이나 중국으로 보내야
하고 해삼도 마찬가지의 작업을 해야 한다. 도미 등의 어류
는 일부 활어로 일본에 운반하기도 하지만 염장하여 건조해
야 하며 상어를 잡을 경우 지느러미만 제거하여 건조시켜야
하는데 선상에서 처리하기는 거의 불가능에 가깝다. 따라서
그들은 잡은 고기를 소안도, 추자도 등에 싣고 갈 수밖에 없
는 것이어서　어떤 방법으로든 해안으로 밀고 들어올 태세였
다.

　1892년 2월 대마도 출신 고야나기[小柳重吉]와 나가사키
출신 야마구찌[山口佳太郎]가 이끄는 일본 어민 144명이 어선
18척을 타고 성산포에 불법으로 상륙하여 어막을 짓고 생활

하다가 주민들에게 쫓겨났는데, 얼마 뒤 일본 어민들이 총칼로 무장하고 마을에 난입하여 행패를 부리던 중 주민 오동표가 총탄에 맞아 즉사하였다.

4월에는 일본인들이 화북포에 오르는 것을 동네 주민들이 이를 말리자 그들은 칼을 휘둘러 김두구, 고용이 등을 부상케 했으며 6월에는 명월진에서 고달환과 고영세에게 상해를 입혔다. 그들은 막무가내였다. 아예 수십 척의 배를 포구에 들이대고 뭍에 올라 마을 곳곳을 휘젓고 다니기도 하였다.

이규원 목사는 오동표 사건에 대하여 민종묵 독판에게 자초지종을 보고하였고 민 독판은 일본공사에게 범인들을 체포하여 의법처리하고 오동표 가족에게 배상금을 지불할 것을 요구하였다. 일본 공사는 부산 영사관에 연락하여 범인을 색출하고 재판에 넘기겠다고 약속했으나 그 후 일본 당국은 아예 묵묵부답이었고 배상도 이루어지지 않았다. 화가 난 이규원 목사는 도민 수백 명과 더불어 30여 명의 군인을 손수 지휘하여 일본인 어막을 부수고 거기에 머물던 일본인들과 배를 추방하였다.

일본의 한 신문(鎭西日報 1892.6.16.자)에 의하면 제주도에서의 일본인의 수확은 연간 300만 엔을 상회하며 어민은 약 1,000명, 잠수기는 70대 정도였다고 한다. 그중에 다케우치[竹內]란 자는 잠수기 11대를 포함하여 17척의 배를 운영하고 있는데 그는 제주관아에서 멀지 않은 포구 근처에 어막을 설치한 상태였다.

그런데 5월 25일경 어떤 한인이 다케우치에게 밀보하기를 일본 당국이 오동표의 살해와 관련하여 아무런 조치도 취하지 않은 사실에 분노한 수백 명의 도민이 어막에 쳐들어온다

는 것이다. 이에 다케우치는 모든 상품과 가재도구를 배에
옮겨 싣고 수하 직원들을 배에 옮겨 피신시켰다. 아니나 다
를까 26일 오후 3시경 군중이 어막으로 몰려왔고 뒤이어 이
규원 목사가 30여 명의 병사를 이끌고 나타났다. 목사는 호
령했다.

"당신들은 자진해서 이곳을 떠나라. 만약 떠나지 않고 버
틴다면 내 수하의 군졸들이 이 어막을 부수고 당신들을 추방
할 것이다."

다케우치는 목사가 그들을 추방할 근거를 알지는 못하지
만, 자칫 폭력을 가할 듯하여 모선과 운반선 각 1척 그리고
잠수기선 6척에 짐을 싣고 소안도로 피신했다고 한다. 당시
는 제주도에 우편국이나 전신국이 없어 다케우치는 어선을
이용하여 이 사실을 인천 및 부산 영사관에 알렸는데 가지야
마 공사는 본국에 급전을 보내 연이어 군함을 제주도로 발진
하도록 했다. 이 사건에 대하여 일본의 한 언론은 다음과 같
이 일본 어민의 잘못을 시인하고 있다.

> 좌우간에 이번 우리 어민이 이 섬에서 추방당한 것은 그
> 과실이 우리 어민들에게 있는 듯하다. 왜냐하면 지금의 일
> ·조 조약에는 우리 어민이 제주도에서 어업할 권리가 주
> 어져 있으나, 조약상에서 우리 어민이 이 섬에 상륙하여 가
> 옥을 건설하여 거주할 권리는 인정되지 않고 있기 때문이
> 다. 만약에 우리 어민들이 조약을 모른 척하고 이 섬에 상
> 륙하여 가옥을 짓는 일이 있으면 이 섬의 관리가 어민의 퇴
> 거를 명령함은 지당한 처분이라 우리는 이에 항의할 수 없
> 는 일이다.(鎭西日報 1892.7.2.)

일본 어민들의 불법적인 상륙은 계속되고 그럴수록 주민의 피해는 날로 더해가고 있었다. 일본인들은 생각 없는 제주도민의 땅을 빌려 어막을 설치하거나 생선을 말릴 장소를 확보해 나갔다. 그렇지만 제주도민 대부분의 반발은 더욱 거세졌고 이규원 목사의 결연한 의지는 조금도 꺾이지 않았다. 제주도민들의 반발은 거세지만 이들은 무지막지한 일본 어부들을 감당할 힘도 없었고 무기도 열악했다. 제주목의 유학(幼學, 벼슬에 이르지 못한 선비) 채경수를 비롯한 유생들이 통리아문에 다음과 같이 진정했다.

제주도민은 오로지 어채를 업으로 삼고 있어 기왕의 통상 장정에도 개항지에 포함된 적이 없었습니다. 그러나 최근 일본인이 입도하여 어개와 해조류를 모두 채취하여 도민의 실업은 말할 나위가 없을 뿐만 아니라 그들은 종종 살육을 저질러도 관이 금하지 못하니 도민이 어찌 살아갈 수가 있겠습니까? 금년에 이르러서는 전에 비하여 일본인의 선척 수가 많아져서 그들이 제주도 전도를 둘러싸고 있는 실정이며 그들이 포구마다 들이닥쳐 어막을 짓는 바람에 제주의 전해역이 일본인에게 장악되었습니다. 제주도민들이 눈물로 호소하오니 일본인을 제주해역에서 영원히 추방하여 제주도민이 편안하게 살아갈 수 있게 해주시옵소서. (『승정원일기』)

통리아문은 제주도민들의 반발이 극에 달했다는 소문을 접하자 일본 공사에게 통지하여 제주 바다의 심각성을 공유했고 양측은 현지 사정을 파악하기 위하여 특사를 파견하기로 했다. 조선 측의 특사는 외무주사 이현상으로 그는 전일에 이선득과 더불어 일본에 파견되어 성과 없이 돌아온 사람이다.

일본 측 특사는 세키자와 아케키오[關澤明淸]인데 그는 조선 어장의 실태에 밝은 사람으로 당시 『조선통어사정』을 집필 중이었다(1893년 발행). 그들은 군함 초가이[鳥海]호를 타고 인천항을 출발하여 제주도로 떠났다. 이 함정은 2년 전 김지의 난으로 인한 저항 전쟁 때 제주도에 파견된 배였다. 초가이 군함에는 몇 명의 군인이 탔는지 알 수 없지만 일본이 전일과 동일한 군함을 띄운 것은 다분히 제주도민을 협박하려는 의도가 있다고 보아야 할 것이다. 세키자와는 제주도에 다녀온 후 다음과 같이 보고했다.

> 조선해역에서 어채 중인 잠수기는 120여 척인데 그중 7,80대가 제주도에서 전복을 잡고 있으니 이런 식으로 무제한 남획을 계속하면 3-5년이면 자원이 고갈될 것이다. 제주도민이 일본인 통어를 반대함은 충분히 이해가 간다. 결론적으로 말해 보통수단 가지고는 양국 민간의 평화를 영구히 보전할 가망은 없다.2)

작금에 어채 금지 기간이 지난 데다가 이선득이 일본과 협상하던 일도 수포로 돌아간 터라 조선 정부는 일본인 어업을 중단시킬 능력을 상실한 실정이어서 단지 일본인의 상륙 금지를 강력히 시행하라는 말밖에 할 수 없었다.

이규원 목사와 제주도민은 결국 제주도의 일은 제주도 사람들이 해결할 수밖에 없음을 깨달았다. 따라서 1892년 12월

---

2) 장수호, 『조선시대 말 일본의 어업침탈사』, 수산경제원BOOKS, 2011

제주도 해안을 빙 둘러 73개의 크고 작은 포구에 순포(巡捕)3)를 두고 각 순포에 영장(領將, 우두머리)을 임명하고 일본 어민들의 상륙과 횡포, 어막 및 건조장 설치를 막도록 하였다.

또한 일본 어선이 정박하는 곳에는 순찰을 강화하고 일본인이 배에서 내리면 그 경위를 따져 묻게 하였다. 순포의 경비는 제주목에서 부담하기로 했다. 그러나 보고를 받은 통리아문에서는 패도(佩刀, 칼을 허리에 참)만 하고 총을 소지하지 말 것을 지시하고 불법을 저지르는 일본인에 대하여는 체포하여 일본 영사에게 인도하여 재판을 기다릴 것이지 형벌을 가하지 말 것이며, 그들이 상륙하여 어류를 말리거나 어막을 짓는 행위는 약조에 없으므로 결코 허락하지 말라고 지시했다.

그러나 일본인들은 잔꾀를 생각해냈다. 대량어업이 가능해진 일본 어부들은 수확물 처리에 어려움을 느꼈다. 많이 잡아도 가공 처리하여 부가가치를 올리지 못한다면 소용없는 일이기 때문이다. 그들은 생선을 가공하고 건조를 위한 장소를 마련하기 위해 포구의 선달(先達)들을 이용하였다.

선달들은 포구 등에서 재력이 있으면서 무위도식하는 힘깨나 쓰는 자들로 포구를 점거하여 어민들에게 배를 마련해 주기도 하고 어물을 매집하여 어리(漁利)를 챙기는 등 마을에서 영향력을 행사하는 자들이다. 약삭빠른 일본 어민들은 이들을 내세워 도민의 반발을 무마하고 바닷가 마을에서 불법으로 건물을 임차해 거주하면서 어획한 수산물을 가공하고 건조하였다. 어떤 일본인들은 가정집을 빌리기도 하였다.

---

3) 조선 시대에, 밤마다 순장과 감군이 맡은 구역 안을 인정(人定)부터 파루(罷漏)까지 돌아다니며 통행을 감독하던 일.

그러나 이규원 목사는 불철주야 연안을 감시하여 일본인들의 접근을 막는 데 심혈을 기울였다. 그는 일본이 군함을 제주해역에 띄워 엄포를 놓아도 꿈쩍하지 않았다.

그렇다고 해도 일본 어부들의 어업 행위는 좀처럼 줄지 않았다. 일본인 잠수부들은 해녀들이 물질하는 가까운 바다까지 다가와 전복을 잡고 해조류를 채취했다. 연안에서 해녀들 가까이서 그들이 고기를 잡는 것은 엄연히 불법이기 때문에 관선이 출동하면 일본인들은 쏜살같이 달아나곤 했다. 그들을 쫓기에는 관선이 느리기만 했다.

이규원 목사는 동력선을 구하고자 일본으로 향했다. 그러나 이 목사의 일본행에 대하여 일본 언론은 '조선이 일본에 지불해야 할 방곡사건의 배상금도 못 갚는 처지에 그가 무슨 돈으로 동력선을 사겠다는 거냐'며 비아냥거렸다. 팔 사람도 없고 살 돈도 없어 그의 꿈은 수포로 돌아갔다.

제주 목사의 임기는 통상 2년인데 고종은 '이규원의 명성과 업적이 매우 크므로 제주도민들이 그가 제주도를 뜨는 일을 애석해한다'는 말을 듣고 1894년 2월, 그를 2년 더 잉임(仍任)4) 시키도록 의정부에 하교했다.

<<청일전쟁>>

1894년 2월 전라도 고부군에서 1천여 명의 민중이 관아로 몰려갔다. 고부 군수 조병갑(趙秉甲)이 농민에 대한 가렴주구 등 갖은 탐학을 저질러 군민의 원한이 하늘을 찌르고 있었기 때문

---

4) 기간이 다 된 관리를 그 자리에 그대로 남겨둠.

이다. 성난 민중은 머리에 흰 수건을 동여매고 손에는 죽창이나 몽둥이를 들고 있었다. 동학교도의 접주(우두머리) 전봉준(全琫準, 1855~1895)이 앞장서 그들을 이끌고 있었다. 조병갑은 뒷문으로 빠져나가 담을 넘어 도망쳤다. 그는 변복을 하고 전라감영(전주)에 숨어들었다. 저항의 물결은 요원의 불길처럼 전라도 전 지역과 충청도, 나아가서 전국적으로 번져나갔다.

순조가 왕위에 오른 이후 거의 1세기 동안 외척이 발호하고 그들은 탐학과 사치를 일삼았으며 과거제도는 뇌물에 오염되고 매관매직이 성행했다. 백성들은 도탄에 빠져 굶주림과 무기력에 빠져 있었다. 백성들의 분노는 누군가가 작은 불씨만 그어대면 관솔불처럼 활활 타오를 지경에 이르고 있었다. 금세 1만 명으로 늘어난 동학농민군은 속속 지방관아를 습격하고 급기야는 전주성을 점령하기에 이르렀다. 조정에서는 서울과 궁궐을 지키는 경군(京軍)의 대부분인 800여 명을 급거 출동시켰다. 그러나 그들이 전주로 진군하는 동안 거반의 병사가 탈영하여 군세는 470명으로 줄어들었다.

조선 왕실의 본향이고 태조의 위패와 영정이 모셔진 전주가 저항군의 손에 들어갔다는 보고를 받은 고종은 몹시 당황하여 허둥대다가 앞날의 일을 생각하지 않고 성급하게 청군을 불러들였다. 이 소식을 들은 박은식은 다음과 같이 한숨을 지었다.

당시 나는 서울에 있다가 원병을 청했다는 소식을 듣고 한탄하였다. 동학도는 오합지졸이라 관군들이 힘써 소탕하면 진정시킬 수가 있을 텐데 어찌 중국에 원병을 청했다는 말인가! 우리나라에서 구구하게 일어나는 내란을 스스로 진압하지 못하고 다른 나라에 위급함을 구해달라는 것은 국가의 치욕이 아닌가? 만약 청국에서 파병하면 일본이 가만히 있지 않을 터인데, 이로 말미암아 양국 군대를 불러들이게 되면 우리나라는 어찌 무사히 보존될 수 있겠는가?5)

청나라의 북양대신 리홍장은 조선 정부의 원병 요청을 호기회로 삼아 즉시 군대를 파견하기로 하고 5월 1일 중국 위해(威海)에서 5척의 군함을 발진시켜 3척은 인천항에 정박시키고 2척은 아산만으로 보냈다. 또한 서울에 머물고 있던 육군 1,500명을 인천항을 통해 해로로 아산만으로 향하게 하였다.

일본 공사 스기무라[杉村濬]로부터 조선이 청나라에 구원병을 요청했다는 전문을 받은 일본 외무상 무쮸 무네미쓰[陸奧宗光]는 내각수반 이토 히로부미[伊藤博文]에게 보고했다. 이토는 즉각 각료회의를 열고 군수뇌를 참석시켰다. 그 자리에서 가와가미 소로쿠[川上操六] 참모차장은 청나라 군비 상황이 허술하여 일본이 청나라를 이길 수 있다고 보고했다. 이토는 조선에의 파병을 결의하고 참모총장에게 1개 여단 규모인 5,000명을 파견하도록 지시했다. 조선은 일본에 파병 요청을 한 사실이 없음에도 일본이 일방적으로 조치한 것이다.

일본 정부는 마침 스기무라의 후임으로 서울에 부임하는 오도리 게이스케[大鳥圭介]에게 군함 6척을 붙여 인천에 이르게 하였다. 오도리 공사는 인천에 도착하자마자 군함에 타고 있던 육군 420명을 차출하여 대포 6문을 끌고 서울로 달렸다.

도성과 임금이 거처하는 궁궐의 병력은 비어 있었다. 도성을 지키는 경군의 대부분은 전주로 내려갔고, 서울과 인천에 주둔해 있던 청군은 아산으로 이동한 터였다. 일본군이 경복궁의 서

---

5) 박은식 지음, 김승일 옮김, 『한국통사』, 범우사, 1999

문 영추문을 포격하여 부수고 진입하자 얼마 남지 않은 경비병은 담을 넘어 도주했고 궁중에 머물고 있던 신료들도 대부분 꽁무니를 뺐다. 궁중에는 고종과 소수의 근신만이 남아 있었다. 오도리 공사는 고종을 협박하여 민씨 척족을 내치고 왕명을 위조하여 군대를 해산시켰다. 김홍집, 김가진, 박영효, 이재면, 어윤중 등의 친일개혁파를 불러들였고 갑신정변에 연루된 자들을 전부 풀어주었다.

오도리 공사는 이들 친일세력의 머리 꼭대기에 앉아 소위 갑오경장(甲午更張)이라는 개혁방안을 짜도록 했는데, 이는 당시 조선인과 조선 사회에 낯설은, 일본의 지배와 식민화를 용이하게 하는 행정조치였다. 친일개혁세력들은 군국기무처를 신설하고 김홍집을 내각총리대신으로 추대했다. 신설 군국기무처를 이용하여 일본은 친청파나 일본의 내정간섭에 도움이 되지 않는 관리들을 삭탈관직하거나 한직으로 전보시켰다. 일본인에게 눈엣가시였던 이규원 제주 목사가 남은 재임 기간을 못 채우고 경질되는 것은 당연한 수순이었다.

한편 일본은 아산만으로 향해가던 청나라 군함을 경기도 앞바다 풍도 인근에서 기습공격하면서 청일전쟁의 문을 열었다. 일본은 5,000명의 군사를 아산으로 보내 청군을 패퇴시켰고 이어서 평양 전투와 신의주 전투에서 청군과 싸워 이겼다. 일본 해군은 황해의 해전에서 청나라의 전함을 침몰시키며 승승장구했다.

중국과 일본의 구원병이 밀려온다는 사실을 안 동학농민군은 전주성에서 나와 각자의 고향으로 돌아가고 있었고 전봉준은 고을마다 집강소를 설치해 백성들을 위무하고 있었다. 그러나 일본군이 궁궐을 침범했다는 소문을 들은 그들은 다시 횃불을 들었다. 동학군이 다시 봉기한 데는 일본이 조선반도 노략질의 구실을 만들기 위해 일본인 낭인배들을 시켜 충돌질했기 때문이라는 설도 있다. 이제 농민군들의 저항 상대는 민씨 정권이나 탐관오리가 아니고 바로 일본이었다.

동학군은 전라도는 물론이고 충청도, 경상도, 강원도 각처에서 일어났다. 그 수는 10만여 명을 넘어섰다. 그러자 청군과 싸우던 일본의 일부 병력이 농민군을 섬멸하러 나섰다. 일본군은 순박한 농민들을 토끼몰이하듯 남쪽으로 몰아가면서 도륙하기를 서슴지 않았다. 농민군의 지도자, 동학군의 수령과 접주들이 학살되었다. 이는 단순한 난리의 평정이 아니라 일본의 침략행위이고 일본군과 조선 백성의 전쟁이었다. 동학농민전쟁은 1894년 12월 2일 전봉준에 체포되면서 끝났다. 청일전쟁은 1895년 4월 17일 청국의 무참한 패배로 끝났다.

1895년 2월, 지난해부터 벌어진 청일전쟁이 막바지에 이르면서 일본이 확실한 승기를 잡자 일본인이 경영하는 부산수산회사는 세키자와 아케키오[關澤明淸]와 다케나가 쿠니카[竹中邦香]를 내세워 가토 마스오[加藤增雄] 부산 영사를 통해서 이노우에 카오루[井上馨] 공사에게 청원서를 제출했다. 이노우에 카오루는 외무대신으로 있던 중, 청일전쟁 후 조선 정부를 확실히 장악할 의도 하에 이토 히로부미 내각총리대신이 특명으로 조선 공사로 발탁한 인물이다.

부산수산회사는 남해 영역에서 어획고를 올려 큰 부자가 된 오이케 츄스케[大池忠助] 등이 1889년에 세운 회사로 조선해에서 조업하는 일본 어민들에게 각종 정보를 제공하고 조선해에서 잡은 물고기를 매집하여 일본과 중국에 수출하여왔다. 특히 이 회사는 상어지느러미, 해삼, 전복을 중국 상해 등지에 수출하여 부를 축적하였다. 또한 부산 등지에 어시장을 개설하여 조선 국내에도 어물을 판매하였다. 특히 세키자와와 다케나가는 조선해의 어족자원을 연구하여 『조선통어사정』을 펴냈고 부산수산회사에서 자문역을 맡고 있었다.

청원서 내용의 대략은 다음과 같다.

① 조선 해변에다 일본 어민들이 잡은 물고기를 가공할 건물을 건립하고 그들이 거기에 거주할 수 있도록 할 것.
② 어업감찰을 부산세관뿐만 아니라 어업지에서도 교부받도록 할 것.
③ 개항장과 가공공장 설치장소 사이에 기선의 항로를 열고 어업자들의 필요품을 공급하도록 편의를 제공할 것.
④ 제주도, 소안도, 거문도, 통영, 가덕도(낙동강 하류), 죽변 등으로 가공공장 설치장소를 확대할 것.

〈조일통어규칙〉 3조에 의하면 일본 어업자는 잡은 고기를 당해 장소에서 조선인들에게 팔 수는 있지만 잡은 고기를 조선의 육지에 올려 가공할 아무런 규정이 없었다. 물고기는 원래 상하기 쉬워 염장, 건조 또는 가공하지 않으면 안 되는 것이어서 일본 어부들의 불만이 커짐에 따라 일본 정부는 매우 난처한 입장에 있었다.

오죽하면 1892년 이선득이 일본에 파견되어 일본 외무성과 협상을 진행할 때 일본은 제주도 연해에서의 어업을 영구 철수하는 하나의 조건으로 남해의 소안도, 거제도 등과 목포항에 어물건조장을 설치할 것을 주장하였을까? 그러나 일본의 속셈을

잘 알고 있는 조선 정부는 이를 거절한 바 있다. 그런데 3년이
안 되어 일본 정부는 제주도까지 포함하여 일본 어부들이 항구
와 연안에다 물고기 가공공장을 설치하고 거기에 종사하는 인부
를 상주시킬 것을 요구한 것이다.

청나라가 조선의 수호자이고 일본을 견제할 막강한 힘을 가
진 존재로 믿고 있던 조선의 관리들은 청나라 군대가 일본에
밀리고 결국 일본에 항복할 국면을 맞자 일본의 부당한 요구에
버틸 재간이 없었을 것이다. 일본의 요구에 조선 정부가 어떻게
대응했는지는 자료가 없어 알 수가 없으나 아마도 버틸 계제는
못 된 것 같다.

다른 지역은 몰라도 제주도의 경우 이규원 목사가 임기를 연
장하면서까지 일본 어부들의 상륙을 엄격하게 막았는데, 1894년
9월 이규원 목사가 이임하고 난 이후 제주도민들은 의지할 구석
이 어디에도 없었다. 청일전쟁 이후 일본 어민들은 제 세상 만
난 듯 바다를 싹쓸이했고 거리낌 없이 성 안까지 들어와 활개치
고 다녔다. 제주에서 유배 생활을 하던 김윤식은 『속음청사』에
서 당시 상황을 다음과 같이 기록했다.

어제 고기 잡고 전복 캐는 일본 사람 수십 명이 성 안에
들어와 흩어져 다니며 관광을 했다. 이 가운데에서 세 사람
이 나인영과 필담을 했다. 그중 한 사람이 나이는 15세이
나 글을 잘하는데, 자기 말로 나가사키에 살고 있으며, 배
마다 하루에 전복을 잡는 것이 30꿰미(한 꿰미는 20개), 즉
600개라고 한다.

제주의 각 포구에 일본 어선이 무려 3,4백 척이 되므로,

각 배가 날마다 잡아가는 것이 대강 이런 숫자라면 이미 15,6년이 지나도록 오래되었으니 어업에서 얻는 이익의 두 터움이 이와 같으나, 본 고장 사람들은 스스로 배 한 척 못 구하고 팔짱만 낀 채 넘겨줘 버렸으니 어찌 애석하지 않으리.(1899.8.29.)

일본 어민들이 연안으로 올라와 창고 또는 가공공장을 설치함에도 후임 목사는 속수무책이었다. 주민들이 나설 수밖에 없었다. 제주성 인근과 성산포, 서귀포 등지에서는 성난 주민들이 폭도로 변해서 일본인의 어막을 불태우는가 하면 대정현에서는 일본 어선들의 정박을 방해하고 심지어 잠수기 어선을 쫓아내기도 하였다.

엎친 데 덮친 격으로 제주도에는 1894년 이후 수년간 가뭄과 태풍으로 주민들이 굶주림에 시달려야 했다. 1895년 일본측의 요청으로 제주도에까지 일본인들의 상륙과 어획물 가공공장 건설이 허용되었지만 주민들은 전과 같은 강한 저항의 동력을 상실했다. 관이 일본 측 요구를 들어주거나 묵인하는데 힘없는 주민이 어찌 감당할 수 있겠는가? 일본인들의 계속되는 분탕질과 아비규환의 현실에서 제주 사람들은 마음 둘 바를 몰랐고 백성들을 배신한 성부에 기댈 마음도 없었다.

14. 조선해의 어족자원

1883년 7월 〈조일통상장정〉이 체결되자 누구보다도 일본 혼슈[本州] 서남부와 규슈[九州] 주민들이 환호작약했다. 꿈에 그리던 조선의 바다에 나가 고기를 잡을 수 있는 자유가 공식적으로 허용되었기 때문이다. 이들 16개 현, 즉 히로시마[廣島], 야마구치[山口], 나가사키[長崎], 오이타[大分], 카가와[香川], 오카야마[岡山], 쿠마모토[熊本], 에히매[愛媛], 가고시마[鹿兒島], 효고[兵庫], 후쿠오카[福岡], 도쿠시마[德島], 사가[佐賀], 미야사키[宮崎], 치바[千葉] 지역의 어민들은 당시 일본 서남해 바다에는 어류가 고갈되다시피 하여 처참한 생활을 하고 있었다. 인구에 비하여 해역도 협소하고 근간의 남획으로 인하여 어족의 씨가 마를 지경이었다. 1883년 가으내 겨우내 그들은 배를 수리하고 새로 건조하고 선단을 꾸리기에 바빴다.

1884년 봄, 우선 잠수기 선단들이 제주 바다로 향했고 그 선단들에게서 계속해 낭보가 들려왔다. 바다 밑에 손바닥만한 전복이 자갈처럼 지천으로 깔려있고 도미, 상어 등의 물고기가 무수히 많다는 것이다. 일본 어민들은 속속 가까운 부산으로, 남해로 향했다. 거리가 가깝고 기후가 온난하며 해안에 굴곡이 많고 무수한 섬이 있고 어족이 풍부하고 조업이 안전하기 때문이다. 부산과 울산을 지나 북쪽 바다에는 기후

가 냉하고 해안의 굴곡이나 도서가 드물고 양항이 적고 풍랑
마저 거칠어서 어로행위가 쉽지 않았다. 더욱이 강원도 함경
도 해역은 일본 어선의 출입이 거의 없었다.

다도해라 불리는 남해 그리고 서남해는 물 반 고기 반이라
할 만하고 다양한 종류의 어족들이 서식한다. 조선해의 중요
수산물에 대하여 폭넓게 연구한 세키자와 아케키오[關澤明淸]
는 『朝鮮通漁事情, 1893』에서 조선해에 서식하는 어종을 다
음과 같이 열거하고 있다.

다양한 종류의 고래, 돌고래, 상어, 도미, 농어, 가오리, 민
어, 조기, 갈치, 방어, 고등어, 삼치, 숭어, 대구, 명태, 넙치
(광어), 열기, 꽁치, 연어, 전어, 청어, 멸치, 뱀장어, 붕장어,
갯장어, 문어, 오징어, 바다거북, 전복, 해삼, 홍합, 진주조개,
굴, 새우, 게, 해삼, 해조류(가사리, 미역, 김 등), 기타. 이는 일
본 어민들이 10여 년 동안 경험했거나 조사한 어종들이다.

일본 어민들은 부산 근해와 남해에 집중하여 어로행위를
일삼았으며 특히 다와라모노[俵物]라 하여 일본인들이 귀중하
게 여기고, 중국에 수출하면 돈이 되는 세 종류의 어획물(전
복, 해삼, 상어지느러미)은 남해의 여러 섬과 제주 바다를 드나
들며 잡을 수 있어 열을 올렸다.

그 외에 그들은 부산을 포함한 경상도 연안에서 멸치, 문
어, 장어, 새우, 잡어를 어획하여 큰 재미를 보는가 하면 낙
동강 하구에는 뱀장어를 잡기 위한 수많은 배와 사람들이 몰
려와 북새통을 이루었다. 그때까지만 해도 조선사람들은 뱀
장어가 뱀을 닮았다 하여 기피했다.

목포 근해에서는 여름이 되면 삼치와 가오리를 잡기 위한
어선들이 100척 이상 나타났고 제주도, 거문도, 흑산도 부근

에는 가을철에 수십 척의 상어잡이 어선이 어획고를 올렸다.
제주 바다에는 잠수기 어선의 전복채취가 끊이지 않아 세키
자와가 우려했던 것처럼 어족의 씨가 말라가고 있었다. 따라
서 20세기 초에는 제주 바다에서 조업하던 잠수기 어선들이
서해안, 부산, 원산 해역으로 옮겨갔는데 거기서는 치수가 작
은 전복이 잡혀 통조림용으로 썼다고 한다.

조선해에 출어한 어선은 주로 4-8인이 어로작업을 하는
소형목선으로 며칠간을 바다에서 머물러야 하고 귀항하는데
도 시일이 걸리기 때문에 많이 잡아도 탈, 적게 잡아도 탈이
었다. 그래서 잡은 물고기를 바다에 버리는 경우가 허다했다.
소형선박에서 선원들이 가장 불편했던 것은 선원의 육상생활
시설과 어업 부대시설이었다.
그래서 입어자에게는 어장 부근에 생활필수품을 조달, 저
장하거나 어획물을 가공하고 휴식을 취할 육상 근거지를 확
보하는 것이 필요했다. 일본 어부들은 식수와 생활필수품의
조달 문제뿐만 아니라 어획물을 가공하고 보관할 장소 등등
필요불가결한 것을 스스로 해결하지 않으면 안 되었다.
〈통어장정〉 제3조에 의하면 어개(魚介)의 판매를 해변지방
에서 할 수는 있지만, 일본 어부가 해안에 상륙해도 좋다는
규정은 위급상황 외에는 없었다. 일본 측에서 볼 때 일본 어
부들로 하여금 육지에 어막과 생선건조장을 지을 여지를 만
들지 못한 것은 큰 실수였다.
따라서 이선득과 협상 과정에서도 제주 바다를 포기하더라
도 건조장을 확보하고자 시도한 적도 있다. 물론 여기에는
조선의 땅을 야금야금 좀먹어가겠다는 음모도 포함되었다고

해석할 여지가 있긴 하다. 일본 어민들은 육상에 상륙할 권리가 주어지지 않았기 때문에 식수와 식량, 땔감, 생활필수품을 항상 배에 싣고 다녀야 했고 어획물의 가공, 건조, 보관도 비좁은 배에서 처리해야 했다.

그래서 그들은 해안을 넘봤지만 주민들에게 낯설은 그들은 현지인들과 자주 충돌을 일으켰다. 개중에는 약삭빠른 일본인들이 현지인들과 적당히 타협하여 어막 등을 지을 부지를 확보하는 경우도 있었다. 주민이 얼마 실지 않는 섬에서는 그들이 힘으로 밀고 들어와 아예 거처까지 마련하는 횡포를 저지르기도 하였다. 소안도의 경우 일본촌이라는 마을이 생겨나기도 하였다. 이에 중앙에서는 어막을 설치할 땅을 내주지 말라는 훈령이 여러 번 하달되었다.

일본인들은 매우 빠르게 대책을 강구하고 있었다.

첫째, 여러 척의 배로 선단을 조직하는 것이다. 즉 고기잡이 어선에 작업선 및 운반선을 딸려 붙이는 것이다. 운반선이 작업선을 겸하는 경우도 많았다. 작업선에는 생선의 배를 가르고 소금을 쳐서 뱃전에 말리기도 하며 상어의 경우 지느러미를 절단하고 몸통은 적당한 크기로 절단하고 전복 등 조개류는 껍질을 제거해 말리기도 하였다. 특히 전복의 껍데기는 약재 및 공예품의 재료로 활용되기 때문에 속살만큼 중하게 여겼다. 당연히 작업 인부가 따라왔다.

둘째, 어로선과는 사전 예약 없이 고기 잡는 현장에 나타나는 출매선(出買船)의 등장이다. 그 배들은 어선에서 어획물을 자유롭게 매입하고 항구로 운반하여 판매하는 선박인데, 이 선박들은 조선의 항구뿐만 아니라 일본에까지 싱싱한 생선을 운반해 판매함으로써 많은 돈을 벌었다. 나중에는 얼음을 채워서 더욱 신선도를 높이는 빙장선(氷藏船)도 등장하였다. 해가 갈수록 역할을 분담하는 여러 종류의 선박이 나타나고 또 빠르게 동력화되기도 하였다.

셋째, 일본인들의 생선회를 좋아하는 식습관에 부응하여 생선을 활어로 운반하는 소위 활주선(活洲船)이 등장하여 낚시로 잡은 생선을 산 채로 실어가 일본의 항구에 풀어놓는데, 그 규모는 15-20톤급의 범선이며 보통 치수의 도미, 광어 약 3,000마리까지 수용이 가능했다.

넷째, 선단을 이끄는 모선(母船)의 등장이다. 모선에는 어로를 총지휘하는 사령부가 있고 남녀의 작업 인부가 타고 있으며 그 배들이 일본 또는 조선의 기항지에서 떠날 때 마련한 염장용 소금, 물, 식량, 일용품 및 땔감을 싣고 있었다. 더러는 모선에 인부들의 휴식과 취침을 위한 공간도 준비되어 있었다. 모선은 일명 오야가다배[親方母船]라 불렀는데 어물객주가 선주가 되어 개개의 어업자 또는 어업선을 수배하여 영어자금을 대주고 그 결과로 어획물을 매수 가공하여 판매하는 기업형 선박이다. 모선은 생선의 가공, 건조뿐만 아니라 어획물을 멀리 일본의 항구도시로 운반하기도 하였다. 모선이 운반선을 겸용하기도 하지만 별도로 운반선을 운행하기도 하였다. 순풍에는 시모노세키[下關]까지 3일, 오사카(大阪)까지 6일 정도 걸렸다. 모선의 규모는 1905년경 동력선이 등장하기까지 15-20톤급의 범선이었다.

조선해에서 주요 어종의 분포와 어획물 실태를 종류별로 살펴보자. 전복, 해삼 등의 잠수기 어업은 이미 검토한 바 있어 이 장에서는 생략한다.

1. 고등어잡이 어업

부산 근해와 남해는 일본 서남해와 더불어 고등어의 주요 분포지다. 고등어는 조선인과 일본사람들이 공히 즐겨 먹는 물고기다. 그래서 조선이나 일본의 어업자들이 어획에 나섰지만 <통상장정> 체결 이후 고등어잡이는 보다 발전된 기술을 보유한 일본 어선의 독무대였다.

고등어는 6월경 대마도 근해에서 북상하여 8월경이면 부산을 거쳐 일부는 거제도로, 일부는 울산 근해에 이른다. 이 시기에 어부들은 주로 야간에 집어등을 이용해 낚는다. 어법은 19세기 말까지는 외줄낚시[一本釣]였으나 20세기 초에 들어서 그물[揚繰網]을 사용하는 업자가 많아졌다. 일본수산회사에 의하면 1척당 승무원은 5-6명이며 성어기에 하룻밤 어획고는 1척당 250-300마리, 풍어일 때는 1척당 500-600마리를 낚았다. 고등어는 배를 따서 소금을 쳐 간고등어로 제조하였기 때문에 내륙 깊숙이까지 유통되었다. 조선 해역에서 잡는 고등어는 일본으로 실어가기도 하지만 부산 수산시장에서 거래되는 수량도 많았다.

일본배가 어획하는 고등어는 많은 양이 조선에 보급되어 조선인의 애호식품으로 영양공급에도 도움이 되었지만 다른 한편 일본의 영양공급과 국부축적에 기여하기도 하였다.

2. 도미 어업

일본인들이 조선해를 탐하는 가장 큰 이유는 도미잡이를 목표로 한 것이란 설이 있을 정도로 도미잡이는 일본 어민들의 중요한 어업이었다. 도미는 아름다운 분홍색을 띠고 있으며 청록색의 반점이 광택을 발한다. 맛 또한 담백함에도 조선인들이 도미를 잘 먹지 않았다는 것은 도미가 해안에서 멀리 떨어진 수심 40-50m의 바다에 서식하고 있어 재래식 어구로는 어획이 쉽지 않았기 때문일 것이다. 안 잡은 것이 아니라 못 잡은 것이다. 도미는 담백한 음식을 선호하는 일본인의 구미에 맞는 생선이라 일본인들이 즐겨 먹는다.

도미는 남해와 서해 그리고 제주도 연해에서 많이 잡히는데 1887-1888년간에는 300척에 달하는 어선이 도미잡이에 종사했고 1899년에는 무려 600척에 달했다고 한다.

일본인의 도미잡이 어선은 5-6월 성어기가 되면서부터 가을철까지 부산 근해에서부터 시작하여 거문도, 거제도, 청산도, 소안도를 지나 제주 바다까지 훑어나가다가 연말에 일본으로 돌아간다. 일본에서는 거의 사라진 도미가 남해 일대와 제주 바다에서 엄청나게 잡히기 때문에 도미잡이에 나선 일본 어민들은 매우 들떠 있었다. 그래서 일본에서는 남해와 제주 바다를 도미 어장이라고 부르기도 하였다.

도미잡이 선단에는 으레 염절한 생선을 운반하는 염절선(鹽切船)과 활어를 운반하는 활주선(活洲船, 활어운반선)이 뒤따랐는데 도미는 활어로 식당에 공급해야 높은 값을 받기 때문에 활주선의 활동이 활발하였다. 초기 일본인의 도미잡이에는 외줄낚시와 연승(延繩)[1]이 보편적인 어법이었다. 그러나 도미가 조밀하게 떼로 몰려들 때는 그물을 사용하기도 하였다. 어느 해에는 부산에서 거제도 사이에서 조업하던 그물배

---

1) 주낙, 한 가닥의 기다란 줄에 일정한 간격으로 가짓줄을 달고 그 끝에 매단 낚시바늘로 고기를 낚는 방법.

한 척이 하루에 3만 5천 마리를 잡았으며 또 주낙선 한 척은 하루에 큰 도미 400마리 이상을 잡았다는 체험담이 전해진다. 여하간 어기가 되면 부산 어시장은 몇십만 마리의 도미로 인하여 입추의 여지가 없을 정도였다. 이 도미들은 상인에 의하여 일본의 각 항구로 이송되었다.

1909년에는 도미 어업이 최고조에 달해 성어기에는 목포를 중심으로 한 서남해에 도미 어선이 800척을 웃돌았고, 염절선 120척, 상고선 500척이 해역에 편만하게 떠 있었다.

3. 상어잡이 어업

상어는 조선의 전 해안에 분포해 있지만 주요 산지는 부산 해역, 남해, 제주 바다이며 그 종류도 다양하고 자원도 풍부했다. 그러나 조선에서는 상어를 즐겨 먹지 않는 사나운 어류라서 대체로 조선인의 어업의 대상은 아니었다. 그러나 경상북도 감포에서는 전통적으로 상어를 잡았기에 상어고기는 오래전부터 경북지방의 기호품이기도 하였다. 제주도의 해녀들은 상어가 나타나면 서둘러 물질을 접고 해안으로 헤엄쳐 나왔다. 상어는 위협적인 물고기이기 때문이다.

상어잡이는 개항 이후 일본 어부들이 진출할 만한 신흥어업이었다. 오이타현의 마츠가와[松川]라는 사람은 개항에 즈음하여 제주도 비양도로 상어잡이선 10척을 몰고 와서 상어를 잡아 적지 않은 수확고를 올렸고 소문을 들은 오이타현 등의 어부들이 몰려들어 곧 상어잡이 어선은 60척으로 늘었다. 상어잡이 어업의 주요 근거지는 단연 제주도의 서귀포, 가파도, 비양도 해역이었다. 도미, 삼치 등의 먹이를 쫓아 상어들은 부산 근해에서 남해 일대를 거쳐 제주 바다로 향했다. 상어는 흉포한 물고기라 어선과 어구가 견고하고 선원은 6-7명이며 주로 가을에 조업했다.

　상어잡이 선단은 주낙선, 염절을 겸한 운반선으로 이루어지는데 가끔은 장사꾼들의 상고선(商賈船)이 따라붙기도 하였다. 입어 초기에는 잡아올린 상어의 지느러미만 선상에서 절제하여 건조하고 이를 운반선 또는 상고선을 통해 나가사키나 부산항으로 반출했고 다시 중국으로 수출했다. 상어지느러미는 삭스핀이라 하여 중국의 고급음식점에서 특히 서양인들에게 제공되었다. 초기에는 지느러미를 절제한 몸체와 내장을 바다에 버렸으나 조선 사람들이 상어 맛을 알게 되자 어육은 염장하여 고기로, 상어 간은 어유로 판매하였다. 특히 상어의 간유는 제주도와 남해안에서 등잔 기름이나 어화(漁火)로 활용되었다.

　제주도, 거문도 등에서는 길게 토막으로 잘라 말린 상어육[다레, 網長]을 제조하여 일본으로 수송했는데 일본 어부들이 이를 가공, 건조하는 장소를 불법으로 점유하는 바람에 제주도에서는 많은 사단을 일으키기도 하였다. 19세기 말 상어잡이 어선은 연평균 170-180척에 이르렀다.

4. 조기잡이 어업

　조기[石頭魚]는 조선인의 기호어종의 하나다. 그러나 세키자와 아케키오에 의하면 조기는 일본인이 꺼려하는 어종이라 한다. 옛 어른들의 말에 의하면 조기의 한자어가 석두(石頭, 돌대가리)이고 조기 떼가 내는 소리가 바가바가(바가는 바보의 일본어)라서 일본인들이 기피했다고 한다.

　그런데 어떤 일본 어부가 서남해 해역에서 조기 떼를 발견하고 그물을 던졌는데 한 번에 4-5만 마리가 잡혔고 어느 때는 고기가 너무 많이 잡혀 그물을 들어 올릴 수가 없었고 그물이 찢어지기도 했다고 한다.

일본인들은 조선인이 조기를 좋아한다는 것을 알아차리고 이는 그들이 조선인에게 팔아 돈을 벌 수 있는 기회라 이 기회를 놓칠 수 없다며 본격적으로 조기잡이에 나섰다. 일본에서 발명한 안강망이 효력을 발휘했다. 안강망 어법은 조류가 빠른 해역에서 긴 자루 모양의 그물을 고정시켜 조류의 흐름에 밀려 그물 안에 들어오는 고기를 잡는 방법이다.

당시 조기는 봄철의 산란을 위해서 남해안과 서해안의 남쪽에서 북쪽으로 회류하는데, 첫 번째 산란은 3월 무렵 추자도와 흑산도 근해에서, 두 번째 산란은 5-6월경 연평도 근해에서 산란하는데 이때가 최고조에 달한다.

조기잡이를 하는 어선에는 염절선이나 운반선이 뒤따르지 않아도 되었다. 조선인이 운영하는 빙장선(얼음배)에 수확물을 바로 넘기기 때문이다. 일본 어부들은 조선의 객주에게서 대가를 챙겨가면 되는 일이지만 어획물의 대소나 마릿수에 따라 희비가 엇갈린다. 규격별로 단가를 쳐주던 것이 풍어기에는 마릿수를 계산할 수 없어 산대(고기를 푸는 도구) 단위로 싸게 넘기는 경우도 비일비재했다. 조기잡이 어업은 연평도 일대가 최대어장인데, 1903년 137척, 1906년 237척, 1908년에는 약 500척, 1912년에는 1,100여 척을 능가했다.

5. 삼치잡이 어업

조선사람들은 삼치를 망어(亡魚)라 하여 삼치가 그물이나 낚시에 걸리면 재수 없다고 버렸었다. 그러나 삼치는 일본인이 선호하는 어종이어서 삼치잡이는 일본 어부들이 독점하였다. 삼치는 봄철 수온의 상승과 더불어 남쪽으로부터 회유하여 남쪽과 북쪽으로 갈라져 북상한다. 서남해로 몰려온 삼치는 봄철에 잡고 동해안으로 북상한 삼치는 한류를 만나 부산 지역으로 회귀하는데, 특히 울산의 방어진이 고등어와 더불어 삼치잡이의 일대 근거지로 발전했다. 삼치는 소금에 절여 일본으로 바로 수송하였다. 삼치잡이 어선은 1903년 303척, 1904년 325척, 1907년부터는 400-600척에 달했다.

6. 명태잡이 어업

19세기 말 명태는 일본 어부들이 전혀 경험해 보지 못한 어종이었다. 명태는 조선인들이 선호하는 생선이지만 일본인들에게는 생소한 것이었다. 명태 산지는 함경도 지방으로 성어기는 한겨울이기 때문에 주로 일본 남부의 어부로 이루어진 일본 어업자는 거의 근접하지 못했다. 일본 어부들이 조선의 바다를 휘저었으나 명태만은 조선 어부들의 전유물이었다. 일본이 명태잡이에 나선 것은 20세기 초였다.

7. 뱀장어 · 갯장어 · 붕장어

장어 종류는 생김새가 뱀 같아서 조선인들이 꺼리는 어종이지만 일본인들은 매우 선호했다. 뱀장어는 민물과 바닷물이 교차하는 강구에 많이 서식했다. 낙동강구, 영산강구, 섬진강구, 태화강구가 주요 어획처였는데 일본 어부들은 봄철과 가을철에 갈퀴로 뻘[니토, 泥土]을 긁는 방법으로 잡았다. 일본인들은 장어를 특히 좋아하여 잡은 장어는 현장에서 산 채로, 대기하고 있던 활주선에 사전 예약한 가격으로 팔렸다.

갯장어와 붕장어 또한 일본인이 선호하는 생선인데, 갯장어는 주로 남해의 섬 주변에서 서식하고 붕장어는 영일만과 울산만 등의 해역이 주요 어장이었다.

8. 방어

방어는 조선인들이 즐겨 먹는 생선은 아니었으나 일본인들은 매우 좋아했다. 방어는 전라도 해역과 제주 바다에서 주로 잡히는데, 일본 어부들은 미끼를 사용하여 외줄낚시로 잡아올렸다. 잡는 시기는 11월에서 2월 사이로 다른 어종의 휴어기간으로 어류가 희소하기 때문에 고가로 판매되었다.

9. 대구·청어

조선인들은 말린 대구를 매우 선호했는데, 주요 어장은 부산만과 진해만이었다. 일본 어부들은 비교적 늦게 대구에 관심을 갖게 되었지만 그 후 말린 대구는 일본인들의 선호식품이 되었다. 청어는 오로지 조선인의 주요 어종이었지만 1900년대부터 일본 어부들이 관심을 갖게 되었다. 영일만이 주요 산지였다.

대구와 청어 어업이 일본 어부들에게 사랑을 받지 못한 원인에 대하여 세키자와는 일본인들이 아직 이런 물고기를 잡은 자는 없었다고 하면서 당시 출어자들은 시코쿠[四國], 쥬고쿠[中國], 규수[九州]사람들이라서 그런 물고기를 고향에서 본 적이 없어 잡는 방법도 몰랐다고 술회했다.

10. 고래잡이

<통어장정> 제4조에 의하면 "양국의 어선은 어업면허의 감찰을 받은 자라 하더라도 특허를 받지 않으면 양국 해변 3해리 이내에서 고래를 포획해서는 안 된다."고 규정하고 있다. 일반 어업자라고 해서 고래를 잡아서는 안 된다는 것이다. 당시 일본에서는 창과 작살 그리고 큰 그물을 이용해서 연안의 고래를 잡아왔다. 이를 망취식 포경법이라 하는데 1890년 이후 일본의 고래잡이 어선들은 부산해와 남해 그리고 제주 바다에서 망취식으로 고래를 잡았다.

그러나 그 어획량은 많은 인력에 비하여 수익을 올리지 못했다. 1891년에는 부산세관 민건호(閔建鎬)의 도움으로 일본의 한 수산회사가 남해 등지에서 3년여 고래를 포획하였다. 그러나 그와 같은 구식기술로는 큰 고래를 다량으로 잡을 수는 없는 노릇이었다.

1891년 4월 일본을 방문하고 블라디보스토크항으로 돌아가던 러시아의 니콜라스 황태자(1894년 황제가 됨)는 동해에서 출몰하는 엄청난 고래 떼를 발견하고는 경악을 금치 못했다. 큰 고래들이 봄에 동해 남쪽에서부터 한류를 따라 깊은 곳에서 유영하여 북상하는데 그는 이 무리를 본 것이다. 그는 블라디보스토크에 도착하자마자 왕실 자금을 투자해 포경회사를 설립하여 동해와 북해도에 포경선을 띄울 것을 지시했다.

러시아는 시베리아 철도 부설이 완공되어 어획물 판로가 모스코바까지 확대되었기 때문에 더 발전된 기술로 동해에서 고래를 잡는데 열을 올렸다. 이에 일본의 여론이 크게 들끓었다. 일본은 러시아가 동해 포경에 열을 올리는 것은 러시아의 남하 정책의 전조로 인식하고 러시아의 남진을 막아야 한다는 견제책을 강구하기에 이르렀다. 세키자와는 다음과 같이 지적했다.

　　일본이 러시아인들에 앞서 조선해 어업의 주권을 거머쥐
지 않으면 일본은 국권상 절대로 안이하지 못할 것이다. 러
시아인이 조선해에 와서 고래를 크게 어획하여 일본에 수
출하여 큰 이익을 보고 있다. 그들은 쉽게 포경을 중단하지
않을 것이고 훗날에도 포경은 계속될 것이다. 만약 러시아
인들이 조선해에 정착하고 조선과 특약을 맺게 되면 일본
은 외롭게 그들과 싸우지 않을 수 없을 것이다. 러시아인들
은 장차 우리의 어장을 유린하게 될 것이다. 따라서 러시아
인들이 조선해에 뿌리내리기 전에 우리가 해상의 주권을
거머쥐어야 한다. 장차 국가 대계(大計)를 보아서도 조선해
의 일반 어업과 마찬가지로 포경업의 보호 장려를 소홀히
하면 안 된다.2)

　　일본은 1887년 러시아를 견제하기 위하여 <원양어업장려
법>을 제정하여 포경업을 장려하기 시작하였다. 1894년에는
세키자와의 제안으로 미국식 포경법을 도입했으나 러시아의
포경기술에 비하여 뒤떨어졌다. 더군다나 러시아는 조선 정
부로부터 함경도의 마양도, 강원도의 장전진, 울산의 장생포
를 조차하여 포경업의 전진기지로 만들었다. 1900년경에 일
본의 포경업계는 노르웨이 포경법을 도입하여 포경업을 본궤
도에 올렸는데 러일전쟁 직후 러시아를 몰아내고 동해에서의
포경업을 독식했다.

---

2) 關澤明淸, 竹中邦香, 『朝鮮通漁事情』, 東京團團社書店, 1893

15. 일본의 조선역사 왜곡과 조선 인식

메이지 정부 이후(1868년) 일본은 천황을 중심으로 국민통합을 시도하고 국가의 근대화와 산업화를 추진하기 시작했다. 아울러 일본은 이웃 나라인 조선을 공략하여 복속시킬 구실로 조선의 역사를 조작해 나갔다. 일본학자들은 케케묵은 『고사기』, 『일본서기』 등을 끄집어내어 일본을 신의 나라로 그려내고 조선을 폄훼하였다. 즉 『고사기』, 『일본서기』를 왜곡 해석하여 일본 신 또는 천황이 조선의 신 또는 왕을 지배했다며 이를 정한론의 논거로 삼았다.

(1) 일선동조론(日鮮同祖論)

19세기 말 다수의 일본 사학자들은 일본과 조선은 같은 뿌리에서 낳았고 건국신(建國神) 및 국조가 일본을 그 근원으로 한다는 일선동조론을 주장했다.[1] 특히 요시다 도고[吉田東伍]는 『일한고사단(日韓古史斷, 1893)』에서 아래와 같은 주장을 펴서 일본의 대학교재 및 재야사학을 주도해 나갔다.

① 일본의 시조신 아마테라스의 동생 스사노오가 추방되어 가라쿠니[韓國]로 가서 조선을 세우고 개국 시조가 되었는데 스사

---

1) 스가와라 다스키치[菅原龍吉]의 『계몽조선사략』, 니시무라 유타카[西村豊]의 『조선사강』, 구보 텐즈이[久保天隨]의 『조선사』 등.

노오는 환웅, 이타케루는 단군이라는 것이다. 이러한 역사 왜곡은 한반도의 근원이 일본이며 조선의 건국신화를 지우고 조선의 정체성을 일본에 두고자 하는 것이다.

② 신라의 개국 시조인 박혁거세는 일본의 초대 천황 진무[神武]와 형제지간인 이나히로 한반도로 건너가 나라를 세웠으며 그의 아들인 신라의 왕자 아메노는 동생 치고[知古]에게 왕위를 양보하고 일본으로 돌아갔다고 한다. 치고는 남해차차웅(왕)이라고 한다.

③ 『삼국사기』에는 신라의 3대 왕 석탈해는 일본의 동북 천리에 있는 다파나에서 왔다고 기록되어 있는데, 일본 사학자들은 다파나를 규슈 또는 효교로 비정(比定)[2]하며 그를 신무황후의 외조숙이라고 주장한다.

④ 신라 초기 명재상 호공(瓠公)은 원래 일본인으로 규슈에서 표류해 왔다고 주장한다.

이러한 일선동조론은 신화시대부터 한반도가 일본의 속국이라는 황당한 이론을 펴서 한반도는 일본의 보호를 받아야 하며 조일 양국은 상고로 돌아가 형제지국으로 재탄생해야 한다며 식민통치를 합리화하고 왜곡하는, 근거 없는 논거인 것이다. 이는 일본 교과서 편찬의 기조가 되어 일본인의 한국사관 형성과 일제강점기의 국사교과서에 영향을 미치게 되었다.

(2) 임나일본부설

---

2) 어떤 미상(未詳)의 물체에 대하여 그와 유사한 다른 물체와 비교하여 그 성질을 정하는 것을 말함.

『일본서기』 신공기에 다음의 기사가 보인다.

> 봄 3월, 목라근자(木羅斤資, 백제의 장군이다)와 사사노궤
> (沙沙奴跪)에게 정예병사를 주어 사백(沙白), 개려(蓋盧)와
> 함께 보냈다. 그들 모두가 탁순(卓淳)에 당도해 신라를 쳐
> 서 깨뜨렸다. 이어 비자발, 남가라, 탁국, 안라, 다라, 탁순,
> 가라 등 7국을 평정하였다. 다음에 군사를 옮겨 고해진에
> 이르러 남만(南蠻) 침미다례(忱彌多禮)를 무찔러 백제에게
> 주었다. 백제왕 초고(肖古)와 왕자 귀수(貴首)가 또한 군사
> 를 이끌고 와서 합류했다. 이때 비리, 벽중, 포미지, 반고
> 등 4읍이 자연스럽게 항복했다.

당시의 작전은 일본이 아니라 백제가 주도한 것임이 분명
하다. 백제의 목라근자, 사사노궤 두 장군이 주도하고 일본의
사백, 개로 두 장군이 이끄는 정예병이 합세하여 신라를 치
고 가락국들을 평정하였으며 내처 영산강 유역의 세력집단을
내쫓은 연합작전이다. 그 결과 일본은 영산강 유역을 백제에
양보하였으며 멀리 한성에서 군사를 이끌고 온 근초고왕과
동맹을 맺은 것으로 이해해야 한다. 이 역사적 사건은 백제
의 근초고왕이 지금의 전라남도지역으로 영토를 확장하고 신
라와 일본으로의 해상교통로를 확보하였음을 의미한다.

그러나 일본 사학자들, 예컨대 니시무라[西村豊], 요시다[吉
田東伍], 하야시[林泰輔], 쓰네야 세이후크[恒屋盛服] 등은 일
본이 신라를 정복하고 가락 7국을 평정한 후 그 가락국들을
통합하여 임나일본부를 세워 통치하였고 백제를 복속시켰다
고 하면서 이후 신라와 백제가 일본의 부용국으로 일본에 조

공하였고 일본의 세력에 겁을 먹은 고구려까지도 일본에 조공했다고 주장했다. 그 후 신라를 계승한 고려도 원나라의 속국이 되기 전까지는 일본에 조공을 바쳤다고 주장했다.

당시 일본 사학자들의 주장은 터무니없이 역사를 왜곡한 것이다. 백제는 패망할 때까지 일본과 밀접한 근린관계를 유지한 것은 사실이지만 일본의 부용국이라는 근거가 없다. 더구나 신라와 고구려가 일본에 조공을 바친 속국이라는 이야기도 허구에 불과하다.

탐라국의 경우 『일본서기』의 기록으로 볼 때 일본에 20회 사신을 보내 공헌 또는 조공했는데 그 일이 반드시 속국의 입장에서 행한 것은 아니었다. 탐라국은 백제가 멸망한 후 일본뿐만 아니라 당나라, 신라에도 동시에 조공을 한 것으로 볼 때 이는 탐라국의 다자외교라고 보아야 할 것이다.

조선 말기에 일본학자들이 임나일본부를 조작하여 일본이 한반도를 지배했다는 논리로 연결시키는 의도는 뻔하다. 조선은 홀로 설 수 없는 나라로 일본의 보호를 받아야 한다는 식민사관을 끌어내기 위한 의도가 숨어있는 것이다. 근래 일본의 사학자들의 대부분이 임나일본부설을 인정하지 않고 있다.

(3) 조선은 중국의 속국

하야시 다이스케[林泰輔]는 『조선사(1892)』에서 '조선은 나라를 세운 지 매우 오래다. 그렇지만 강역이 중국에 접근해 있어 항상 그들의 견제를 받았다. 중국인이 와서 왕이 되었고, 그 땅을 군현으로 삼았다. 또한 조선인으로 왕이 된 자도 대개 중국에서 봉작을 받았다. 조공을 힘쓰고 사대의 예를 하지 않는 자는 매우 드물다. 이것을 보면 조선은 거의 중국의 속국인 것 같다'고 주장했다.

기쿠치 겐조(菊池謙讓)는 『조선왕국(1896)』에서 '조선은 대륙 문화의 조각 덩어리에 불과하며 고조선 이후의 역사는 독립된 역사가 아니고 국민의 역사가 아니며 중국 외사(外史)에 불과하다'고 주장했다.

쓰네야 세이후크[恒屋盛服]는 『조선개화사(1901)』에서 도요토미 히데요시가 조선을 침략한 것은 조선이 고대국가 시대부터 고려 때까지 일본에 조공했던 사실을 망각하고 중국에만 빌붙어 왔던 역사를 복수하기 위하여 조선을 점령하고 나아가서 중국을 응징하여 세계평화를 이루기 위한 것이라고 주장했다.

일본의 사학자들은 근본적으로 한반도가 고조선 시대부터 중국을 비롯한 외세의 지배를 받았다고 주장하면서 '조선은 중국의 속국'임을 기정사실화하려 했다. 이처럼 조선은 고대에서 근대에 이르기까지 외세의 침략에 시달려온, 따라서 혼자서는 독립할 수 없는 나약한 나라로 그들은 규정했다.

조선은 중국과 지리적으로 인접하였을 뿐만 아니라 문화적으로도 가장 유사하였기 때문에 양국 간에 오랫동안 전형적이고 친밀한 책봉·조공관계가 유지 발전되어 왔다. 이는 서구의 국제사회와는 다른, 중국과 주변 국가들이 문화적 공통성을 공유하며 발전해 왔다는 것을 의미한다. 바로 유교문명권을 기반으로 하여 장구하게 이루어진 상하체계의 국제관계인 것이다.

조공국인 한반도는 종적으로는 중국에 조공을 행하고 횡적으로는 우호교린관계를 유지함으로써 상호협조와 평화공존을 도모하였다. 즉 중국과의 조공관계는 결코 무력이나 수탈에 의한 지배종속관계가 아닌 상호 이익의 추구와 존중의 교환 관계였다.

강화도조약 체결 직전 북경 주재 일본 공사 모리 아리노리[森有禮]가 중국정부에게 중국과 조선의 종속관계에 대하여 물었는데, 중국은 다음과 같은 신중한 답변을 회신했다.

> 조선은 중국에 소속한 강토는 아니다. 대개 조공을 바치고 우리의 연호를 사용하는 것은 조선이 중국에게 마땅히 해야 할 일이지만, 대저 세금을 거두고 정책을 펴는 것은 조선이 스스로 하는 것인바, 이것이 바로 속방의 실질이다. 조선의 어려움을 덜어주고 분쟁을 해결해 주며, 나라의 안전을 기약해 주는 것은 중국이 조선에 대해 자임한 일이다. 이것이 바로 속방인 조선을 대하는 실질이다. 어려운 것을 억지로 강요하지 않고 그 나라의 위급함을 방관하지 않는 것은 중국이 예로부터 속국을 대함에 있어 그렇게 한 것이다.[3]

그런데 구한말 일본의 역사서는 조선이 신화시대, 고조선, 삼국시대에 일본의 식민지였고 아울러 중국의 보호가 없이는 홀로 설 수 없는 나라였다고 하며 조선은 상고시대 이래로 일본의 보호를 받아야 한다고 하면서 일본의 식민통치의 당위성을 일본 국민에게 심어주려 했다.

(4) 일본의 조선 인식

<강화도조약> 이후 일본 공관이 설치되면서 일본인들이

---

3) 권선홍, 『전통시대 동아시아 국제관계』, 부산외국어대학교출판부, 2004

대거 조선으로 건너왔는데, 그 가운데 각계각층의 사람들은 조선을 탐구하고 염탐하여 일본에 조선의 사정을 알리면서 조선인을 비하하고 일본인이 조선인보다 우월하다는 자존감을 일본에 알리려 역사를 왜곡하고 조선인을 매도했다.

첫째, 일본의 한학자, 역사가, 지리학자들이 청일전쟁을 전후해서 대거 조선에 건너와 박영효 등 친일세력의 비호를 받으면서 조선의 서적과 재조선 서구인들의 조선연구서 등을 참조하여 조선에 대한 다방면의 연구를 진행하여 저서를 간행했다.

둘째, 일본의 신문들은 조선이 '동양의 발칸반도'인바 이 나라를 중국이나 러시아에 맡겨버릴 수 없다며 일본의 적극적인 진출을 부추겼다.

셋째, 군인들로 구성된 비밀 정탐원들이 조선의 방방곡곡에 출몰하면서 조선의 국방력, 각도의 지세와 산세, 요해지 등 지리정보를 정밀하게 조사했다.

넷째, 상인, 약장수 등 행상, 무뢰배, 신문기자 그리고 대륙경영에 뜻을 두고 조선에 건너오는 낭인들이 자신의 신분을 위장하고 염탐을 하며 조선의 인정과 풍습을 조사하여 보고서를 작성하고 이를 일본에 소개하였다.

그들의 조선인식을 요약하면 다음과 같다.

① 조선은 상고시대부터 일본과 중국에 조공을 바쳐 독립한 적이 없는 나라다. 조선인은 조야를 막론하고 사대주의에 물들어 있다.

② 당쟁의 주목적은 정권 쟁탈에 있었고, 왕위의 폐립, 잔혹한 살육, 형옥 등은 당쟁의 결과였으며 300년간의 역사를 이 당쟁

으로 채웠다.

③ 관리들은 국가와 백성에게는 무관심하고 오직 자신(가문)의 안위만을 생각하며 뇌물과 청탁에 길들여진 부패하고 무능한 족속이다.

④ 조선의 멸망원인 중 가장 중요한 것은 양반 때문이다. 왕실은 정치적 무능력자로 내부통일을 주도할 수 없고, 국민은 악정에 고통받았기 때문에 왕에 대한 충성심도 결여되어 있다.

⑤ 조선인은 누추하고 불결하며, 열등의식과 노예근성이 몸에 배어있다.

⑥ 조선인은 상하로 속이기를 일삼고 저항하려는 기운이 소멸되었으며 남에게 의뢰하는 것을 능사로 여겨 안일하게 사리(私利)를 일삼고 공공을 위해 몸을 던질 줄을 모른다.

일본의 사상가 후쿠자와 유키치[福澤諭吉]는 다음과 같이 주장했다.

조선의 민중이 크게 행복해질 수 있는 방법은 오히려 조선의 멸망이다. 조선은 사지가 마비되어 스스로 움직일 수 없는 병자와 같다. 진보의 길을 모르고 노력이 땅에 떨어진 데다가 잔혹함과 몰염치는 극에 달하고 오만방자하다. 조선은 논할 가치가 없다. 조선 민중을 위하여 조선 왕국의 멸망을 기원한다. 인민의 생명도, 재산도, 자존심도 지켜주지 않는 그런 나라는 오히려 망해 버리는 것이 민중을 구제하는 길이다. 조선 정부는 자국민을 보호하지 못하며, 지배층은 국민의 권익 보호에 관심이 없고 일반 백성들조차도 부패와 탐욕, 위법 행위를 자행하는 등 도덕적으로 타락했다. 부패하고 무능한 지배층의 세습과 부정부패판인 조선

　의 멸망은 당연한 것이므로 머지않아 조선이 멸망할 것임
을 예견하며 조선 민중을 위해서 그 나라의 멸망을 축하한
다. 조선은 부패한 유생의 소굴로서 뜻이 큰 인물이 없고,
국민은 노예로 살고 있다. 조선은 학자는 있지만 다만 중국
의 문자만 알 뿐이다. 그 나라를 평가한다면 글자를 아는
야만국이라 하겠다.4)

　그는 신문 사설과 각종 저서를 통해 일본 국민에게 조선에
대한 멸시관을 각인시키고 일본의 조선 지배를 정당화하는
논리로 발전시켰다. 그는 구한말 조선의 급진개혁파에 영향
을 끼치고 김옥균의 갑신정변에 개입하기도 하였다. 그의 사
상은 조선의 개화운동에 도움을 준 순기능도 있지만, 조선을
멸시하고 비하함으로써 조선인들에게 열등감과 패배의식을
갖게 하는 등 역기능으로 작용했다.
　개화파 인사들 가운데 후쿠자와의 열렬한 팬으로는 김옥균
・박영효・이동인・서광범・유길준・유정수・서재필・윤치호
등을 꼽을 수 있다. 또 식민지 시대 인물로는 이광수가 대표
적이다. 이광수는 1921년 『개벽(開闢)』에 실린 「민족개조론」
에서 조선이 쇠퇴한 근본 원인을 타락한 민족성에서 찾고 있
다. 이는 후쿠자와와 궤를 같이하는 것이다. 이렇듯 후쿠자와
의 사상은 일제강점기 조선의 일부 지식인들이 일본의 황민
화(皇民化) 동화정책에 동원됨으로써 민족정기를 흐리는 마약
으로 작용하였다.

---

4) 정일성, 『후쿠자와 유키치』, 지식산업사, 2001

16. 일본의 제주도 인식

　19세기 말 일본 어민이 제주도와 제주 바다에 드나들면서 그들이 이전에 보거나 겪지 못한 새로운 세상을 만나게 되자 고향에 돌아가서는 입에 침이 마르도록 제주 이야기를 털어놓았을 것이다. 신문 기자들은 처음에는 제주도에 발을 들여놓을 기회가 없었지만 다녀온 사람들의 말을 듣고 관심을 갖기 시작했다.

　1885년 초, 러시아가 제주도를 차용하여 동양함대의 군함 정박소를 만들고자 조선 정부와 비밀 접촉을 하고 있다는 첩보가 일본 정계에 알려지자 일본은 매우 긴장했다. 신문들이 매일 떠들어댔다. 제주도는 일본의 고토[五島]와 마주 보고 일본, 중국, 조선 사이에 위치해 군사와 상업상 중요한 지위를 차지하는데 러시아가 제주도를 차지한다면 금후 조선에 대하여 군사위력을 괴시할 게 뻔하고 러시아는 동양에서의 세력을 현저히 증가시켜 조선은 물론 일본과 중국에도 영향을 미치게 될 것이고 나아가서 태평양을 향하여 위력을 떨치는 데 큰 도움이 될 것이라며 일본은 러시아의 동향에 촉각을 곤두세우고 있었다.

　러시아는 결국 서구열강과의 복잡한 관계를 고려해서 제주도 진출을 포기했지만, 일본은 새삼스레 제주도의 지정학적 가치를 깨닫기 시작했다. 또한 일본 어부들이 제주 바다에서 엄청난 수확고를 올리자 제주 바다가 보물창고라며 일본 언론들은 제주도를 탐구하기 시작했다. 그들은 19세기 말 어부나 행상으로 위장하여 제주도를 들락거렸고 기삿거리를 찾아다녔다.

아오야기 츠나타로오[靑柳綱太郎]는 조선에 건너와 6개월간 머물다가 <이재수(李在守)의 난>이 터지자 미복 차림으로 목선을 타고 몰래 제주도로 스며들어 민정과 풍속을 살폈다. 그 후 체신성의 말단관리로 제주도에 근무하면서 자료를 모아 1905년에 『제주도안내(濟州島案內)』를 펴냈다. 그는 저서에서 조선 본토와 다른 제주 사람들의 인정과 풍속을 예리한 필치로 적어나가기도 했지만 일본인들의 제주도 진출을 적극 권유하고 부추겼다. 그의 제주에 대한 침략적 시각을 드러난 책이다.

1880-1904년간 일본 신문이 수록한 제주도 사정과 아오야기의 저서에 드러난 제주 상황을 살펴보고자 한다. 거기에는 마음에 와닿는 내용이 있는가 하면 마음에 썩 와닿지 않아 수긍할 수 없는 내용도 있다. 또한 역사에서 사라진, 또는 제주도민의 기억에서 사라진 사실도 있어 사료의 가치가 있는 내용도 다수 포함되어 있다.

1. 제주도(濟州島)의 가치

① 일위대수(一葦帶水)[1]를 사이에 두고 우리와 이웃하고 있는 한반도는 이제야 우리 세력 및 이익의 두 권역 안에 들어

---

1) 강이나 바다가 옷의 띠나 갈대만큼 가까운 두 지역.

와 있다. 그들이 우리 세력권에 들어온 것은 예부터 그 예가
드물지 않았다. 그러나 일본 경제의 팽창과 더불어 이를 우
리의 이익권 내에 들어오도록 할 수 있었던 것은 실로 이 시
점을 효시로 보아야 할 것이다. 요즘 천재일우의 성대(盛代)
에 태어나 팔짱 낀 채 그들의 보고(寶庫)를 보면서도 일본 경
제의 팽창에 이바지하는 바가 없으면 후세의 비웃음을 살 것
이다.(每日 1905.3)

② 제주도 근해의 수산의 부는 이루 헤아릴 수가 없다. 해저
에는 자갈들이 깔려있듯이 다 전복이고 그 큰 것은 한 자쯤
된다. 그 외 대체로 백 가지 물고기가 도처에서 잡힌다고 한
다. 아아, 어업의 이익이 이토록 많은데 한 조각의 유달(행정
명령)로 우리 어민의 이익을 중단할 수는 없다.(鎭西91.9.29)

③ 하늘이 준 일대보고(一大寶庫), 이를 개발하면 그 이익은
실로 적잖은 것이다… 한반도의 부원(富源)을 개척해서 일본
의 경제적 팽창, 국민의 새로운 지반을 조성하는 것은 어찌
목하의 최대 급무가 아니겠는가?(『제주도안내』)

④ 전라 바다의 남쪽 아득히 구름 언저리가 다한 곳, 멀리
일본의 고도[五島] 서북방에 위치해서 구름인 듯, 산인 듯 물
결 속에 보일 듯 말 듯 한 큰 섬이 있다. 10만 주민과 사방
60리의 넓이를 갖고 뭍에는 소, 말, 돼지, 사슴이 많이 번식
하며 또 콩, 팥 등 농산물이 풍부하다. 바다에는 상어, 도미,
전복, 해삼 등이 무진장 잡힌다. 이러한 해륙의 생산은 넉넉
히 일본 몇십만의 백성을 먹여 살리기에 족하다. 이 어찌 하
늘이 내린 보고라고 하지 않을 수 있겠는가?(『제주도안내』)

2. 제주인

① 인구(鎭西 83.11.1)

전국 인구 10,518937명, 호수 2,355,499호

제주도 인구 134,778명(남 66,824명, 여 67,954명), 호수 21,887호

② 이 땅(제주도)의 인민은 원래 모두 완고 몽매하여 짐승과 다를 바 없고, 특히 이 땅은 조선 내지로부터 멀리 떨어진 하나의 큰 섬으로 도민은 조선 외에 다른 나라가 있는 줄 모르는 사람도 많기 때문에 외국인이 상륙하면 때려죽였다.(鎭西 82.3.26)

③ 인구는 여자의 비율이 매우 높아 거의 2/3를 차지한다. 남자는 한가하게 지내며 여자는 바쁘게 일하므로 이를 여국(女國)이라고 칭한다. 인종으로는 장대(壯大)하여 일반 한인과 같지 않으며, 특히 여자의 몸집이 크고 발도 크므로 육지인은 그들을 깔보았다. 언어는 육지와 달라서 거의 상통할 수 없으나 풍속은 대략 육지와 같다.(每日 85.4.9)

④ 인종은 내지의 한인에 비해 대단히 장대하고 힘세며 기질은 간사하고 사나우며 탐욕스럽다. 남자는 대체로 놀기를 좋아하지만, 여자의 근면은 대단한바 농경에서 시작하여 어업에 이르기까지 거의 다 그 경영에 관여하고 있다.(又新 91.7.28)

⑤ 이 섬 주민들은 원래 체구가 장대하고 개성도 강한 것으로서 널리 알려져 있다. 서양 인류학자 가운데는 그들은 보통 한인과는 동일한 인종이 아니라 특이한 인종이라 말하는 사람이 있을 정도로 그 적개심 발발의 사정도 많이 참작해야

할 것이다.(每日 1901.6.1)

⑥ 평소 노도(怒濤)에 익숙하여 거친 물결과 싸워온 도민들은 부지불식간에 항해술이 능하여 불안정한 고주(孤舟)를 조종하여 자유로이 대양을 횡단하고 물결 속을 출몰하여 대륙 해안에서 황해의 파도를 타고 넘은 흔적이 있다.(『제주도안내』)

⑦ 괴이스럽게 생각되는 바는 도내에서 남자보다 여자를 더 많이 낳는다는 것인데, 본도 도처에서 여자의 수는 항상 남자의 수를 초과하며 거지라 하더라도 처첩을 함께 거느리지 않는 자 없다 함은 실로 괴이스러운 일이다. 이는 제주 근해가 해로가 험하고 멀어 자주 표류하고 침몰하는 일이 있어서 도민들은 남자 낳는 것을 좋아하지 않고 여자 낳기를 중히 여겼기 때문이다.(『제주도안내』)

⑧ 일본 사람들이 제주에 들르면 우선 놀라는 것이 부인이 활발 영리하다는 것이다. 그녀들은 노동에 종사하고 잠수에 종사한다는 것이다. 그러면서 갖가지 노동에 종사하고 그중에서도 잠수를 기가 막히게 하는 데에 이르러서는 일본인이 도저히 따를 수 없다. 그들은 항상 잠수해서 어개(魚介)와 천초(天草)를 채취하여, 시장에 내다 팔아 남편의 생업을 도우며 편안한 생활을 영위한다.(『제주도안내』)

⑨ 도민은 육상에서는 돌멩이와 싸우고 해상에서는 파도와 싸우고 자연과 부단히 싸워 간신히 살아왔기 때문에, 도민의 기질은 거칠고 강하며 본토인에 비해 매우 힘쓰며 노동을 견뎌왔다. 그리고 파도에 가로막히고 연안의 암초로 막혀있어 멀리 본토와 격절되어 있어서, 이조 오백 년의 통치도 예부터 수천 년 고도(孤島) 안에서 빚어진 도민의 기풍을 완전히 감화시켜 없어지게 하지는 못했다.(1907, 일본 통감부 재정감가

청, 『제주도현황일반』)

⑩ 부녀자가 열심히 일하는 것은 가장 특수한 점이다. 본토에서 보는 바와 같이 잘 갖춰 입고 간드러지게 얌전히 길을 걷는 자는 본 섬에서는 좀처럼 보지 못하고, 나이가 많든 적든 상하 관계없이 남자와 협력해서 일한다. 머리수건으로 머리를 싸고 안에서는 집안일을 게을리하지 않고 밖에서는 들로 바다로 부지런히 일하며 거의 남자를 능가한다. 때문에 그 용모도 풍채도 활달하여 거의 한국 본토 부인과는 별종의 모습이다.(『제주도현황일반』)

3. 산업과 물산

① 제주도 근해의 풍어는 일찍부터 잘 알려진 사실인 바, 그 연안어업은 일본인의 손에 의하여 상당히 개발되고 있지만 제주도민의 어업은 풋내기 어업으로 일본 어민에 밀리고 있다. 일본인은 색다른 기계로 솜씨 있는 어업을 하여 그 수확물을 염장이나 그 밖의 방법으로 일본에 수송한다. 그 어법은 상어주낙, 돔주낙, 잠수기 등이며 해산물은 상어, 고래, 도미, 다랑어, 방어, 삼치, 전복, 해삼, 우뭇가사리, 미역, 감태 등이다.

멸치어업은 도민의 독점어업이다. 도민의 멸치어업은 제주도 생산물 중 1위로, 연안어업 수확의 70%를 차지한다. 일본 어민은 멸치잡이에 관한 한 비집고 들어갈 틈이 없다.(『제주도안내』)

② 목축업에 이르러서는 주로 소, 말, 돼지 등을 사육한다. 돼지는 집 주변에서 키우지만, 말은 산야에 내보내 방목하다

가 봄가을 두 계절 이들을 사육할 때만 마구간에 끌어올 뿐 평소에는 이를 방사하여 돌아보지 않는다. 때문에 한라산의 산허리에는 마소가 삼삼오오 줄을 이루어 방목되고 있음을 보게 되는데, 단지 소유주가 누군가를 쉽게 식별하기 위해 머리나 배에 각종 낙인을 찍을 뿐이다. 이렇게 자유 방목에 맡기고 목초나 잡곡을 주지 않아도 그 번식력은 대단히 왕성하여 제주도가 중국의 기북(冀北)2)이라 해도 과언은 아닐 것이다. 재제주 일본인들은 때때로 이를 나가사키 지방으로 수송한다. 현재 제주도의 목축 생산량은 대략 다음과 같다.

소 4만 두

말 2만 5천 두

돼지 6만 5천 두

만약 일본의 경험자가 인공을 가하여 목장을 일으키면 그 수익이 어마어마할 것이다.(『제주도안내』)

③ 섬에서 나는 대나무를 가지고 머리에 쓰는 삿갓을 만드는 것이 많은데, 이를 제주관이라 불러 전국 도처에서 애용되고 있다.(每日 85.4.9)

④ 공예품 중 모자 양태, 망건, 빗, 골패 등은 전국적으로 판로를 갖고 있으며 매년 경성과 인천지방으로 수송한다.(『제주도안내』)

⑤ 농업의 부업으로 가장 유명한 것은 닥나무[楮] 재배라고 한다. 닥나무는 전도(全島) 어디에서나 잘 자라고 있는데, 닥나무로 제지에 종사하는 사람이 적지 않다. 그러나 제조법이 졸렬하여 판로를 도외로 찾을 수 없어 단지 섬 안에서만

---

2) 중국 기주(冀州)의 북쪽으로 말의 산지(産地)이다.

수요에 충당할 뿐이다. 근래 제주에 머물고 있는 일본인이 재배지를 확보하고 닥나무 종자를 일본 코오치[高知]현으로부터 들여와 재배할 계획을 세우고 있다고 한다.(『제주도안내』)

⑥ 이 지역(제주도)에서 매년 흑우 47두(2두는 여분), 전복편포, 표고버섯, 비자, 각종 감귤을 헌납하며 이러한 진상품은 목사가 처변(處辨, 분별하여 처리함)하는데, 감귤과 비자는 관유림에서 채집하고, 전복편포, 표고는 각 산지에 배부하여 징과한다. 그리고 흑우는 모두 이를 각 군에 분배하여 군수로 하여금 모으게 하고, 분배수는 제주군 22두, 대정군 10두, 정의군 15두로 정하는데 이는 광무 2년(1896)의 규정이다.(『제주도현황일반』)

4. 의식주

① 의복은 내지와 다르지 않다고 하나, 겨울철에 모피를 입고 모관(毛冠)을 쓰기 때문에 짐승을 방불케 한다. 집은 초

▲ 제주의 초가집(ⓒ 제주민속박물관)

가집이고 토방에 짚 멍석을 깔아 생활하고 음식은 잡곡과 해

초를 주식으로 한다.(又新 91.7.28)

② 남자는 대부분 짐승 가죽으로 만든 가장자리 넓은 일본식 모자 또는 두건 같은 것을 쓰고, 여자는 보통 머리 묶는 법을 달리해서 처녀 또는 신부라고 해도 본토인과 같이 얼굴을 감싸는 일이 없다. 나무통을 지고 스스럼없이 종횡으로 활보한다. 여자는 음울하지 않고 심히 생산적이어서 해변에서는 돈벌이를 돕고 성내 부근에서는 갖가지 공예를 하며 그 밖에 밭을 갈고 우마를 끄는 등 한 가지도 못하는 일이 없다.(『제주도안내』)

③ 조선인의 집은 보기에 아주 흉하다. 지붕의 높이는 겨우 1칸 정도, 처마는 기울어져 있고 벽도 찢어져서 보기에 애처롭다. 지붕은 대체로 짚으로 덮었고(드물게 기와를 덮은 집도 있으나) 마루 밑은 불 땐 나무의 연기가 통과하도록 하여 집의 반대쪽에 연기의 출구를 열어서 마루를 따뜻하게 해서 자리를 깔고 그 위에서 잔다. 먼 데서 이를 보면 개미집 같고 다가가서 이를 보면 동굴 속의 야만인 같다. 개집 같은 집의 입구에 유자유손(有子有孫), 상복연신(祥福年新), 고유여재(庫有余財), 용지미진(用之未盡) 등으로 부전(附箋)3)하고 있으니 우습고 불쌍하다.(鎭西 92.3.17)

5. 풍속

① 이 섬은 옛날에는 독립국이었다. 후에 이씨에 의하여 통일되었기 때문에 타국인을 꺼릴 뿐만 아니라, 조선 내지인

---

3) 간단한 의견을 적어서 덧붙이는 쪽지를 말함.

의 도래를 거부하는 경향도 있어 정부에서는 통치에 고심하여 목사도 오래 재임하는 일이 대단히 드물다. 뇌물은 거의 내지와 같이 공사 다 같이 공연히 유행되고 있다. 그들이 우리 일본인을 꺼림은 대단하나 몇 푼의 뇌물을 주면 체류하여 서로 익숙함은 어렵지 않으며 그리하여 점차 그들을 복종시킬 수 있다. 전에 토인을 죽였을 적에도 10관문을 주어서 은밀하게 처리한 경우도 있다.(『제주도안내』)

② 도내의 남자들이 때로는 경작에 종사하든가 혹은 어업에 종사하는 것을 보게 되지만 평소에는 담배를 피우면서 잡담에 나날을 보내는 일이 많다. 이에 반해서 부인은 종일 부지런히 농사와 어업에 종사한다. 그 여성들은 나체로 바다 속에서 잠수하나 남자들은 나체를 부인에게 보이는 것을 아주 싫어한다.(鎭西 91.10.8)

③ 구석구석 도내를 돌아다니다 보면 한 고을에 반드시 2-3개의 말 방앗간이 있다. 아녀자가 2-3마리의 말을 사용, 방아 노래를 부르며 돌아가는 모습 또한 기이하다.(『제주도안내』)

④ 제주 고유의 풍속(『제주도안내』)
· 남녀 불문하고 등에 짐을 지고 머리에 이지 않는다.
· 일반적으로 근면 역행하며, 꾸밈이 없으며 본토인처럼 빈둥거리거나 게으름이 없다,
· 여자는 얼굴을 가리지 않고 안팎 출입이 자유롭다.
· 일반적으로 여자가 활발 영리하여 본토와 같이 음울 연약하지 않다.
· 아궁이는 본토처럼 온돌식으로 하지 않고 돌과 흙으로 조성한다.

· 식사는 찬밥도 가리지 않는다.

· 휘파람을 부는 습관이 있다.

⑤ 매해 추석에는 남녀가 함께 어울려 가무를 벌이며 좌우 양대로 나뉘어 큰 줄 양 끝을 끌어 승부를 내게 된다. 만일 중간에 끊기어 양대가 땅에 넘어지면 관중은 크게 웃었다. 이를 조리극(照里戲)이라고 한다.(『제주도안내』)

17. 홍종우(洪鍾宇) 목사의 분노

제주 사람들의 허탈한 심령을 위로할 목적으로 1899년 천주교가 포교를 시작했고 두 명의 프랑스 신부가 제주도에 부임했다. 천주교 측에서는 제주도 토착민들의 신앙체계를 이해할 수 없었다. 부쩍 늘어난 천주교도들은 신당을 파괴하고 신목(神木)을 베고 각종 마을제에 훼방을 놓았으며 무당들의 굿을 혁파하려 했다.

이는 수만 수천 년 내려오는 토착민들의 정서와 신앙체계를 전면적으로 부정하는 것이었다. 제주 전역에서 마을과 친척 심지어 가족 간에도 갈등이 심화되어 갔다. 그야말로 극심한 문화적 갈등이었다. 설상가상으로 정부의 가혹한 수탈과 과도한 세금징수가 도민들의 마지막 자존심에 불을 당겼다.

1897년 수립된 대한제국은 재정난에 허덕였다. 일본에 갚을 배상금으로 국부는 바닥이 났는데 황실은 씀씀이가 많아졌다. 대한제국의 내장원(內藏院)은 전국적으로 봉세관(封稅官)을 파견해 세원을 찾아 세금을 물리려 했다. 제주에 파견된 강봉헌(姜鳳憲) 봉세관은 그때까지 시행하던 징세 방법을 뛰어넘어 공유지, 어장, 목초지 심지어는 물고기 그물과 소나무에까지 세금을 매겼다.

드디어 대정군(대정현)의 이재수, 오대현, 강우백이 저항의 깃발을 들었다. 그중 24세의 청년 이재수가 민군의 대장으로

활약했다. 1901년 5월 5일 대정군청에서 군민의 민회가 열
렸고 민회는 제주성 공격을 결의했다. 대정군의 민란은 상무
사(商務社)가 주도세력이 되어 이끌었다.

상무사는 전국을 떠돌던 봇짐장수들인 보부상이 1883년에
이익단체인 상인조합으로 조직화되어 그 모습을 사회에 드러
냈다. 정부에서도 가끔 그 조직을 이용하기 위해 적극적으로
보호했다. 대정군 상무사는 중앙과 달리 보부상들의 조직이
라기보다는 봉세관의 강압적인 징세에 저항하기 위한 자발적
인 조직으로 다소 급진적이고 폭력적인 성격을 띠고 있었다.

5월 9일 상무사 조직원들이 대부분인 민군이 대정군을 출
발하여 한림에 이를 즈음 그간 상무사에 압박을 받아오던 천
주교도들이 민군에게 선제공격을 가했고 이를 기화로 민란이
천주교회 측에 대한 전면전으로 비화되었다. 민란 참여자는
전도(全島)에 망라되어 있었지만 그들의 대부분이 대정군 사
람들이었는데, 그들이 제주성으로 성난 파도처럼 진격하면서
주로 서부지역 사람들이 합세하여 인원수가 부지기수로 늘어
났다.

박찬식은 그의 저서 『1901년 제주민란연구, 2013』에서 이
재수의 민군이 제주성으로 진격해 가던 중 일본인 수산업자
아라카와[荒川留重郎]를 만나 무기를 제공받았다고 주장했다.
아라카와는 비양도에 어업의 본거지를 두고 있었는데, 비양
도에 창고 5채, 잠수기선 6척, 도미잡이 어선 13척, 모선 4
척 그리고 협재, 한림, 곽지 등지에다 가공공장을 설치 운영
하고 있었고 일본인 150여 명이 머물러 있었다. 또 김윤식은
『속음청사(續陰晴史)』에서 민군이 서양 소총 50자루를 일본인
으로부터 구했다고 썼다. 그러나 일본 외교당국은 이에 대하

여 이 지역 일본인들은 강 건너 불 보듯이 하고 있었다며 언급을 회피했다.

민군이 제주성에 가까이 다가가자 도내 각지의 천주교도들은 제주성으로 피신하여 성문을 걸어 잠그고는 성내의 무기고에서 무기를 탈취하여 무장했다. 5월 28일 민군이 제주성으로 쇄도했는데, 성문을 열어준 사람들은 성 안의 여자들이었다. 그중에 무녀와 기생이 앞장섰다. 성안의 장두 46명 가운데 18명이 여성인 점으로 보아 여성들이 적극적으로 민란에 가담했음을 알 수 있다. 민군들은 천주교도들을 집단 살해했는데 10여 일 계속되었다. 그때 희생된 천주교도가 약 570명에 이르렀다고 한다. 민군의 희생자는 19명이었다.

민란이 격화되자 프랑스는 5월 31일 중국 연안에 있던 군함 알루이트호(L'Alouette)와 인천항에 정박해 있던 서프라이스(La Suprise)호를 제주도에 파견했다. 그러자 일본은 6월 2일 인천항에 정박 중이던 군함 사이엥[濟遠]호를 제주로 발진시켰다. 일본 어민을 보호하기 위함이란 명분을 내걸었다.

그러나 일본이 프랑스의 전함파견에 예민하게 반응한 것은 제주도에 대한 주도권을 잃지 않기 위함이었을 것이다. 일본과 프랑스의 제주도를 둘러싼 긴장 관계는 양국이 제주도에 대한 지정학적 가치를 중시한 결과로 보인다. 일본은 한반도 진출 과정에서 남단에 있는 제주도를 둘러싸고 프랑스가 영향력을 가지는 것에 대해 민감하게 반응한 것이다. 양국 함대의 충돌은 없었으나 일본인들은 제주민란을 계기로 구미세력의 하나인 프랑스의 개입을 막아냈다고 고무되어 있었다.

6월 10일 찰리사 황기연(黃耆淵)이 군인 200명을 이끌고 제주에 도착하여 곧바로 제주성으로 들어왔다. 민군은 저항하지 않고 성문을 열어주었다. 이재수는 이 민란의 모든 책임을 스스로 지기로 하여 자수했고, 오대현과 강우백도 '너만 죽게 할 수는 없다'면서 덩달아 자수했다. 이들은 모두 서울로 압송되어 1901년 10월 9일 최초로 근대식 재판을 받은 뒤 교수형에 처해졌다.

고종황제는 제주민란의 뒷수습 그리고 프랑스와 일본의 알력을 해소하기 위하여 1902년 1월 26일 홍종우를 제주 목사로 임명하여 내려 보냈다. 홍종우는 1850년 안산에서 출생하였는데 그의 가문은 권력에서 몰락해 있어 그는 어린 시절 곤궁한 생활을 해왔다.

그는 40세(1890년)에 뜻한 바 있어 일본 유력인사에 다리를 놓아 프랑스에 유학을 떠났고, 거기에서 조선인의 자긍심을 잃지 않고 항상 한복을 착용하였다고 한다. 그는 프랑스의 정계인사와 교유하면서 사교 단체에서 조선의 역사를 유럽의 발칸반도에 빗대어, 열강의 소용돌이에 처한 조선의 현실을 알리는 데 힘을 쏟았으며, 『춘향전』과 『심청전』 등을 프랑스어로 번역하고 프랑스 현지에서 발표하여 프랑스 문학계에서 주목을 받기도 하였다. 당시 그와 교분이 있었던 프랑스 화가 펠릭스 레가미(Regamey Félix)는 다음과 같이 말했다.

"홍종우는 학구적이고 정력적인 사람이다. 가장 고결한 감정으로 고무되어 있으며 장차 자기 나라의 일에 있어서 중요한 일을 맡도록 운명지어져 있으리라."

유학을 마치고 1894년 2월 귀국길에 오른 홍종우는 잠시 일본에 머물러 있다가 정부에서 보낸 자객 이일직(李逸稙)의 사주를 받고 김옥균에게 접근한다. 김옥균은 갑신정변의 실

▲ 홍종우 (ⓒ 위키백과, 프랑스 기메박물관 소장)

패로 일본으로 피신하여 10여 년간 낭인 생활을 하다 리홍장을 만나기 위하여 중국 상해로 향했다. 홍종우는 김옥균을 따라가서 상해의 한 호텔에서 암살하고 그 시신과 더불어 인천항을 통해 귀국한다. 조선 정부는 앓던 이가 빠진 듯 환호했다. 김옥균의 유해는 양화진에 도착하자마자 능지처참형을 당했다.

홍종우는 홍문관 교리로 특채되어 비로소 관직에 올랐다. 그는 대략 다음과 같이 상소문을 올려 개혁을 건의했다.

① 열강의 간섭을 배제하고 이권 침탈을 저지할 것.
② 자국의 군대를 양성할 것.
③ 군주권을 확립하고 자립정부를 강화할 것.
④ 일본인의 조선해 어업침탈을 불허할 것.
⑤ 방곡령을 실시하여 농민을 보호하고 국부의 누출을 방비할 것.
⑥ 외국에 광산채굴권을 주지 말 것.

홍종우는 조선이 대한제국을 선포하고 임금이 황제로 등극

할 것을 주장했다. 1897년 대한제국을 수립하자 그는 황제권의 절대화를 주장했다. 홍종우는 1898년 길영수 등과 더불어 보부상 조직을 기반으로 황국협회를 창설하였다. 보부상은 봇짐장수와 등짐장수를 통틀어 이르는 말인데 상당히 긴 역사를 가지고 있다.

고려 말 여진족을 쫓던 이성계가 부상을 입었을 때 약재를 구해 치료해 주었고, 임진왜란 때는 행주산성 전투에서 혁혁한 공을 세웠으며, 동학난 때에는 동학군을 도와 일본 진영을 염탐하기도 하고 항일 투쟁에 나서기도 하였다. 그러나 청일전쟁 중에 일본의 사주에 의한 갑오경장의 일환으로 보부상이 해체되었다.

그 후 일본 상인들이 개항장뿐만 아니라 전국 도시에 상권을 독점해 버렸고 보부상은 방방곡곡으로 흩어졌다. 이에 홍종우는 황국협회를 만들어 한편으로 고종황제의 강력한 리더십을 확립하고자 했고 다른 한편 보부상 조직을 강화하여 일본 상권을 견제하려 했다. 황국협회에는 보부상과 일본군에 맞서는 의병대장들이 다수 동참했다.

당시 서재필이 중심이 되어 결성된 독립협회는 지식인 중심의 의회를 만들어 황권을 약화시킬 움직임을 보이고 있었다. 독립협회가 대중적인 호응을 얻기 위하여 만민공동회를 주최하자 홍종우는 장사(壯士)들을 동원해 그들에게 폭력을 가했다. 두 조직 사이에 국론이 분열되자 고종은 군대를 동원하여 독립협회와 만민공동회를 강제 해산시켰고, 나중에 황국협회도 해산시켰다. 그러자 1899년 보부상은 지방의 상인조직인 상무사(商務社)로 탈바꿈하여 지방정부에 협조하면서 일본 상인들을 견제하는 데 앞장섰다.

고종이 홍종우를 제주 목사로 임명하여 내려 보낸 것에 대하여 항간에는 홍종우가 과격한 행동으로 인하여 멀리 제주도로 좌천되었다고 알려져 있었지만, 홍종우를 누구보다도 잘 아는 고종으로서는 절묘한 선택이 아닐 수 없다.

첫째, 홍종우는 프랑스 유학을 다녀온 터라 프랑스 성직자들과 대화함으로써 그들의 상한 심령을 위로할 적임자이며 둘째, 제주민란을 일으킨 주체가 상무사라, 한때 황국협회를 이끌면서 보부상들을 동원했던 홍종우가 그들을 위무할 인물이라 판단했을 것이고 셋째, 평소 홍종우는 일본인의 수상쩍은 수작에 곱지 않은 시선을 보내왔던 인물로, 청일전쟁 이후 일본인의 상륙권이 보장되자 일본인들이 제주도 전역을 분탕질하는 현실을 타개하기를 기대했을 것이다.

민란이 끝났음에도 후유증은 컸다. 주민들은 천주교도들을 적대시하고 사형(私刑)을 가하기도 하였다. 이상규(李庠珪) 목사의 후임으로 온 이재호(李在護)나 채구석(蔡龜錫)의 후임인 허철(許轍) 대정 군수는 천주교도들에게 곱지 않은 시선을 보냈고 주민들의 폭력행위를 묵인하고 있다고 천주교 측은 생각했다.

그러나 신임목사 홍종우는 달랐다. 그는 부임하기 전에 서울에서 플랑시 프랑스공사와 뮈텔 주교를 만나 현안에 대한 협의를 한 바 있고 제주에 내려와서는 라크루 신부를 찾아가 난국을 풀고자 했다. 홍 목사는 천주교 희생자 묘소로 황사평의 일부를 할애했다. 홍 목사는 프랑스가 요구한 배상금 5,160원을 주민들에게 갹출하여 갚았다.

이 두 가지 문제가 해결되자 제주 천주교회는 상당히 고무되었다. 사형이 집행된 3명 외에 징역형을 받은 민란지도자는 감형되어 석방되었다. 홍 목사는 민란에 참여한 모든 사람들의 죄를 묻지 않았다. 주민들은 곧 평온을 되찾아 일상으로 돌아갔다. 그러나 도민들의 가슴에 응어리진 울분과 무기력감은 사라지지 않았다.

개혁의 임금 정조가 홍어(薨御)한 후 역대 왕정(순조, 헌종, 철종, 고종)은 외척이 발호하여 삼정이 문란하고 부패가 만연하고 매관매직이 성행하던 때라 전국을 망라하여 백성은 압박과 설움 속에서 곤궁한 삶을 이어가고 있었다. 그야말로 죽지 못해 사는 인생이었다. 제주도민은 저항했다. 이제 그 항거의 발자취를 더듬어보면 다음과 같다.

1862년(철종 13) 대정현 광청리(지금의 동광리 일대)의 강제검(姜悌儉)은 관리들의 가렴주구(苛斂誅求)에 항거하여 제주성을 점거했는데 무려 일만여 농민이 자발적으로 참여하였다. 민란은 관군에 의하여 진압되고 강제검은 사형에 처해졌다.

1896년 제주 목사로 부임한 이병휘(李秉輝)는 백성들을 쥐어짜서 세금을 과도하게 부과시키고 있었다. 화전을 일궈 근근이 살아가는 화전빈에게 화전세를 물리고 마소를 방목하는 사람들에게 목장세를 부과하는 한편 주민들에게는 환곡을 과다징수함으로써 흉년의 후유증으로 도탄에 빠진 백성들을 못 살게 굴었다.

대정현 광청리 산간마을의 한 자락에는 전라도에서 건너온 사람들이 화전을 일구며 군락을 이루고 살고 있었다. 1898년 2월 전라도 화순 출신의 방성칠(房星七)이 분연히 일어나 동네 주민 수백 명을 선동하여 무장시키고 인근 마을에서 호구당 한 명씩을 차출하여 제주성으로 쳐들어갔다. 방성칠은

자신과 뜻을 같이한 무리를 동학에 빗대어 남학(南學)이라고
불렀다. 이들 반항세력은 간단히 성을 함락하고 목사를 협박
하여 세금탕감을 약속받았다.

그러나 목사가 자신의 약속을 번복하자 반란군은 목사와
대정 현감 채구석을 구타하여 내쫓았다. 그들은 창고를 열고
곡식을 풀어 주민들에게 나눠주고 무기고를 부숴 무기를 탈
취하여 무장하였다. 그러나 조천 등지의 토호세력들이 창의
군을 조직하여 반격하는 바람에 방성칠은 귀리(하귀리)에서
창검에 맞아 죽었다. 약 1개월간의 항쟁이었다. 이로써 중앙
정부의 압제를 벗어나 제주도민의 독립 정부를 세우고자 한
방성칠의 꿈은 수포로 돌아갔다. 방성칠의 난은 한 달여 만
에 수습되었지만 그 여파는 심각했다. 그 난리에서 가구당 1
명씩 차출되었기 때문에 제주 서부지역의 농어촌에서 이에
연좌되지 않은 가정은 거의 없어 주민들은 검거의 열풍에 휩
싸였다.

제주도 사회는 1862년(철종 13) 강제검의 난, 1890년 김지
의 난, 방성칠의 난 그리고 이재수의 난에 이르기까지 정부
의 부패와 제주 관리들의 가렴주구로 인하여 저항의 불씨가
내연하고 있었다. 더욱이 일본 어민의 제주 바다 침탈로 인
하여 바다로 나갈 기회를 잃고 흉년은 계속되어 제주 백성들
은 마음 둘 데가 없었다.

일단 이재수의 난이 제주도민에게 큰 상처를 남기고 수습
국면에 들어섰지만, 이는 살얼음판 같은 평화로 위장된 것이
다. 제주 사람들의 생계를 위협하고 수천 년 이어오던 제주
도민의 자존심이 가슴속 깊이에서 무너지는 현실을 홍종우
목사가 깨닫기에는 시간이 길지 않았다. 홍 목사는 민군 특

히 상무사 사람들의 발호를 꾸짖고 천주교회로 하여금 구원
(舊怨)을 풀고 순수한 신앙공동체로 자리매김을 하도록 유도
해 나갔다. 그는 도내를 순유하면서 도탄에 빠진 도민의 애
로사항을 해결하려 했다. 제주도민들은 어느 쪽을 막론하고
홍 목사의 노력과 진정성에 호응하여 그의 덕망을 칭송했다.

그런 제주도에 풀리지 않는 문제가 남아 있었다. 바로 소
요의 틈바구니에서 판도를 넓혀가는 일본의 침략행위였다.
바다 건너 육지에서는 몰라도 제주도에서는 일본인의 침략이
노골화되고 있었다. 제주도에는 이렇다 할 항구가 없지만 섬
을 빙 둘러 자연적으로 또는 주민들이 개발한 포구가 수백
개가 있다. 그 포구에 몇 년 전만 해도 얼씬거리지 못하던
일본 배, 즉 상선과 어선들이 편만하고 배에서 내려 육지로
드나드는 일본인들이 거들먹거리며 나다녔다.
해변에는 일본인들의 어막(가공공장 등)이 들어서고 그들이
잡은 물고기가 어막으로 실려 들어갔다. 제주 바다는 일본
배가 독차지하고 전복 따던 해녀들의 모습도 거의 보이지
않았다. 이미 심해에서부터 해안 턱밑까지 드글드글하던 전
복의 씨가 마른 터에 그나마 얕은 해역에서 물질하던 해녀들
은 일본 잠수기의 남획으로 인하여 일자리를 잃었다. 더욱이
일본 상인들은 제주도 연안에 해조류가 무진장 번식되고 있
다는 것을 알고 이를 매집하여 상당한 재미를 보기 시작했
다. 전복을 따던 해녀들이 가까운 바위틈에서 우뭇가사리 등
해초를 뜯어 일본 상인들에게 헐값으로 넘겼다.
포구마다 일본상점이 들어서고 제주성 내외에 일본 가옥이
들어서기 시작했다. 생업을 잃은 주민 중 일본인에게 고용되

어 남자는 짐을 나르고 여인들은 생선 배를 가르고 가공하여 건조하는 작업에 참여하는 사람들이 늘어갔다. 일자리를 잃은 제주도민들로서는 차라리 일본인의 고용살이가 호구지책에 도움이 되는 것을 어찌할 것인가.

일본 공사관 기록에 의하면 1901년에 일본인 445명이 제주의 연안과 주변의 섬에서 기거하면서 어업에 종사했으며 연안에는 20여 개소의 일본인 어막이 있었다고 한다. 비양도에 어막 5동과 일본인 150여 명, 어등포(행원리)에 어막 1동, 일본인 23명, 성산포에 어막 8동, 일본인 80여 명, 백빈(표선)에 어막 3동, 일본인 80여 명, 송포(안덕면 대평리)에 어막 3동, 어민 40여 명, 가파도에 어막 1동, 일본인 70여 명이 있었다.

그 후 일본인의 상륙이 엄청나게 늘어났는데 일본 신문에 의하면 제주도 전 연안에 걸쳐 십수 개소에 2-3리마다 일본인의 천막이 안 보이는 곳이 없으며 일본인 장사꾼들이 제주도에 들어와 점포를 열거나 행상을 하기도 하였다.

가파도와 비양도에는 일본인들의 통조림 공장이 들어서고 해안 여기저기에서는 상어 몸체를 가공하여 일본과 조선 내륙에 실어갔다. 또한 일본의 어업회사들은 제주 바다에서 잡아 올리는 고래를 해체하는 용지도 확보하기에 이르렀다. 제주성 인근에는 일본어를 가르치는 소규모 학원도 우후죽순으로 생기고 있었다.((每日 1903.5.4)

어떤 이들은 따뜻한 눈길을 보내는 일본 사람들을 의지하려 했다. 그것이 일본의 속임수이고 계략일 수도 있다는 것을 몰랐다. 일본 측의 태도 또한 유연해졌다. 일본 정부의 지시에 따른 것으로 주민들과의 대치보다는 화해무드로 상황이 바뀌어가고 있었다.

일본의 한 신문은 당시의 상황을 다음과 같이 묘사하였다.

제주도에는 좋은 항구가 없으나 작은 배가 정착할 수 있는 소규모의 포구가 많은데 요즘에는 우리나라(일본) 어선과 상선이 포구에 정박해 있어 도내에서 일본 사람이 보이지 않는 데가 없다. 지난날 일본 어민이 상륙하고자 할 때에는 욕설을 퍼붓거나 몹시 화를 내고 돌을 던지는 등의 행위가 있어서 일본 어민도 이에 응해 도민을 총살하는 일도 있었으나, 근년에 이르러서는 쟁투는 없고 어업 및 상업상에 생기는 갈등도 일어나지 않아 점차 서로의 감정이 융화되고 있다. 따라서 제주도의 어업은 완전히 우리나라가 독점하게 되었고 생선의 염장이나 건조에도 아무 문제가 없다.(鎭西 1903.2.26)

어떤 일본의 신문은 제주사람들의 마음을 다음과 같이 넘겨짚기도 하였다.

근년에 들어서서 갑자기 일본 사람을 환영하게 된 것은 어쩐지 괴이한 현상이다. 게다가 오늘날에 와서는 환영 이상으로 더 나아가서 어떤 섬사람들은 남녀노소를 불문하고 앞으로 더욱 견고한 일본당을 조직하고자까지 의논을 하고 있으니 점점 흥미로운 일이라 아니할 수 없다. 그런데 그들로 하여금 그와 같은 결심을 하게 된 동기가 있어야 하겠는데, 그것은 천주교도들의 난폭을 꺼리는 감정에서 생긴 것

이 그 주된 원인이다.(神戶 1903.8.13)

일본인들이 음으로 양으로 제주도민에게 다가오는 현실을 개탄하면서 홍종우 목사는 다음과 같이 도민들에게 엄명을 내렸다.

① 일본인에게 가옥을 대여함을 금지한다.
② 일본인에게 일상용품의 매도를 금지한다.
③ 일본인에게 인부로 고용됨을 금지한다.
④ 일본 상인에게 물품을 구매하는 것을 금지한다. 범한 사람은 징역에 처한다.
⑤ 일본인이 설치한 일어학당에 입학하는 사람은 참수에 처한다.
⑥ 제주도는 개항장이 아니기 때문에 일본인이 상업을 하는 것을 허용하지 않는다. 일본 영사 또는 조선 감리로부터 얻은 여행권은 타지방에서는 유효할지 모르나 제주도에서는 완전히 무효이다.

이 소식을 접한 일본 정부는 제주도로 군함을 출동시켰다. 1903년 4월 28일 군함 사이엥(濟遠)호가 사세보[佐世保]에서 급히 출동하여 목포로 향했고 거기서 와카마츠 도사부로[若松兎三郎] 목포 영사를 태우고 제주로 향했다. 사이엥호의 규모가 어떤 것인지 몇 문의 대포를 장착했는지 몇 명의 군인이 탑승했는지 자료가 없어 알 수 없으나 적어도 제주성을 한 방에 날릴 수 있는 규모임에는 틀림이 없을 것이다.

일본 영사가 군함을 타고 제주도에 온 것은 1891년 제주도민과 일본 어민의 쟁투 때 이후 두 번째이다. 일본은 그만 큼 홍 목사의 조치에 당황한 것 같다. 제주 앞바다에 배를 정박시킨 와카마츠는 타카시마[高島] 서기와 여러 명의 순경을 대동하고 홍 목사를 방문하여 협박했다.

그러나 홍 목사는 자신이 제주도를 관할하는 책임자로 제주도민에게 명령을 내렸을 뿐 일본인에게 지시한 것은 아니라며 버텼다. 와카마츠는 이 일이 목포 영사인 자신으로서는 감당할 수 없는 일임을 깨닫고 수일 만에 목포로 귀환했다. 홍 목사와 와카마츠가 회담한 내용은 알 수가 없다. 그러나 일본의 하야시 곤스케 공사가 외무부를 방문하여 이도재(李道宰) 외부대신에게 홍종우로 하여금 기존의 명령을 철회하라는 지시를 내리라고 압박한 것으로 볼 때 홍 목사는 와카마츠의 요구를 거부한 것 같다.

하야시 영사는 홍 목사의 조치로 일본 어부들이 큰 손해를 보았다며 10만 엔의 보상금을 물리겠다고 으름장을 놓았다. 이도재 외부대신은 하야시에게 홍 목사의 행위에 대하여 깊은 유감을 표시하면서 즉각적으로 홍 목사에게 명령의 철회를 지시하겠다고 약속했다.

외부협판(外部協辦) 김가진(金嘉鎭, 1846-1922)은 제주도가 아직도 민란의 후유증을 앓고 있는 마당에 목사 자신이 긁어 부스럼을 내서는 안 된다며 홍종우 목사의 자제를 요청했지만 홍 목사는 듣지 않았다. 다만 그가 일본인에게 강압을 가한 것이 아니라 제주도민에게 호소했을 뿐이라고 변명했지만, 장차 닥칠지도 모르는 큰 분란을 우려하여 홍 목사의 훈령에도 힘이 빠져 있었고 일본을 상대로 호구지책을 면하고자 하는 도민들에게도 영이 서지 않았다. 이도재(李道宰)뿐만 아니라 의정부에서도 홍종우 목사의 경질을 끊임없이 건의했지만 고종은 듣지 않았다. 이도재의 약속이 지켜지지 않자 하야시 영사는 끊임없이 홍종우의 면직을 요청했다.

그즈음 일본은 1904년 2월 5일 동해에서 조업하는 러시아 포경선을 급습하여 침몰시키더니 2월 8일 인천항에 정박 중인 러시아함을 급습하고, 9일에는 서울을 간단히 점령하더니 10일에서야 러시아에 선전포고를 했다. 그들은 러일전쟁에서 승기를 잡자 전쟁 중인 6월, <통상장정>에서 손대지 않았던 서부 4도 즉 충청도, 경기도, 황해도, 평안도 연해의 입어권을 완전히 앗아갔다.

홍종우는 1905년 4월 해임되어 제주도를 떠났다. 조선이, 제주도가 일본화되는 것을 가장 염려했던 그는 울분을 가슴에 안고 떠났다. 그는 서울의 중앙정부에 귀임하지 않았다. 그 후 그의 행방은 알려지지 않았다. 상심한 그는 전라도 어느 지역에서 숨어 지냈다는 설도 있고 프랑스로 건너가 옛 친구들과 더불어 여생을 보냈다는 설도 있다. 그리고 그해 11월 17일 우리가 을사늑약(乙巳勒約)이라고 부르는 을사보호 조약이 체결되었다.

18. 맺음말

조선 500년의 역사를 돌이켜보면 우리나라는 주변 국가를 지배하거나 압도할 힘을 가진 적이 없었고 주변의 패권국에 시달려 존속해 온 역사에서 자유롭지 못하다. 그래도 세조(世祖) 때 남이(南怡)는 늘 조선의 변방에서 깐죽대던 여진족을 발본색원하고자 했지만, 그는 모함을 받아 역사에서, 그리고 우리의 기억에서 사라졌다. 남이가 표적으로 삼았던 여진족의 일파는 남이가 사라진 후 영토를 넓혀나갔고 후금(後金)으로, 청나라로 이어져 막강한 패권국가가 되었다. 그러나 그때까지만 해도 왕성하던 한민족은 그 후 기상도, 포부도 작아졌다.

조선은 공자 왈 맹자 왈 하면서 중국의 성리학에 천착(穿鑿)하여 스스로를 꼬마중국[소중화(小中華)]이라고 자처하면서 살았다. 조선의 왕과 지도자들은 일본이 패권국으로 무섭게 커나가는 것을 알지 못하고 강구연월(康衢煙月)의 태평가를 부르다가 임진년 이후 혹독한 전쟁을 치렀고, 명나라와 청나라의 패권 전쟁 때 망해가는 명나라만 붙들고 늘어졌다.

주변국이 패권화될 때 나라가 해야 할 일은 국방력을 키우고 산업을 발달시키는 것인데 조정의 지도자들은 팔짱 끼고 앉아 고담준론(高談峻論)[1]과 공리공론을 일삼았다. 왕과 신하

---

1) 고상하고 준엄한 논의. 잘난 체하고 과장하여 떠벌리는 말을 뜻함.

들이 나라를 지키기 위해서는 군사와 전마(戰馬)를 키워야 함을 모르는 바 아니었어도 군대가 말머리를 돌려 올까 봐 겁먹었고, 산업을 일으켜 나라를 부강하게 만들어야 함을 알았다 해도 양반사회가 무너지는 것이 두려워 개혁을 외면했다.

그러나 광해군은 달랐다. 그는 후금(후에 청나라)이 무섭게 성장하는 현실을 깨닫고 등거리 외교를 펼치면서 군사양성에 공을 들였지만, 이 세상에 명나라만 있는 줄 아는 소인배들에게 당했다.

임진왜란으로 그렇게 처참하게 나라가 짓밟혀도, 병자호란으로 나라님이 저 오랑캐에게 무릎을 꿇어도 그 후 조정의 대세는 무사안일로 돌아갔다. 사대부들은 국가보다 가문과 자기 패거리가 우선이었고 백성은 안중에도 없고 왕과 상전만 받들어 출세하는 것이 보잘것없는 자신과 가문의 목표였다.

사대부들이 당쟁에 휘말려 세월 가는 줄 모르는 가운데 19세기에 들어서면서는 나라 곳간이 비고 군인들은 녹슨 총을 걸머메고 있었고 변방에는 무너진 성곽이 방치되어 있었다. 그러나 관리들이 뜯어먹을 상대는 백성이기에 그들은 백성들을 쥐어짜고 두들겨 팼다. 전국적으로 민란이 일어난 곳이 한두 군데가 아니었다. 관리들의 탐학은 제주도라고 예외는 아니었다.

일본은 은밀하고 줄기차게 조선의 이런 사정을 염탐했고 조선을 단박에 손아귀에 넣는 것은 낭중취물(囊中取物)2)의 형국이라고 생각했다. 그러나 아직 늙은 호랑이 청나라가 버티고 있고 무섭게 힘을 키워가는 러시아가 기웃거리고 있고 구

---

2) 주머니 속에서 물건을 꺼내듯이 아주 쉽게 얻을 수 있음을 이르는 말.

미열강이 눈을 부릅뜨고 있었다. 그래서 일본은 청나라를, 그리고 러시아와 전쟁을 불사했고 애초의 싸움터는 조선의 땅과 바다였다. 일본이 그 막강한 나라들을 이겼으니 그 마수를 조선으로 뻗쳐옴은 불을 보듯 뻔한 것인데 조선의 관리들은 아직도 미몽에서 깨어나지 못하고 편 가르기에 급급했다.

1876년 조선은 일본의 협박에 못 이겨, 아니 지레 겁먹고 굴욕의 〈강화도조약〉을 맺었다. 박은식의 말마따나 우리나라가 부국강병의 실력을 갖춘 다음 문호를 개방해 열강과 교류했더라면 상업의 교역, 문물의 수입 등 이익이 많았을 것이지만, 스스로 지킬 실력도 없으면서 강대국들에 문호를 개방하여 나라의 약점을 드러냈으니 그 허약한 진상이 폭로되어 우리를 집어삼킬 야욕을 부채질할 수밖에 없었다.

이때 우리가 크게 각성하여 안으로는 정치를 개선하고, 무력함에 빠져들지 말고, 무비(武備)에 힘써야 하거늘 완고하고 식견이 얕으며 자신과 가문의 힘이나 기르고 당쟁에 몰두하여 국가의 장래를 생각하지 않았으니 참으로 통탄스럽기 그지없는 일이다.

고종은 두모진 사건을 세기로 물밀 듯이 들어오는 일본상품에 대하여 관세를 물릴 수 있음을 나중에 깨달았다. 그는 수신사들을 일본에 파견하여 관세를 받아낼 수 있는 길을 모색하고자 〈강화도조약〉의 후속 계약을 서둘렀다. 그래서 1883년 〈조일통상장정〉을 맺었는데 거기에서 관세자율권을 확보하는 데는 실패했지만, 관세를 부과할 근거는 마련한 셈이다.

그러나 안타깝게도 일본이 이 〈장정〉에 일본의 조선해 어로권에 대한 조관(제41관)을 삽입한 사실에 대하여는 조약 담당자들이 별 것 아닌 것으로 가볍게 넘기고 말았다. 조약의 형식상으로는 호혜적인 약정인 것 같으나 실제로 이는 일본 어민의 일방적 침투를 가능케 한 것이다. 이 조약을 빌미로 일본 어민들이 조선의 바다에 떼 지어 몰려와 우리 바다의 보물인 각종 물고기를 휩쓸어 갔지만 가장 심각한 것은 제주 바다를 그들에게 송두리째 갖다 바친 것이다. 이로 인해 제주도민은 생업을 잃고 자존심을 잃고 바다는 황폐해졌다.

일본 어부들은 〈통상장정〉이 효력을 발하자마자 잠수기 어선을 끌고 우선 제주 바다로 달려왔다. 제주도민들이 일본 어민들에게 강경대처하는 한편 상경 투쟁을 벌이자 중앙정부는 '앗 뜨거라' 하며 그제서야 조약문인 〈조일통상장정〉을 들춰봤다. 통리기무아문의 관리들은 제주 바다가 함경, 강원, 경상, 전라 4도의 어느 바다에도 속하지 않는다며 계약 외 지역이라고 주장했으나 일본에게는 씨도 먹히지 않았다. 조선 측은 여러 이유를 대면서 조약의 개정을 요구하고 제주 바다에서 일본 어민이 철수할 것을 끈질기게 주장했으나 일본은 이를 수용하지 않았다. 나중에는 이 계약이 〈만국공법〉에 어긋난 것이라고 주장하였으나 일본은 만국공법에도 불구하고 국제간의 조약이 우선이라고 맞섰다.

조선과 일본은 〈통상장정〉의 개정을 제쳐두고 장정의 시행세칙을 제정했으나 어이없게도 다시 일본의 술수에 말려들었다. 어업세를 내는 어업구역을 3해리로 정하고 3해리 내에는 어업세를 내겠다는 것이다. 이는 조선의 영해를 3해리 이내라고 암시하는 것이며 거기에서는 그들이 허가증만 소지하면 맘대로 고기를 잡을 수 있도록 한 규정이다. 더구나 일본 어민이 어업세를 내지 않고 마구잡이로 어로행위를 해도 조선의 장비나 역량으로는 이를 막을 방도가 없는바, 이는 빛 좋은 개살구에 불과한 것이었다.

일본은 잠수기 업자 후루야를 이용하여 일본인이 제주 바다에서 어획하는 것을 제주도 관원이 금지한 것은 계약 위반이라며 배상금을 받아냈고 그 자로 하여금 당분간 제주 바다에서 어로할 수 있게 함으로써 제주도의 관민을 꼼짝 못하게 묶어두고 있었다. 그 후 제주도 관민은 후루야가 아니라도 일본 어선들이 제주 바다를 휘젓고 다니는 정황을 바라만 볼 뿐이었다.

일본 어부들은 수시로 바닷가 금남의 구역인 불턱으로 기어오르기도 했고 식수를 구한다며 샘가로 다가와 물을 긷거나 빨래하는 여인들을 희롱하고 심지어는 겁탈을 서슴지 않았으며, 민가에 버젓이 나타나 가축을 잡아가기도 했다. 그들은 거의 나체로 거리를 활보하여 주민들의 눈살을 찌푸리게 했다. 심지어 그들은 항의하는 주민들에게 일본도를 휘둘러 살상을 저지르기도 했다. 모슬포의 이만송과 배령리의 양종신과 김녕의 오동표가 그들의 칼과 총에 살해되었지만 〈강화도조약〉 및 기나의 조규(條規)에 규정된 치외법권으로 인해 조선의 관리들은 이를 통제할 권한도 가지지 못했다.

중앙정부에서는 조선인 살해사건에 대하여 외교문제화하고자 했으나 일본 측은 돌변하여 개인 간의 싸움으로 몰아 처리하였다. 혐의자는 이미 일본에 귀국해 있다는 이유로 일본 내의 재판소에서 재판하게 하고 종내는 패싸움에서 정당방위로 결론짓고 말았다. 이로써 일본인들은 범죄를 저지르고도 바다로 내빼면 그만이었다. 제주도에서 자행된 살상행위와 약탈행위는 영사재판제도의 비호 아래 사실상 방치되었고 조선 정부에서도 성의를 보이지 않고 무관심 일변도였다.

제주도민의 애끓는 하소연에 정부에서는 일본 공사관을 들락거리며 해결책을 모색했지만 이미 엎질러진 물이라 주워 담지도 못하는 형국으로, 그물에 갇힌 물고기처럼 일본 측의 입만 바라볼 뿐이었다. 조선 측이 묘안을 짜내봐야 긁어 부스럼만 만들었고 혹 떼려다 혹 붙이는 꼴이 되었다.

말하자면 어업세를 받아내려던 것이 3해리 이내까지 일본이 맘 놓고 휘젓게 만들었고 일본 어부들이 떼로 몰려오는 결과를 만들었다. 이선득(李善得)은 만국공법을 흔들어 보이면 일본이 순순히 응할 줄 알았는데 입도 뻥긋 못하고 되레 일본 어부의 상륙이 논제가 되게 했다.

물론 조선이 손 놓고 있기만 한 것은 아니었다. 조선 정부가 제주 바다에서의 어채 금지를 강력히 요구하자 일본 측은 한때 그 대상(代償)으로 광산채굴권 또는 대동강구의 개항을 요구했다. 광산채굴은 조선의 강토를 파헤치겠다는 식민적 발상이며 대동강구의 개방은 중국이 들어줄 리 만무한 것이었다. 그렇지 않아도 일본인들의 수작을 예의주시하던 유생들이 들고 일어났다. 국론분열을 시도한 당치도 않은 요구였기 때문이다. 조선 정부가 극력 반대하자 이 제안은 수면 아래로 가라앉아 버렸다.

조선 정부는 제주도민의 진정이 쇄도하자 〈통상장정〉의 세칙 제정 시까지 제주 바다의 어채금지를 요구했는데 일본도 들어주는 척하면서 일본 각 현에 당분간 출어금지의 훈령을 내렸지만 밀어는 계속되었다. 내각 총리가 칙령을 내린 일인데 외무대신이 뒤집을 수는 없는 사안이라며 신문들이 들고 일어났다. 양측이 어채 금지에 합의를 보았어도 그것은 계약의 변경은 아니고 임시조치에 불과한 것이었다. 양측이 합의한 어채 금지 기간에도 탐학스러운 제주 목사와 아전들은 뇌물을 받아 챙기면서 일본인들의 어채를 허용함은 물론 해변에 어막을 지을 수 있도록 편의를 봐주기도 하였다.

배령리 양종신 살해사건이 도화선이 되어 민중의 저항이 요원의 불길처럼 전도로 확산되었다. 배령리에서 시작된 저항운동은 피의자로 지목된 일본인의 석방에 분노한 서해안 주민들의 반발로 시작되어 인근 바다의 일본 어선을 공격하기에 이르렀고, 나아가서 일본인의 뇌물을 받아먹고 주민에게 가렴주구를 일삼던 탐관오리 조균하 목사의 응징으로 번져갔다.

이때 분연히 일어난 지도자가 김지였고 이 난을 <김지의 난>이라 일컬었다. 김지가 앞장선 저항세력은 제주성을 함락하여 목사를 연금하고 무기를 탈취하여 제주성 앞바다에 정박 중인 일본 선박들을 공격했다. 김지가 일본인들과의 쟁투에서 어디까지 간여했는지는 알 수 없다.

이 저항 사건은 일본을 긴장시켰다. 제주도민, 아니 조선인이 일본에 무기를 들고 항거한 깃은 1876년 운요호 사건 이후 초유의 사건이었기 때문이다. 오죽하면 대포 4문을 장착하고 160명의 군인을 태운, 운요호보다 몇 배로 크고 성능이 좋은 일본 군함이 제주도로 향해 달려왔을까?

이즈음 김지는 몸을 숨긴 것 같다. 김지가 목사의 뇌물을 받아먹다가 주민들에 의하여 밟혀 죽었다는 기록은 논란의 여지가 있다. 김지는 난을 일으켜 목사를 끌어내리고 창고를 열어 곡식을 주민들에게 분배하고 무기고를 털었는데도 살아남았다. 이는 강제검, 방성칠 그리고 이재수 등의 경우와 달랐다. 김지가 난을 일으키고도 살아남은 것은 투쟁의 상대가 관료가 아닌 일본이었다는 점과 이규원 목사의 통 큰 배려에 기인한 것이리라.

이 저항 사건으로 고종 자신과 일본 측도 제주도민의 참혹한 실상을 알게 되었다. 고종은 국정에 대한 자신의 무지와 자기 왕국의 한 구석에 사는 자신의 백성이 일본에 심히 당하고 있다는 사실을 뼈저리게 느끼고 일본에 특사를 파견하는 한편, 믿을 만한 이규원을 목사 겸 찰리사로 제주도에 내려보냈다.

일본에 특사로 간 미국인 이선득은 국고를 낭비하며 헛방귀를 뀌다가 오히려 일본이 조선의 섬과 해안에 땅을 빌려 쇄어장(생선건조장)을 짓도록 해달라는 일본 측의 숙원사항을 안고 돌아왔다. 이규원은 민생을 안정시키는데 주력했지만 다른 한편 육상으로 들락거리며 주민을 희롱하는 일본인의 작태를 눈 뜨고 볼 수가 없었다.

일본인들은 밀어내도 밀어내도 끈질기게 기어오르고 있었다. 그들은 무더기로 잡히는 물고기들을 해안으로 끌어올려 말리고 염장하고 가공해야만 어획의 성과를 내는 것인데 이규원 목사는 결코 허용하지 않겠다는 태세였다. 이는 일본 어부들의 진정과 들끓는 여론으로 일본 본토의 정부에서도 큰 골칫거리였다. 해결방법은 이규원을 내치는 수밖에 없는 것이었다. 내각 대신 이토 히로부미는 청일전쟁에서 승기를 잡자마자 외무대신이면서 백작이라는 고위직에 있는 이노우에 카오루를 한국 공사로 앉혀 반일적 관료들을 싹쓸이했다. 당연히 이규원도 포함되었다.

이규원이 물러나자 일본 어민들의 상륙 및 건조장 설치의

건은 전광석화처럼 이루어졌다. 이노우에 카오루와 조선의 외부협판 이완용의 합작품이다. 이제 일본 어민들이 육지에 상륙하여 건물을 짓건 상행위를 하건 말릴 사람이 없었다. 일부 해안가 사람들은 폭력을 휘두르며 강력히 저항했지만 일본 어민들은 어업조합을 만들어 잽싸게 반응했다.

일본인 중에서 누군가가 조선인과 다툴 기미가 보이면 주변의 어부들이 육상으로, 배를 타고 현장으로 달려왔다. 일부 탐욕스러운 관리들과 생각 없는 토호들은 당장의 돈벌이에 눈이 멀어 일본인과 결탁하기도 하였다. 그러나 자신들의 삶의 터를 빼앗긴 민초들은 목구멍이 포도청이라 일본인들의 시설물에 나가 일손을 돕기도 하였다.

일본은 얻는 게 많았다.

첫째로, 실업의 해결이다. 규슈지방의 사람들은 경작지도 많지 않고 연안의 바다도 황폐해진 데다가 인구가 많아 벌어먹을 일이 없었는데 조선 바다가 열림에 따라 너나없이 배를 타고 몰려왔다.

둘째로, 어업 장비와 어로기술 나아가서 조선(造船) 기술의 발달이다. 필요가 과학을 발달시키기 때문이다.

셋째로, 일본인의 영양개선이다. 제주 바다뿐만 아니라 조선해에서 잡아올리는 어획물은 일본의 항구들로 수송되고 방방곡곡으로 뻗어 나갔다. 더욱이 러일전쟁 이후 일본이 동해와 남해의 포경업을 독점하였으니 더 말하여 무엇하랴. 왜소한 종족인 그들은 영양개선으로 키가 커지고 체력이 강해질 수밖에 없어 굶주린 조선인들을 얕잡아보는 계기가 되었다.

넷째로, 일본의 대중국 수출 증가와 국부의 성장이다. 특히

제주 바다에서 잡는 전복과 해삼, 상어지느러미는 중국인이
나 중국에 머무는 서양인들의 기호식품이라 일본은 잡는 족
족 그 대부분을 중국에 수출하여 돈을 벌고 국부를 성장시켰
다. 다섯째로, 일본 어부들은 청일, 러일 두 전쟁의 해전에서
첨병 역할을 했다. 그들은 일본 해군의 안내자가 되고 방조
자 역할을 했다.

여섯째로, 일본은 우선 조선해의 어업권을 얻어낸 계기로,
조선의 평온한 바다에 전함과 수송선을 띄우고 나아가서는
어부들의 작업장과 안식처를 끈질기게 요구하여 관철시켰다.
청일전쟁 이후에는 목포, 군산, 대동강구 등 남해와 서해의
항구를 열게 하였다. 마침내 일본은 조선의 모든 강역에 거
침없이 걸어 들어올 수 있게 되었다. 이것은 일본이 조선을
서서히 식민화해가는 심모원려(深謀遠慮, 장기전략)의 구상의
실천이었던 것이다.

그런데 제주도는, 제주 바다는, 제주도민은 어떤가?

첫째, 일본이 1876년부터 1905년까지 30년간 제주 바다
의 생물이란 생물은 모두 긁어갔기 때문에 어족자원은 씨가
말랐고 일본 어민들이 잠수기선과 발달된 어로 장비로, 해초
부터 어린 물고기, 작은 류의 물고기까지 바다 생태계의 고
리를 끊었다. 제주 바다에는 물고기가 거의 오지 않아, 그 풍
성했던 바다의 시절 또한 영원히 되찾을 수 없을 터였다.

둘째, 제주도는 흉년이 안 든 해가 거의 없지만 바다의 자
원까지 메말라 도민들은 조석이 간 데 없고 목구멍에 풀칠하
기조차 어려웠다. 10만 명의 제주사람들이 먹고 살 생활 터
전이 붕괴되고 있었다.

셋째, 수만 년 수천 년 이어온 탐라인의 자존심이 그 30년 간에 와르르 무너졌다는 것이다. 고대 중세에는 바다를 아우르던 독립변수의 역할을 하던 제주도가 조선 500년 동안 조선의 종속변수로 갖은 착취를 당하더니 근대 30년은 그 자존심마저 무너졌다. 그러나 이는 다시 제주도민의 자위활동과 생존투쟁으로, 민족의 자원을 사수하고 탐라의 자존심을 일깨우는 민족운동의 성격으로 승화되었으며, 끝내 저항의 물결로 이어졌다.

그러나 당하고만 있을, 웅크리고만 있을 제주도민이 아니었다. 특히 해녀들이 그러했다. 그들은 팔을 걷어붙이고 해외로 달려나갔다. 육지의 남해안 동해안으로, 일본으로, 블라디보스토크까지 물질하러 나섰다. 그러나 성과가 늘 좋은 것만은 아니었다. 타고 가던 배가 좌초되어 돌아오기도 하고 거간이나 물주들에게 속아 몇 푼 못 건지고 돌아오는 사람도 있고 아예 거기에 눌러앉는 사람들도 있었다. 그러나 해녀들은 너도 나도 바깥물질에 나섰다. 그것은 가족을 살리고 제주사람들을 살리는 길이었다.

홍종우 목사는 자신에게 주이진 자은 귀한으로나마 일본인들의 침탈을 막으려 했으나 대세는 이미 기울어져 있었다. 그는 제주 바다에 편만해 있는 일본 배들을 바라보며, 점점 일본화되어가는 제주 사회를 한탄하며 제주를 떠나가는 배에 쓸쓸히 몸을 실었다. 제주도를 지키려던 마지막 우국지사의 심정이 어떠했을까? 아, 빼앗긴 바다여! 제주 바다의 슬픈 역사여!

[참고문헌]

자료
『조선왕조실록』
『고종실록』
『일성록』
『승정원일기』
국립제주박물관, 『찰리사 이규원』, 2004
김찬흡, 『제주인물대사전』, 금성문화사, 2016

논문
현계순, 「한말 한일 어채문제의 일연구」, 서울대학교대학원 석사학위논문, 1964
한우근, 「개항후 일본어민의 침투(1860-1894)」 『동양학』 1, 1967
이원순, 「한말 제주도통어문제 일고」, 『역사교육』 10, 1967
김태능, 「일본어민의 제주침투와 그 영향」, 『제주도』 35집, 1968
강만생, 「한말 일본의 제주어업 침탈과 도민의 대응」, 『제주도연구』 3, 1986
김옥경, 「개항후 어업에 관한 일연구」, 『대한제국연구』, 이화여대한국문화연구원, 1986
김현희, 「한말 제주도의 통어문제에 대하여」, 『제주사학』 2, 1987
이영록, 「제주도민 살해사건과 일본영사재판-이만송 살해사건을 중심으로」, 『법과 사회』, 2004
박찬식, 「개항 이후(1876-1910) 일본어업의 제주도 진출」, 『해녀 연구총서』 3, 2014
이근우, 「100년전 일본인이 본 우리의 바다」, 『한국수산지』, 2010
미야키 케이나 저, 김대래, 박희정 역, 「개항기 일본인의 여행기에 나타난 조선인식」, 전자책
최혜주, 「개항 이후 일본인의 조선사정 조사와 안내서 간행」, 전자책, 2011

단행본
박은식 지음(1913), 김승일 옮김, 『한국통사』, 범우사, 1999
김석익 지음, 홍기표 등 역주, 『탐라기년』, 제주문화원, 2015

정진술 외 3인,『다시 보는 한국해양사』, 신서원, 2008
이영권,『제주사』, 휴머니시트, 2005
제주도 인력개발원, 발전연구원,『제주여성사료집』2, 2008
남영우,『일제의 한반도 측량침략사』, 법문사, 2011
고광민,『제주도포구연구』, 도서출판 각, 2004
고유봉,『제주도해양수산사』, 도서출판 각, 2011
한국학문헌연구소,『한국지』『구한말 일제침략사 자료총서』15, 1985
김수희,『근대 일본어민의 한국진출과 어업경영』, 경인문화사, 2010
박구병,『한국수산기술사』, 고려대, 전자책
장수호,『조선시대 말 일본의 어업침탈사』, 수산경제원BOOKS, 2011
이근우,『한국수산지: 100년전 일본인이 본 우리의 바다』, 2010
제주사정립사업추진회,『일본신문이 보도한 제주도(1878-1910)』, 2006
김희정 저(1891), 백규상 역,『도해록』,『해은문집』, 제주문화원, 2014
박찬식,『1901년 제주민란연구』, 도서출판 각, 2013
정일성,『후쿠자와 유키치』, 지식산업사, 2001
한우근,『동학과 농민봉기』, 일조각, 1983
진영일,『고대 중세 제주역사 탐색』, 제주대학교 탐라문화연구소, 2008
최덕수 외 4인,『조약으로 본 한국근대사』, 열린책들, 2019
헨리 휘튼 지음(1864), 윌리암 마틴 漢譯, 김현주 옮김,『만국공법』, 인간사랑,
2021
김세민,『한국 근대사와 만국공법』, 경인문화사, 2002
김윤식 저, 김익수 역,『속음청사』, 제주문화원, 2010
황현 지음(1910), 허경진 옮김,『매천야록』, 서해문집, 2006
제주문화원,『 (영인) 증보 탐라지』, 2016
이성무,『조선왕조실록 어떤 책인가』, 동방미디어, 1999
권무일,『역사소설, 남이』, 평민사, 2011
권무일,『역사소설, 말, 헌마공신 김만일과 말 이야기』, 2012

일본서적
關澤明淸, 竹中邦香,『朝鮮通漁事情』, 東京團團社書店, 1893
葛生修吉,『韓海通漁指針』, 黑龍會出版部, 1903
靑柳綱太郎,『朝鮮の寶庫, 濟州島案內』, 東京隆民館, 1905

大野秋月, 『南鮮寶窟 濟州嶋』, 1912

吉田敬市 지음(1954), 박호원·김수희 옮김, 『조선수산개발사』, 민속원, 2019

神谷丹路, 『近代日本漁民の朝鮮出漁』, 新幹社, 2018

大日本繪畫, 『日本海軍の戰艦 1868-1945』, 2012

日本 統監府 財政監査廳 지음(1907), 제주학연구센터 옮김, 『제주도현황일반』, 제주역사자료총서 20, 2021

羽田正 지음(2013), 조영헌, 정순일 옮김, 『바다에서 본 역사』, 민음사, 2018

[발문 1]

강만생(역사학자/전 한라일보 사장)

이병주(李炳注, 1921-1992) 선생의 소설 『산하(山河)』의 부제로 -월광에 물들면 신화가 되고 태양에 바래면 역사가 된다-가 걸려 있다. 단순한 수사가 아니다. 질풍노도의 우리 현대사를 드라마틱하게 체험했던 당대 지식인의 묘비명처럼 들린다.

역사는 기억과 기록을 두고 후세 사람들이 벌이는 싸움이다. 태양빛 아래 훤히 드러난 승자의 위용을 그들이 기릴 때. 달빛에 시들은 패자의 한숨은 전설과 신화의 세계로 침잠해 버린다.

『제주 바다의 슬픈 역사』, 나에게는 이 책의 출간이 특별히 반갑다. 몰염치한 일본 정부가 무능한 한국 정부와 합작해서 보여주고 있는 한일 간의 작태를 보면서, 외롭고 힘든 시기에 학문적 관심이 같은 동지(선배)를 만나 기뻤다. 다양한 자료 접근과 정연한 논리로 일본 제국주의의 제주, 나아가 조선 침탈의 실상을 극명하게 보여주려 애쓴 흔적을 보았음이다.

저자는 이 책에서 역사의 수레바퀴에 짓밟힌 힘없는 나라의 백성들, 행간에 깔린 가난한 민초들, 역사에 기록되지 않은 작은 생명들의 비통함과 서러운 이야기를 찾아 헤매는 옹골찬 모습과 진실 캐기의 열정을 보여주고 있다.

얼마 전 제주 바다에서 고등어잡이 어선이 침몰, 십여 명의 선원이 사망, 실종되는 드문 참사가 발생했다. 어획한 고등어와 그물의 중량을 이기지 못해 모선이 전복했기 때문이다. 여전히 제주 바다에는 어족자원이 풍부하다는 사실을 반증하고 있음이 아닐까? 하지만 무엇보다 안전조업이 최우선이어야 한다는 현실을 에둘러 경고하고 있음일 것이다.

일제강점기 이래 지난 1990년대까지 고등어잡이 건착망선단들이 제주 바다에서 조업, 다량의 어획물을 일본·육지로 반출했다. 더불어 근거지 산지항과 성산포항 일대는 파시를 이루면서 활력이 넘쳤다. 이들 항·포구를 거점으로 술집, 여관, 요릿집, 잡화상들이 크게 번창하였다. 상당기간 유곽, 홍등가 등의 잔영들이 다양한 모습으로 남아 있어서 사회적, 교육적 문제로 부각되었다.

2백 년 동안의 출국금지령을 비롯, 제주 바다와 연계된 역사적 사건과 사실들은 제주도와 제주사람들이 봉건권력의 탐학, 외세의 수탈과 약탈 심지어 인명 피해까지 감수해야 했던 험하고 아픈 삶의 과정을 보여주고 있다.

이 책은 일제강점기 전후 거의 무방비상태로 당했던 제주도와 제주도 사람들의 진솔한 역사를 다양한 자료 발굴과 접근을 통해 소상히 기술하고 있다. 또한 일본의 조선 침략 정책이 어떻게 합법적인 것으로 둔갑, 조선(제주)의 어업 기반을 송두리째 빼앗았는지 그 과정을 치밀하게 접근해서 밝히고 있다.

서구열강의 강압적 요구에 불평등조약을 체결한 일본은 천황 중심의 왕정 복고와 폐번치현(廢藩置縣, 메이지 시대 일본 통치조직의 개편), 산업화, 군대 개혁 등 메이지 유신을 통해 근대화개혁을 추진했다. 목표는 서구열강과 나란히 할 수 있는 강력한 근대국가 건설이었다. 결과적으로 일본 사회는 엄청나게 변화했다. 군부가 득세하면서 군국주의의 길을 걷게 된 일본은 한국, 중국, 동아시아 지역을 침략하는 제국주의 대열에 들어섰다.

어업과 군사목적으로 조선의 바다를 장악하려는 일본은 청일전쟁 이전 이미 조선은 식민지 상태로 전락했다. 조청무역장정(1882), 조일통상장정(1883), 조일통어장정(1889) 체결은 사실상 한반도 3해리 안 모든 근해가 일본의 손아귀로 들어간 것이다. 조약상 조선도 일본해 진출이 가능했지만 당시 조선의 선박과 장비로 쓰시마, 규슈로 항행조차 불가능했다.

게다가 청일전쟁으로 조선 조정을 장악한 일본은 조선 수군을 해체시켰다. 삼도수군통제령 폐지로 조선의 바다는 완전히 무방비상태로 전락했다. 지리적으로 제주도는 중국 왜구의 본거지 저장성 해안과 일본 왜구 본거지 규슈지방 중간에 위치, 이미 직접 침탈의 대상지로서 농어업 등 산업자원 조사가 끝난 상태였다. 한참 시간이 흐른 1923년에도 제주도를 '다른 지역 사람들로 하여금 침을 흘리게 하는 보고(寶庫)다'라고 할 정도였다.

저자는 일본의 제주 어업 침탈과 약탈에 대한 관민의 다양한 저항실태를 밝히고 있다. 기울어진 국권 상실의 상황에서 저항과 투쟁이 한계에 부닥쳤지만 제주 목사 홍종우(洪鍾宇)의 분노에 찬 강력한 어업침탈 방지 대책을 저자는 재평가해야 한다는데 방점을 두고 있다.

홍종우 목사는 드러난 것보다는 숨겨진 사실을 많이 남겨두고 있는 인물이다. 프랑스 유학, 귀국 후 김옥균 암살자, 관리로 발탁되어 제주 목사 부임 등, 그리고 제주 목사 재임

중 뇌물과 이권을 챙기기를 상당히 밝혔다는 기록에다 퇴임 후 행적이 불분명한 사실에 비추어 면밀한 사료 접근과 검 코, 평가가 요구된다.

생후 4개월 된 유아는 손가락이 가리키는 방향으로 시선을 돌릴 줄 안다. 반면 인간과 유전자의 99%를 공유하는 침팬 지는 단지 가리키는 손가락을 바라볼 뿐이다.

[발문 2]

문영택(사단법인 질토래비 이사장)

　2년 전 명성으로만 듣던 권무일 소설가와 첫 대면하였다. 반갑게도 (사)질토래비에서 매주 제주일보에 연재하는 글을 읽는다며, 대뜸 질토래비 회원이 되기를 원했다. 그러면서 최근 펴낸 『이방익 표류기』를 선물로 내밀었다. 책도 받고 청도 받은 필자 또한, 그에게 질토래비의 고문이 되어달라고 간청하였다. 말띠 동갑인 소설가는 나보다 12년 연상이다.
　첫 만남 이후 그는 질토래비 답사에 부인과 함께 참여하고 있다. 우리 둘은 또한 '헌마공신 김만일 기념사업회'에도 참여하고 있다. 제주의 가치를 높이는 길이기에 기꺼운 마음으로 말이다. 권 소설가는 제주에서 소문난 헌마공신 김만일 연구가일 뿐만이 아니다. 김만덕 할망에 관한 소설과 이방익 장군의 표류를 따라 탐사한 글을 발표하는 등 제주 역사문화의 숨은 가치를 캐는데 앞장서고 있나.
　제주 역사문화의 광맥을 캐러 국내외 도처를 뒤지는 권 소설가는, 20년 전 제주에 날아든 '육짓거'였다. 하지만 지금, 그는 '제줏거'보다 더 제주를 사랑하는 '육짓거'가 되었다. 제주의 진정한 가치를 모르는 '제줏거'도 적지 않은데, '제줏거'보다 더 제주의 가치를 안다면 그 또한 진짜 '제줏거'다. 우리는 이렇게 농담반 진담반 나누는 사이가 되었다. 그러던 어느 날 불쑥 나에게 『제주 바다의 슬픈 역사』 원고를 내밀며 발문을 쓰라 한다.

4면이 바다인 탐라국은 해상왕국이었다. 그러다 1105년 고려에 복속되고 이내 조선시대를 맞았다. 조선의 관리들과 사대부들은 바다의 가치를 등한시하였으니, 바다 활용 또한 몰랐다. 관리들은 제주에 부임하는 것조차 회피하기도 했다. 바다의 가치를 모른 조선은 결국 해양국가인 일본의 속국이 되어야 했다. 지은이는 이러한 역사적 맥락을 다음과 같이 말하고 있다.

> "조선의 위정자들은 바다를 모르고 도외시했기에 바다 건너 다른 나라의 사정도 몰랐다. 일본이 조선을 넘보고 군 사를 양성하고 전함을 만들고 있는데 조선의 관리들은 이 를 까맣게 모르고 있었다. 임진왜란으로 조선의 조야가 혹 독한 참화를 맞아 강토가 분탕질 당했음에도 조선의 왕과 대신들은 싸움질만 하고 있었다. 일본은 조선을 먹고자 군 침을 흘리지 않은 적이 없었는데 조선의 관리들은 썩을 대 로 썩어 백성을 도탄에 빠뜨렸다. 메이지 유신 이후 일본 정계에서는 정한론으로 시끌시끌했는데 조선의 아무도 이 를 눈치 채지 못했다. 결국에는 터질 것이 터지고 말았다."

평설의 문체가 거침이 없다. 권무일 평설가의 말마따나, 조 선시대 사람들은 제주도를 '해내가 아닌 해외'로 인식한다. 남해라는 지명이 이를 증명한다. 제주도를 탐라국으로 여전 히 여기고 있으면서도 제주도를 나라의 변방쯤으로 취급하고 있는 셈이다. 진정 제주도가 대한민국의 국내라면 남해는 제 주도 남쪽 바다를 일컬어야 하지 않은가. 이러한 역사인식을 널리 널리 알리기 위해 평설가는 80세가 한창 넘은 지금, 다 양하고 정밀한 자료들을 국내외에서 찾아 우리에게 보여주고 있다. 이점 감사할 따름이다. 평설가의 글에서 이를 엿보자.

> "제주 바다! 고요할 때는 파도가 해안을 향해 잔잔하게 주름지고 갈매기들이 사뿐히 날갯짓하지만, 성이 나면 산처럼 곤두서고 우레처럼 소리 지르고 울렁거리며 한라산을 집어삼킬 듯 달려오는 바다! 아침이면 시뻘건 태양이 솟아올랐다가 저녁이면 황금색 비단을 펼쳐놓은 듯 조용히 일렁이며 섬을 온통 붉게 물들이는 바다!"

조선 정부는 1876년 〈강화도조약〉의 후속계약으로 맺어진 1883년 〈조일통상장정〉에서 조건 없이 우리의 바다를 내줬다. 조선 정부는 왜 우리의 바다를 내줬으며 일본은 왜 조선의 바다를 탐냈는가? 그것은 일본이 우리나라를 식민지화하려는 큰 계략[심모원려(深謀遠慮)]에서 비롯된다.

〈강화도조약〉에 의한 개항 이후 일본은 어린아이를 데리고 놀듯 조선 정부를 기만하는 조약들을 진행하면서 차츰 조여 왔다. 조선의 관리들은 협박을 받아, 무식하고 무성의해서 그리고 사리사욕에 눈이 어두워 바다를, 땅을 조금씩 내주며 그들의 계략에 말려들고 있었고 결국은 나라를 송두리째 갖다 바쳤다. 일본은 제주 바다가 황폐하여지기까지 30여 년간 (1876-1905) 제주 바다를 침탈하고 제주도민들에게 횡포를 저질렀다. 너무나 안타까운 제주 바다의 슬픈 역사여!

이제 제주의 역사에서 묻혔다가 새롭게 부각되는 몇 가지 사건들과 일화들을 그의 글을 통하여 들여다보자.

<강화도조약>은 일본의 강압으로 맺어진 불평등조약이었다. 조약체결 당시 관리들은 협박에 못 이겨, 알고도 당하고 모르고도 당했다. 이러한 조약을 맺었다 하니, 한심한 조선의 시대상황이 저절로 읽혀진다. 개국이라지만 오로지 중국과의 사대관계에 매달려온 조선은, 너무나 무지하게도 일본에게 나라를 내어주는 계약을 하였던 것이었다. 일본의 조약안을 접한 국왕이나 원로대신들의 무지하고 무책임한 사고방식과 태도는 후세에 비난받아 마땅하다 할 것이다.

그런데도 <강화도조약>을 근대 역사의 전환점이니 근대화의 시작이니 하는 역사적 미화(?)에는, 평설가 말마따나 수긍하기 어렵다. 강화도조약의 세칙을 작성하기 위하여 마주 앉은 조선의 담당자는 아무 생각 없이 일본 측 담당자에게 김정호가 작성한 <대동여지도>를 비롯한 각종 지도를 필사용으로 내주기도 했다. 김정호가 각고 끝에 만든 그 지도가 일본이 조선을 침략하기 위한 기초자료가 되었다니, 이 얼마나 어리석고 한심한 일인가.

"<조일통상장정>은 강화도조약의 후속 내지 개정판으로, 고종이 일본에 4차례 수신사를 보내면서 공을 들인 내용이다. 그럼에도 여기에는 큰 함정이 도사리고 있었다. 일본이 조선을 식민화하는 첫 단추가 된 이 장정에 숨겨진 음모를 몰랐던 것이다. 이 장정 제41관은 다음과 같다. "일본국 어선이 조선국의 전라·경상·강원·함경 4도 해빈에서 조선국 어선이 포어(고기를 잡음)함을 승인한다. 후략."

"이 장정 체결로 일본인이 조선의 4도에 인접한 바다를 자유자재로 항해하면서 고기를 잡을 수 있고 이를 매매할 수 있도록 허용한 것이다. 조선 땅의 턱밑까지 일본 어민에게 어로행위를 허용한 결과 조선의 어민 특히 바다에 의지해야만 살아갈 수 있는 제주도 사람들에게는 치명적인 타격이었다. 당시 이 협상을 주도한 조선의 전권대사 민영목이 생각없이 저지른 날인이 조선 백성을 울리고 장차 나라를 일본에 바치는 길을 터놓은 격이다."

이렇듯 평설가는 숨겨진 역사문화를 찾아내 과거의 잘못된 관리의 행태를 거친 숨결을 내뿜듯 질타의 글로 써내려간다. 그의 속 깊은 얘기를 계속하여 들어보자.

"더욱 주목할 점은 일본 어부들이 잠수기를 끌고 제주도 근해로 몰려들었다는 사실이다. 잠수기선 숫자는 날로 늘어갔고 일본 잠수부들은 제주해녀들을 약 올리듯 더욱더 실하고 많은 전복들을 휘더듬어 갔다.
제주도민들은 울부짖었다. '일본사람들이 제주 바다에서 잠수기선을 이용해서 전복과 미역을 훑어가면 제주사람들은 살아갈 길이 없어 섬을 비우고 육지로 나가 유리걸식하여야 한나'며…"

권무일 평설가 또한 이 책을 쓰면서 울부짖었다. 그의 말에 다시 귀 기울여 보자.

"제주도 연안에는 전복을 잡거나 해조류 채취를 하는 일본 해녀, 가까운 바다에는 전복과 해삼을 채취하는 잠수기 어선, 외해에는 도미를 잡는 주낙어선, 고등어를 후리는 그물어선, 상어 주낙어업 그리고 포경선까지 몰려들어 북새

통이었다. 일본 어선들의 무리는 낮에는 저 멀리 수평선 밖
으로부터 몰려오는 먹구름 같았고, 밤에는 총총한 떼별처
럼 바다를 온통 붉게 물들인다. 제주도 해안가 사람들은 이
제 설 자리도 없고 갈 곳도 없다. 이래도 되는 건가? 정말
이래도 되는 건가?"

권무일 작가가 이 책에서 제주도민의 저항의식을 이끌어낸
것이 돋보인다.

1890년 12월의 어느 날, 일본 어부들이 하귀리 해안으로
몰려왔다. 주민들이 돌을 던지며 맞섰다. 그때 한 떼의 장정
들이 해안에서 그리 멀지 않은 파군봉에서 내려오더니 일본
어부들을 창검으로 물리쳤다. 관군들이 나타났으나 멀리서
수수방관하고 있었다.

장정들을 이끌고 나타난 사람은 55세의 김지(金志)라는 사
람이었다. 평소 목사를 비롯한 관리들의 부정부패를 개탄해
왔던 김지는, 더욱 심해지는 일본인들의 만행과 뇌물을 먹고
나라와 백성을 외면하는 관리들을 응징하겠다는 각오를 다져
왔던, 주변으로부터 존경받는 인물이었다. 그가 이날 분연히
일어난 것이다.

김지가 이끄는 저항군들은 제주성을 함락하여 목사를 연
금하고 탈취한 무기로 무장하여 제주성 앞바다에 정박중인
일본 선박들을 공격했다. 김지가 목사의 뇌물을 받아먹다가
주민들에 의하여 밟혀 죽었다는 기록은 조작된 것으로 평설
가는 거듭 주장한다.

김지의 난은 제주선인들의 일본인에 대한 증오와 조선정부
의 무능, 빼앗긴 바다에 대한 제주도민의 공분에 더하여 조

균하 목사의 친일적인 행동과 부패행위를 응징하는 저항이며 민족적 자주의식의 발로로 평가된다.

저항군이 일본 어선을 공격하여 피아간에 살상사건이 발생하자 일본은 대포 4문을 장착하고 160명의 군인을 태운 거대한 전함 초가이함을 위협하듯 제주로 보낸다. 공동조사한다는 명목으로 제주도로 향하는 이 함정에는 당시 과거를 보기 위해 서울에 머물고 있던 조천출신 김희정(후 오현단에 5개의 조두석을 주도적으로 세운 당대 제주의 대표적인 유림)도 타고 있었다.

김희정은 서울로 돌아간 후 초가이호와 동승한 사정과 제주도민의 절규를 엮어 『도해록(跳海錄)』를 썼다. 조정에서는 이 사건을 단지 민란으로 치부해 버리지만, 권 평설가는 이는 제주도민과 일본 어부들 간의 전쟁이며 나아가서 일본과 조선의 전쟁, 일본의 침략전쟁이고 제주도의 저항전쟁이라 일갈한다.

역사소설가인 저자는 역사평설에 도전하였다. 어쩌면 저자에겐 익숙한 분야인지도 모른다. 소설가이지만 대부분이 역사적 사실과 역사적 상상력을 소재로 픽션과 논픽션을 넘나드는 역사소설을 써온 그가 이번에 집필한, 픽션과 논픽션의 경계를 허무는 이 평설 역시 역사적 소설처럼 재밌게 읽혀진다. 제주의 숨겨진 역사문화를 펼쳐놓았으니까. 이제 저자는 마무리를 하러 맺음말 항목을 넣었다. 어떠한 글로 마무리를 지을까 호기심을 갖고 들여다보았다. 역시 그다운 마무리 말이다.

"우리는 공자왈 맹자왈 하면서 중국의 성리학에 천착하여 스스로를 꼬마중국[小中華]이라고 자처하며 살았다. 주변국이 패권화할 때 우리가 해야 할 일은 국방력을 키우고 산업을 발달시키는 것인데, 우리의 지도자들은 팔짱 끼고 고담준론과 공리공론을 일삼았다. 군대가 말머리를 돌려 올까봐 겁먹었고, 산업을 일으켜 나라를 부강해야 함을 알아도 양반사회가 무너지는 것이 두려워 개혁을 외면했다."

맺음말에서 평설가는 지금까지 써내려온 이야기 중 주요사항을 다시 전개하면서 자기소견을 덧붙이고 있다. 그의 글을 읽다 보면 진정 우리에게 미래를 내다보는 힘이 어디에서 오는지를 깨닫게 된다. 지난날의 역사는 우리에게 충분한 예지를 줄 수 있을 것이기에. 역사에서 배우는 지혜, 아무리 보잘 것없는 설움의 역사 속에도 지혜는 있게 마련이다. 반면교사도 교사이기에.

제주는 어족자원의 고갈을 가져왔고, 삶의 터전의 붕괴로 이어졌다. 수만 년 수천 년 이어져 온 탐라인의 자존심, 근래 30년은 그 자존심마저 뭉개져 제주도민의 자위활동, 생존투쟁, 민족의 자원을 사수하는 민족운동의 성격으로 승화되었다. 그래서 민초들에 의한 저항의 물결로 이어졌다. 제주도민의 저항은 단순한 생존투쟁을 넘어 민족의 자원을 사수하고 탐라의 자존심을 지키는 민족운동의 성격을 내포하고 있다. 제주해녀들은 팔을 걷어붙이고 해외로 달려 나갔다. 육지의 남해안과 동해안, 일본으로 중국으로 러시아 블라디보스토크까지 물질하러 나갔다. 너도 나도 바깥물질에 나선 것이다. 가족을 살리고 제주사람들을 살리는 길이었기 때문이다.

평설가는 덧붙인다. 홍종우 목사는 주어진 조그만 힘으로 일본인의 침탈을 막으려 했으나 대세는 이미 기울어져 있었다. 그는 제주 바다에 편만(遍滿)해 있는 일본 배들을 바라보며, 점점 일본화 되어가는 제주사회를 한탄하며 제주를 떠나는 배에 쓸쓸이 몸을 실었다. 아 빼앗긴 바다여! 제주 바다의 슬픈 역사여! 하며.

이제 제주에 정착하여 제주의 역사문학를 소재로 하여 소설화·평설화 하고 있는 작가의 변을 다시 전하며 필자의 글을 마무리 한다. 이처럼 제주 도처에 묻혀 있는 역사문화 이야기들이 권무일이라는 소설가·평설가를 만나 새롭게 의미 있게 재탄생되길 두 손 모아본다.

역사평설

제주 바다의 슬픈 역사

초판 1쇄 인쇄일   2025년 3월 31일
초판 1쇄 발행일   2025년 4월 7일

지은이 : 권무일
발행인 : 이정옥
발행처 : 평민사
주소 : 서울시 은평구 수색로 340, 202호
전화 : 02-375-8571
팩스 : 02-375-8573
        http//blog.naver.com/pyung1976
        e-mail: pyung1976@naver.com
등록번호 : 제25100-2015-000102호
ISBN   978-89-7115-875-3   03900
값 : 20,000원

* 사전 동의 없는 무단 전재 및 복제를 금합니다.